MADRU

Frederik Hetmann

MADRU

A LENDA DA GRANDE FLORESTA

Ilustrações
Tilman Michalski

Tradução
Zilda H. Schild

EDITORA PENSAMENTO
São Paulo

Título do original:
Madru

Edição
1-2-3-4-5-6-7-8-9-10

Ano
88-89-90-91-92-93-94-95

EDITORA PENSAMENTO LTDA.

Rua Dr. Mário Vicente, 374 - 04270 São Paulo, SP - Fone: 63 3141

Impresso em nossas oficinas gráficas.

Sumário

". . . e estou à espera de que
os animais e as florestas exijam a terra de volta;
e estou à espera de que os amantes e os sofredores se
deitem lado a lado para o novo nascimento do milagre."

Lawrence Ferlinghetti

Capítulo I

No qual se conta que o rei Lausbart precisa de dinheiro para uma guerra e um cavaleiro pançudo viaja para o norte.

O rei Lausbart precisava de dinheiro, de muito dinheiro, pois queria declarar guerra contra o país que ficava do outro lado do rio pequeno. Não havia possibilidade de obrigar seu povo a pagar mais impostos e, a crédito, os armadores não construiriam os navios de que precisava.

Então ocorreu-lhe uma idéia repentina, pela qual ele mesmo se congratulou. Exigiria que os habitantes de Norrland, que na verdade pertenciam ao seu reino, mas que há tempos vinham pagando tributos ao rei do sul, lhe pagassem o dobro em peles de ursos, doninhas, raposas prateadas e esquilos negros.

Na grande floresta, da qual se contavam ainda outras maravilhas, havia uma quantidade suficiente desses animais. Além do mais, não eram os habitantes de Norrland considerados os mais capazes caçadores e aqueles que armavam as melhores armadilhas de toda a redondeza? No sul, essas peles eram muito cobiçadas. Se tudo corresse a contento, o rei Lausbart não só pagaria suas dívidas aos comerciantes dos cinco portos, como também mandaria construir os navios de guerra de que necessitava com o restante do produto da venda das peles. Precisava dos navios para atravessar o rio com seus guerreiros e arqueiros.

Jessach, um cavaleiro pançudo, recebeu a incumbência de cavalgar para o norte a fim de cientificar os habitantes da decisão do rei. Jessach era uma criatura comodista, mas gananciosa. Já que teria de percorrer um caminho tão longo e previsivelmente perigoso, deveria por certo obter alguma vantagem pessoal, disse Jessach para si mesmo. Pretendia extorquir o dobro de peles do que o rei havia pedido. No lugar em que fosse possível arranjar duas mil peles, bem que se poderia conseguir quatro mil. Jessach, já se imaginava passeando de trenó com uma mulher de pele branca, envolta numa pele de esquilo negro durante o inverno. A mais linda mulher do reino de Svea na pele mais maravilhosa que um peleiro dos cinco portos houvesse cortado e costurado em toda a sua vida!

Entretanto, ainda era verão, mês de agosto, e Jessach já viajava há dois meses rumo ao norte. As nuvens de mosquitos eram cada vez mais densas, a terra cada vez mais desabitada, os caminhos cada vez mais poeirentos e faltava muito para Jessach chegar ao fortim da fronteira.

Houvera atraso, visto que na província setentrional do reino era difícil encontrar logo cavalos descansados. Por fim, nem cavalos mais havia. Tivera de passar para uma liteira. O margrave pusera servos e escravos à disposição: eles o carregavam e, enquanto isso, se entretinham numa língua que ele não compreendia. Quando finalmente perguntou de que tipo de gente se tratava, responderam-lhe que provinham da Grande Floresta.

Outra vez a caminho, teve a impressão de que eles lhe lançavam olhares ameaçadores. Quando se queixava das picadas dos insetos e do calor, às vezes percebia algo semelhante a um riso abafado. Tentou convencer-se de que homens tão grandes e fortes dificilmente emitiriam um som tão ridículo e procurou descobrir uma outra origem para esse ruído. Foi assim que descobriu os anões. Eles pareciam muito velhos, usavam gorros vermelhos, jaquetas verdes e pequenas botas com surpreendentes fivelas prateadas. Embora só tivesse olhado rapidamente, de soslaio, em sua direção, ainda assim pôde ver muito bem suas silhuetas. Ao esfregar os olhos, por achar um absurdo pretender que de fato existissem anões a não ser em contos de fadas, já parecia não haver mais nada. Mas não tinha certeza. É provável que se tivessem escondido atrás de um rochedo, pois ainda dava para ouvir suas risadas abafadas.

Achou tranqüilizante o fato de ter trinta homens armados de Skåne, sua província natal, marchando atrás de si. Eram soldados com cotas de ferro, mochilas às costas e uma espada longa no cinturão. O peso do ferro que carregavam os enfraquecia, obrigando-os a avançar devagar. Os carregadores da liteira, mais céleres, levavam-lhes grande vantagem. Mais de uma vez, Jessach teve de pedir-lhes que esperassem até que seu grupo de guardas se aproximasse.

Finalmente, atingiram o fortim da fronteira. Jessach exigiu urgentemente cavalos, mas o castelão limitou-se a rir e disse:

— Mesmo que pudesse providenciar-lhes alguns, como pretendem atravessar os pântanos de Wollgrass e o rio Negro?

— De que está falando? — perguntou o cavaleiro, irritado. — É a primeira viagem que faço a Norrland.

— Para se chegar ao rio é necessário caminhar por uma península pantanosa. É uma terra úmida, onde cresce muita grama. À noite, é necessário tomar cuidado com o fogo-fátuo. Para atravessar a água, usam-se canoas impelidas com varas. As canoas são estreitas demais para transportar cavalos.

— O que mais pode me dizer sobre o reino da Grande Floresta?

— É um mundo inteiramente diferente — respondeu o castelão; — é uma floresta tão densa que se poderia percorrer grandes distâncias sobre a copa das árvores. — Comprovou-se, no entanto, que ele contava tudo isso por ter ouvido dizer e que, pessoalmente, nunca fora tão longe.

— Continue. . . e o que mais? — perguntou o cavaleiro. Seu desagrado aumentava.

— Numa grande clareira, a um ou dois dias de viagem a partir da fronteira, fica o palácio do soberano: um pavilhão de madeira.

O castelão passou a falar num tipo de cantilena, como se já a tivesse recitado muitas vezes anteriormente.

— Há frutinhas de musgo tão grandes como abóboras. Eles não se alimentam de cereais, como nós; comem cogumelos e frutas. Comem também muita caça. O vinho é feito do sumo açucarado de uma árvore. . . As trutas assalmoadas são uma *Delikatesse*. E, por vezes, os habitantes da floresta dançam durante três dias e três noites sem parar. Todos, o senhor deve saber disso, conhecem os habitantes de Norrland como seres da floresta. Sua música é do tipo que abre fendas na pele do tambor. Os violinistas são também feiticeiros. Consta que eles roubaram os violinos dos espíritos das águas.

— Por que não se rendeu a eles e adotou seus costumes e organizações?

— Isso é difícil, senhor — respondeu o castelão. — Os pântanos, os fogos-fátuos, a água escura, a floresta cerrada, a magia. . . O senhor mesmo fará a experiência. Tome cuidado!

Jessach amaldiçoou o dia em que concordara com essa aventura; em seguida, porém, lembrou-se das duas mil peles que esperava levar para casa.

— Como é transportado o tributo? — informou-se.

— Os nativos da floresta arranjarão carregadores para o senhor.

— Bem, diga-me, senhor castelão — o cavaleiro hesitou e abaixou a voz —, nestas redondezas há anões?

O castelão cofiou o cavanhaque e balançou a cabeça.

— Difícil dizer, senhor. Muitos afirmam que existem, outros ridicularizam a idéia.

— E a sua opinião, qual é? — perguntou o cavaleiro.

O homem fez um gesto com a mão, como se o tema não valesse uma discussão.

— Quem sou eu para convencer alguém que os viu de que eles não existem? E não seria uma leviandade afirmar que eles não existem somente porque ainda não os pude ver?

— Se o compreendo bem, o senhor não exclui a possibilidade de eles existirem. . .

— Quem vive aqui em cima, nesta solidão abandonada há tanto tempo, acha quase tudo possível, senhor.

Jessach murmurou algo incompreensível e se afastou.

No norte, a escuridão da noite não se seguia logo ao anoitecer. Entre o pôr-do-sol e a aurora havia um lusco-fusco cinzento. Algo semelhante à cor das flores do junco. Jessach estava deitado, acordado, pensando na terra a respeito de que o castelão lhe contara. Levou seus receios para o país dos sonhos.

No dia seguinte, o caminho passava por uma paisagem de relvados. O sol queimava. Avistava-se a grande floresta no horizonte, tanto a leste como a oeste. Era como se marchassem para dentro da boca escancarada de um animal. Jessach apontou para lá e perguntou aos carregadores da liteira, no idioma de Svea, se aquela já era a Grande Floresta. Eles se detiveram durante um momento, olharam aterrorizados na direção apontada, balançaram a cabeça e continuaram a caminhada.

Durante todo o dia, não houve alteração na paisagem. Prados. Nenhuma casa. Céu azul e, à tarde, grandes flocos de nuvens no céu. Ouvia-se o murmúrio de regatos no meio da grama, repleta de flores amarelinhas, vermelhas e azuis. De vez em quando, havia um pequeno lago, como se fosse um olho castanho no meio da vegetação verde. A floresta ainda se parecia com uma muralha escura, bem longe no horizonte.

À noite, os soldados armaram uma tenda para o cavaleiro e acenderam uma grande fogueira. Como não pôde conciliar outra vez o sono, teve tempo para pensar e logo compreendeu a causa do medo que sentira durante todo o dia. Lentamente, compreendeu o que o castelão tentara lhe explicar. Aquela terra era assustadoramente deserta. Nenhuma herdade. Nenhum celeiro. Nenhuma cabana. Nem mesmo um barco nos lagos. Ninguém. No dia seguinte, a liteira deixou outra vez os soldados bem para trás. Fosse o que fosse que Jessach ordenasse, os carregadores faziam de conta que não entendiam suas ordens. Sentiu-se enraivecido diante da própria impotência. As paredes da liteira na qual o carregavam eram tão juntas umas das outras a ponto de sufocá-lo. Abriu ambas as janelas, a da direita e a da esquerda. Com o ar fresco, entraram nuvens de mosquitos.

Capítulo II

O cavaleiro Jessach é atingido pela seta de uma fada. Um atentado às árvores. Tambores e assassinato numa noite de lua cheia.

Houve um movimento semelhante a um solavanco. A liteira bateu no chão com estrépito e ficou de lado, com a parte da frente fincada no relvado. Enquanto Jessach tentava sair dela, todos os carregadores fugiram. Exceto um, que havia tropeçado e estava caído no solo, com o rosto virado para o chão e os braços bem esticados à frente. No colete de pele que usava, dava para ver um longo dardo de ponta emplumada. A seta ainda vibrava.

Jessach olhou atônito para o morto. Não conseguia parar de pensar que agora estava completamente só. Sozinho entre a vegetação, as borboletas e o chilreio dos pássaros. Tudo isso parecia-lhe insuportável.

Puxou para a frente o suporte da espada que carregava nas costas e desembainhou-a. Só então ousou aproximar-se do morto. Com a mão esquerda, tocou cuidadosamente na seta que apontava da pele do colete. Mal tocou nela, sentiu uma dor lancinante em todo o corpo. Ficou imediatamente paralisado. Sua mão ficara presa na seta. Também não pôde mexer as pernas. A dor não queria ceder.

Jessach percebeu que estava gritando alto. Não queria gritar. Sabia que devia isso à sua honra de cavaleiro. O grito saiu-lhe como uma continuação da dor que circulava pelo seu corpo juntamente com o sangue. Ainda gritava quando os soldados se aproximaram. Estes percorreram em passo ligeiro o último trecho que os separava da liteira tombada.

Arquejantes, chegaram perto e ficaram olhando fixamente para o nativo deitado ali como se estivesse morto e, então, para o cavaleiro, dobrado para a frente, com a mão esquerda presa à seta. Ele queria dar-lhes uma ordem, mas não conseguiu fazê-lo visto não poder pronunciar nenhuma palavra. Um dos soldados arrancou a espada da bainha e tocou com a parte achatada, primeiro na seta, depois no homem caído e, por fim, no cavaleiro. Imediatamente, cessou a dor e Jessach pôde abrir a mão e soltar a flecha.

O nativo se levantou de um salto. Ainda tremia. Arrancaram-lhe a seta das costas. Não saiu sangue. Jessach não viu nenhuma ferida. Então o nativo disse algo em sua língua e um dos soldados lhe entregou um machado. Com ele cortou a ponta do dardo, que se esmigalhou. O homem quis fugir. Os soldados que haviam formado um semicírculo à sua volta o pegaram. Quando tornaram a soltá-lo, o nativo da floresta deu-lhes a compreender por meio de mímica que deviam apressar-se em sair daquele lugar.

— E os outros nativos que carregam a liteira? — perguntou Jessach ao sargento que comandava o destacamento de guardas.

— Nunca mais os veremos, senhor.

— Mas o que significa tudo isso? — queixou-se Jessach com obstinação na voz, como se pudesse apagar o incidente —, o que significa isso?

— Trata-se de um tiro dado pelas sílfides, senhor.

— E o que é isso?

— É uma seta com poderes mágicos, uma seta que fascina. O encantamento só pode ser desfeito quando se toca o dardo com ferro.

— Por que justamente com ferro?

— Isso eu não sei. Apenas sei que é assim.

— "Que é assim, que é assim. . ." — arremedou o cavaleiro, furioso. Ele fora agredido pela retaguarda e não aceitaria isso sem castigar os guardas.

— Acho melhor voltarmos — disse um dos soldados. — Um tiro de seta desfechado pelos duendes é um mau presságio.

— Os outros fugiram por causa disso — acrescentou o sargento.

— Absolutamente — retrucou Jessach. — Estamos aqui como representantes de um rei poderoso. Nossa armada é invencível! Eu acharia um meio e os caminhos de obter a estima de Sua Majestade também aqui no deserto. — Um passarinho pipilou. Jessach teria preferido matá-lo, mas ele voou no grande espaço que existe sob o céu.

— Onde está a bandeira de campanha? Por que não está exposta? — perguntou Jessach um tanto mais bruscamente.

— Permita-me a referência — aventurou-se cuidadosamente o sargento —, mas não se costuma fazer isso; aliás, é até mesmo contra o regulamento mostrar abertamente o estandarte enquanto se caminha em área próxima da fronteira. O estandarte está na caixa presa na parte posterior da liteira.

— Vá buscá-lo já e prenda-o num mastro. Ordeno que seja levado à minha frente a partir de agora. Marcharemos até a próxima aldeia e nos alojaremos lá. Há aldeias nas imediações, não há?

— Estaríamos mais seguros ao ar livre. Poderíamos fazer três ou quatro fogueiras à noite — esclareceu o sargento.

— Siga as minhas ordens — disse Jessach.

O símbolo de campanha era o desenho de um navio à vela. Estava bordado em prata sobre couro. Seria necessário procurar no bosque um tronco de árvore reto e fino.

— Terá de ter uma grossura de duas polegadas, o comprimento de sete palmos e deverá ser bem reto — ordenou Jessach aos dois soldados encarregados da tarefa. — E levem o nativo junto com vocês — disse, apontando o homem com um movimento de cabeça —, ele poderá mostrar-lhes onde crescem as árvores novas. Andem depressa.

Para encontrar árvores, os dois soldados não necessitavam do carregador nativo. Em primeiro lugar, seguiram para o leste, acompanhando o fluxo de água de pequenos regatos, por mais ou menos uma milha. Aí defrontaram-se com um bosque de álamos negros. O nativo de Norrland deteve-se subitamente.

— Então, o que é que há? — perguntou Nuri, o mais jovem dos dois soldados, segurando-o pelo pulso e tentando arrastá-lo consigo. O norrlandês livrou-se do aperto e apontou para a direita, onde, a mais ou menos meia milha, começava um trecho maior de floresta.

— Que nada, não é possível — disse Nuri. — Temos pressa.

O norrlandês gesticulou com as mãos e passou a balbuciar, excitado, sempre a mesma palavra.

— *Kaschal . . . Kaschal!*

— O que será que ele tem? — perguntou Nuri.

Turku, o soldado mais velho, falou algumas palavras na língua de Norrland.

— *Kaschal* significa álamos-negros — explicou.

— Bem, é claro que sabemos que esses são álamos-negros — respondeu Nuri, como se falasse com uma criança.

O nativo de Norrland explodiu então numa torrente de palavras.

— Você entendeu alguma coisa? — perguntou Nuri ao camarada.

— Acho que ele quer dizer que não devemos entrar aí.

— Ora, por que não?

Turku traduziu a pergunta e houve outro fluxo de palavras.

— Ele falou algo sobre árvores e espíritos; disse que o bosque é sagrado e outras bobagens semelhantes.

— Será que nos toma por bobos? Ele quer nos atrair para aquela grande floresta, a fim de que seus amigos possam nos atacar.

— Eu sei — disse Turku, hesitante.

— Criatura, vamos logo, senão o velho ralhará conosco.

— O velho que vá à. . . — disse Turku, e logo gritou algo naquela língua que Nuri não entendia. O norrlandês, entretanto, só se pôs a caminho depois que Nuri lhe deu um pontapé no traseiro. Até a orla do bosque havia apenas alguns passos. Quando havia brisa, as folhas farfalhavam.

— Bobagem, isso do estandarte — disse Turku — só serve para trazer aborrecimentos. . . Você verá.

— Acho que o velho quer exibi-lo para os homens da floresta.

— Ah, aquele. . . não vale nada. Apenas representa o papel de homem mau.

— Pois eu lhe digo que ele é um "covarde".

— Tanto pior para nós.

— O que quer dizer com isso?

— Somos indesejados aqui. O tiro encantado. . . foi apenas um aviso. Da próxima vez atacarão para valer.

— Qual o quê! Eles nem mesmo têm pontas de ferro.

— Não precisam delas. Eles têm tantas outras coisas, esses malditos homens da floresta!

— Acho que estão precisando de uma lição. Quanto a isso, sou da mesma opinião que o velho.

— Espere só até que eles nos dêem a próxima lição!

— Árvores e espíritos — disse Nuri, fanfarrão. — Completamente louco, esse selvagem.

O nativo se detivera outra vez. Turku bateu-lhe com o punho cerrado nas costas e lhe disse algo na outra língua.

— Você tem de ficar tagarelando com ele? — perguntou Nuri, desconfiado.

— Bem, o que você acha? — resmungou Turku. — O que eu lhe disse foi: "Avante! Vá e ande ligeiro, senão vai se haver comigo!"

— Homens iguais a esse podemos vencer a qualquer hora — disse Nuri, e bateu com o cabo do machado nas ancas do homem.

Agora caminhavam no meio dos jovens álamos-negros. O nativo tremia violentamente, mas caminhava junto com eles.

— Agora ele sabe como é "por favor" em nossa língua. É o que eu digo: eles sempre entendem uma surra — disse Nuri.

Em seguida, olhou para cima, testou os troncos e concluiu:

— Acho que esta serve. — Bateu com a palma das mãos sobre a casca.

— É, acho que servirá — anuiu Turku.

— Ei, nativo, comece a trabalhar. — Nuri tentou entregar-lhe o machado, mas o carregador escondeu as mãos atrás das costas e balançou a cabeça numa negativa.

— O que há agora? — perguntou Nuri.

— Quer apostar que esse aí também não inventou o trabalho? — disse Turku, sorrindo. Nuri pegou o machado como se fosse golpear o norrlandês. Ele deu um passo para o lado. A lâmina brilhante do machado atingiu a folhagem que cobria o chão, o nativo parecia petrificado. Turku balançou a cabeça.

— Camarada de merda! — xingou Nuri.

— Deixe-o — disse Turku, e pegou o cabo do machado. — Não adianta a gente se aborrecer mais com ele; é melhor fazer o trabalho.

Queria começar a cortar a árvore, mas, antes mesmo que a primeira pancada atingisse o álamo, o nativo postou-se na frente, esticando protetoramente as mãos.

— Agora chega, amiguinho! — gritou Nuri, e atacou-o. Eles se atracaram, caíram ao solo, espojaram-se na grama. No que se referia à força física, parece que o norrlandês levava vantagem.

— Ele pegou você direitinho — disse Turku maldosamente. — Precisa de ajuda?

— Que nada! Já vamos ver isso.

— Então acabe logo com essa briga.

Nesse momento Nuri conseguiu pegar o punhal que levava preso ao cinto. Ouviu-se um som rouco. E foi tudo. Nuri se levantou, cuspiu, sacudiu as folhas que se haviam agarrado à sua roupa e disse:

— Esse recebeu o que merecia por hoje!

— O nativo está morto — afirmou Turku, depois de se curvar sobre o homem deitado.

— Melhor assim — declarou Nuri, começando fazer uma incisão no tronco da árvore com o machado. Estilhaços de madeira voavam para todos os lados. Trabalhava como um possesso, até que o tronco caiu estalando.

— Não olhe para mim desse jeito — disse Nuri, ao deixar cair o machado. — Foi em legítima defesa. Pelo menos é o que constará do nosso relatório.

— O velho não gostará nada disso.

— Que nada... Ele também acha que se deve dar uma lição aos nativos. Já discutimos isso antes.

Turku olhava assustado para a poça de sangue que se formara perto do homem morto e sobre a qual boiavam algumas farpas de madeira.

— Será que nunca viu um homem morto? — perguntou Nuri, começando a desbastar alguns ramos da árvore.

— Vi mortos demais — respondeu Turku.

— Por causa de uma árvore? — zombou Nuri. — Não dá para entender. Bem, está feito. Vamos sair logo daqui.

— Não seria melhor enterrá-lo?

— Os lobos também precisam viver.

— Ainda acho que devemos enterrá-lo.

— Com o quê? Com os dedos, talvez?

— Bem, está certo. Talvez tenha razão.

Pegaram o ramo de árvore e saíram dali. No caminho de volta, mal trocaram palavras. Os companheiros olharam interrogativamente para eles ao ver que voltavam sem o nativo. Turku apresentou o relatório. O nativo ficara repentinamente violento. Houvera luta corporal. Ele se comportara como um guerreiro furioso e fora preciso se defender devido à violência do ataque.

— Devemos voltar para enterrá-lo? — perguntou Turku, que estava diante do sargento e de Jessach.

— Bobagem — respondeu asperamente o cavaleiro —, precisamos é sair rapidamente daqui.

— Ele trazia enfeites no corpo? — indagou o sargento.

— Não o examinamos — respondeu Nuri.

— Ficaram com medo, hem?

— Chega desse assunto — ordenou Jessach. — Tratem de trabalhar, homens. Amarrem a bandeira no topo do mastro.

Meia hora mais tarde, o contingente se pôs a caminho. Ainda estava insuportavelmente quente. Quando Turku levantava os olhos, via a poça de sangue com as farpas de madeira no ar. De repente, Nuri estava a seu lado.

— Tivemos sorte outra vez, hem, companheiro?

Turku não respondeu.

A expressão de seu rosto não agradou a Nuri. — Viu só? Como lhe disse, o velho achou certo o que fizemos. Não há dúvida. — Nuri riu.

— Temos de tomar cuidado — disse Turku, como se estivesse sonhando. — Temos de tomar muito cuidado. Corremos o maior perigo.

— Que perigo? O que é? Trate de falar.

— Ocorreu-me depois. Ele disse algo... o nativo. Logo no começo. Tratava-se de uma árvore sagrada. E o que torna as coisas piores... agora, por estes dias, começa para eles o mês dos álamos-negros. Em Bru, o álamo-negro é sagrado.

— Sagrado para quem? Com os diabos!

— Sagrado para a rainha das fadas, a soberana do outro mundo.

— Ficou doido? — perguntou Nuri, aliviado. — Você já está falando como o nativo. Rainha das fadas... Bem, se for só isso... São apenas fantasias!

— Eu não teria tanta certeza — respondeu Turku. — Se não sairmos daqui, ela nos aniquilará a todos.

— Sair daqui? Aqui há despojos! Bons despojos, muitos despojos. Isso é o que o filho da minha mãe está farejando.

O povoado consistia num conjunto de talvez umas trinta a quarenta habitações que ficavam numa clareira da floresta. Jessach tirou a armadura e deixou-a cair no prado; depois ordenou ao sargento que fosse buscar o decano da aldeia. O cavaleiro gordo ficou esperando com uma pose impressionante: atrás dele, o contingente de soldados; à sua frente, um soldado com a bandeirola do destacamento; ao seu lado, o intérprete. O ancião apareceu acompanhado de dois homens. Todos os três usavam belos gorros de pele, apesar do calor dessa época do ano. O intérprete traduziu a ordem de Jessach: pousada noturna confortável. Rancho. Para a manhã seguinte, uma escolta até a margem do rio Negro. Um mensageiro para uma aldeia de lá, cujo nome o sargento, com o mapa na mão, soletrou. A exigência de aprontar uma canoa para poderem atravessar o referido rio. Cem peles de esquilo como reparação pelo ataque covarde que haviam sofrido no caminho.

— E diga-lhe — encerrou Jessach — que em sinal de boa vontade, e de suas boas intenções para com nosso rei, devem fazer o que estou lhes pedindo, isto é, devem curvar-se diante do nosso estandarte.

Os três nativos ouviram as palavras do intérprete com o rosto impassível. Houve um silêncio desagradável. Por fim, o homem mais velho da aldeia disse algumas palavras.

— Ele fará tudo o que lhe pediram. Mas não possui peles. Seu povoado é pobre, afirma.

— Diga-lhes mais uma vez: eu quero cem peles de esquilo negro, caso contrário ele terá uma experiência e tanto.

Nenhum músculo da face dos homens se contraiu enquanto o intérprete falava.

— Então? — perguntou Jessach.

Nenhuma resposta ainda.

— Diga-lhe que destruiremos tudo se as peles não aparecerem.

— O homem estranho fala depressa demais. Os animais são nossos amigos — respondeu tranqüilamente o ancião.

Enquanto o intérprete traduzia, Jessach ordenou que os homens desembainhassem as espadas.

Ouviu-se o clangor das espadas. Por fim, houve uma alteração nos olhos dos nativos. Outra vez o ancião da aldeia tomou a palavra.

— Ele pediu para dizer-lhe que sabe que o senhor não está brincando — disse o intérprete.

— É o que também acho. — Jessach riu, satisfeito consigo mesmo.

— Ele tentará trazer todas as peles disponíveis na aldeia, mas não pode matar nenhum animal nesta época do ano.

— Bem, terá de fazê-lo. Cem peles é uma quantia razoável — disse Jessach. — E agora, que eles façam o favor de nos prestar homenagens.

Jessach ficou ouvindo os sons ininteligíveis em que suas palavras se transformaram. Os três norrlandeses dirigiram-se obedientemente até a bandeira do destacamento. De repente, quando estavam distanciados apenas uns três ou quatro passos do mastro, ergueram os braços e gritaram algo, como se fossem porcos no espeto; depois saíram correndo pelas fazendas.

— Mas o que significa isso? — perguntou Jessach ao intérprete, quando percebeu que de todas as casas em volta saíam precipitadamente os nativos e que eles corriam para a floresta gritando como loucos.

O intérprete deu de ombros. — É claro que a nossa bandeira os assustou.

— Mas por quê? O que gritaram?

— Eles gritaram: "Sacrilégio contra as árvores".

Jessach recordou-se do relatório dos dois soldados sobre o fato de o nativo ter se recusado a derrubar a árvore. Sentiu-se inseguro.

— Sargento!

— Às ordens, senhor.

— Qual a sua opinião sobre o caso? O que devemos fazer?

— Abandonar o povoado. Armar um acampamento na região. Manter uma fogueira acesa durante toda a noite.

Jessach lembrou-se de que o sargento já lhe aconselhara isso algumas horas antes. Afinal, já se predispunha a fazer isso; talvez fosse melhor concordar. Havia algo de estranho naquele povoado. Contudo, considerou que tal atitude faria com que perdesse terreno, isto é, autoridade, no caso de a opinião do sargento sair vencedora.

— Errado — respondeu energicamente. — Se os nativos fugiram, por isso mesmo estaremos em segurança aqui.

— Eu acho. . . — tentou interromper o intérprete.

— Você acha, mas eu sei — Jessach cortou-lhe a palavra. — Ficamos. É isso. E agora vamos examinar esta aldeia mais de perto.

Seguido pelo grupo vestido com coletes de ferro, ele dirigiu-se para a primeira casa. Ao que parecia, os nativos nem sequer haviam levado os pertences mais necessários. A fim de manter o bom humor dos seus homens, Jessach liberou o sítio para o saque. No entanto, eles nada encontraram nas casas que os atraísse. Os nativos dormiam sobre esteiras. Havia uma mesa, cadeiras, um armário, alguma louça, facas de pedra, tigelas de madeira e colheres. Como armas de caça possuíam grandes arcos, que estavam pendurados na parede. Eram muito bem feitos; nas extremidades havia entalhes com figuras de árvores. Em geral, também tinham machados de pedra. No sul, usavam-se bestas e flechas de ferro para a caça. As lâminas dos machados eram de ferro.

Jessach entrou numa herdade cuja construção lhe parecia mais imponente do que as casas que haviam percorrido até então. Em frente da casa de moradia havia um depósito comprido, cercado por paliçadas. Jessach mandou abrir a porta trancada com uma viga. Um pouco de luz clareou o grande aposento. Havia algo ali. Jessach sentiu-se invadir por uma onda de calor. Era algo escuro. Ele aproximou-se depressa. A mão que ele estendeu com avidez tocou em pele macia.

— Esquilos negros — murmurou extasiado.

— Quantos, senhor? — perguntou o sargento, em pé atrás dele.

Jessach percorreu os intermináveis corredores do depósito. Depois voltou para onde o sargento o aguardava.

— Acho que são alguns milhares — disse Jessach em voz baixa.

— Nesse caso, já temos o nosso tributo. . . podemos dar por terminada a viagem?

— Claro que não, sargento. Este é um saque adicional. Onde há tantas peles, deve haver mais ainda. O rei nos recompensará quando voltarmos para casa.

— Sim, senhor — respondeu, desanimado, o sargento.

Quando voltaram para o quintal, Jessach lembrou-se do selo que trazia na bagagem.

— Vou ficar aqui — disse ele, apontando para a moradia, e, no mesmo momento, observou que os postes repletos de entalhes estavam adornados com figuras caricaturescas.

— Minha bagagem — ordenou —, e mande pôr homens de guarda. Traga mais alguns homens com você, a fim de contarmos as trouxas de peles. Depois disso, eles podem descansar. Assim que amanhecer, continuaremos viagem rumo ao norte. E você, intérprete, venha comigo e ajude a me instalar na casa.

Jessach teve a impressão de que a careta entalhada no poste voava na sua direção. Tampou os olhos com as mãos. — Ridículo! — murmurou.

Dentro da casa, passaram do corredor para uma cozinha espaçosa. Jessach ordenou que o intérprete acendesse depressa o fogo, provasse os alimentos que encontrasse por ali e lhe descrevesse o sabor. O que o intérprete lhe contou, enquanto o fogo ardia, não lhe apeteceu:

— Veja se encontra um pernil de urso em algum lugar.

O intérprete saiu e subiu ao sótão, onde presumivelmente haveria um fumeiro. Enquanto Jessach o ouvia caminhar tateando lá em cima, o sargento entrou, seguido por dois homens que traziam sua bagagem. Ele pediu que deixassem os dois caixotes perto do fogo e abriu um deles à procura do selo. Tal qual a bandeira do destacamento, esse lacre ostentava um navio à vela sob o qual ainda se viam as ameias de um castelo. Jessach pegou o sinete e o lacre. Queria estar presente à contagem das peles para, em seguida, lacrar a porta do depósito com o seu selo.

No exato momento em que pisaram no corredor, o intérprete vinha descendo a escada. Balançava despreocupadamente dois presuntos de urso.

— Um acepipe! Até mesmo o rei lamberia os beiços — disse, louvando seu achado.

— Veja se descobre alguma coisa para beber — ordenou Jessach. — Talvez eles tenham hidromel. O presunto nos dará sede.

Em seguida, saiu com o sargento para o pátio.

Nuri estava diante da porta, perto da bandeira do destacamento. Ele fez continência. Sem querer, o olhar de Jessach foi atraído pela careta entalhada no poste, no alto. Estava escurecendo.

— Precisamos de luz — afirmou.

Do outro lado, o sargento havia colocado dois homens de guarda diante da porta do depósito.

— Você foi muito previdente — elogiou Jessach. — Seria fácil roubarem as peles. Avise todos os soldados: quem encontrar peles e guardá-las para si estará violando propriedade real. Quem for pego roubando terá a mão direita decepada.

O sargento correu uma vez mais até a moradia, a fim de acender uma tocha no fogo da lareira. A claridade noturna tinha uma tonalidade cinzenta, esmaecida. Não ficaria muito mais escuro. Jessach observou os entalhes de madeira. Mesmo agora, na penumbra, via-os clara e nitidamente, como se estivessem bem à sua frente. O estalido da tocha ardente fê-lo sair da rigidez em que a contemplação das caretas o havia mergulhado. O sargento trouxera cinco soldados.

— Assim podemos contar as peles com maior rapidez — explicou ele. Em seguida, deu ordem para que os homens suspendessem a pesada viga transversal que trancava a porta.

— Senhor, o que é isto? — Jessach ouviu-o dizer, quando entrou na frente iluminando o aposento escuro com a tocha.

Jessach logo entendeu o que o sargento queria dizer. O porão estava completamente vazio. Jessach sentiu um frio percorrer-lhe a espinha. Furioso, correu até alcançar a parede do outro lado. Vazio, totalmente vazio! Sentiu-se como uma criança que brinca de cabra-cega. Voltou-se para todos os lados. Não havia outra saída. Não havia janelas. Não havia clarabóia.

— Você compreende isso? — perguntou Jessach ao sargento com a voz entrecortada, depois de fazerem um exame minucioso e estarem outra vez do lado de fora.

Interrogaram as duas sentinelas. Perguntaram ao homem parado ao lado da bandeira. Ninguém vira nada de suspeito. Ninguém se lembrava de ter ouvido ruídos denunciadores.

Jessach sentiu-se ferver de raiva. Deu mais uma olhada dentro do depósito. Nada!

— Fizeram-nas desaparecer como num passe de mágica — disse o sargento, atônito.

— Bobagem — disse Jessach. — Nesse caso, também poderiam ter-nos feito sumir. Apesar das sentinelas, devem ter tido acesso ao depósito e as levaram embora.

Não queria considerar válida nenhuma outra explicação.

— Isso custará caro aos nativos. Amanhã vamos procurar o regente e exigir nosso tributo. Mas, na volta, passaremos outra vez por aqui. Então terão de nos dar mais mil peles adicionais.

— E agora, senhor?

— Aposto com você que não permitirei que roubem o meu presunto de urso com magia — disse Jessach. — Faça com que nossa gente arrange pousada. Amanhã temos um bom trecho de caminho diante de nós até o rio Negro. E ponha sentinelas. Acorde-me uma hora antes do primeiro clarão do dia.

— Esta noite teremos lua cheia — disse o sargento.

— E daí? — perguntou Jessach impaciente, balançando-se de um pé para o outro.

— Dizem que, senhor. . . — começou o sargento, e parou.

— Então o quê? . . . Apresse-se, se quiser conversar sobre mais alguma coisa comigo. Estou com fome e, além disso, morto de cansaço.

— Senhor, ainda acho que deveríamos abandonar esta maldita aldeia. Talvez seja melhor.

Disse isso quase sussurrando, como se temesse o som da própria voz. Jessach teve a impressão de que as caretas riam dele lá do alto da casa.

— Dizem que sua magia é especialmente poderosa em noites de lua cheia.

— Ora, não se preocupe com a lua, mas faça o que lhe ordenei — retrucou Jessach. Suas palavras saíram mais ásperas do que pretendia. Ele se voltou e entrou na casa.

Jessach deitou-se numa cama feita de sacos de palha e de cobertores, que o intérprete lhe havia preparado na cozinha, perto do fogão. Comera uma quantidade incrível de presunto de urso, que tinha um sabor picante. O intérprete também conseguira hidromel. Embora a cama tivesse sido armada sobre o soalho nu, era macia e confortável. Jessach estava levemente embriagado de hidromel.

Fora mais uma vez até a janela, a fim de certificar-se de que havia sentinelas do lado de fora, como recomendara. Viu a sentinela caminhar de um lado para o outro na penumbra. Estava andando bem embaixo daquela espécie de totem, pensou. Por um momento, sentiu-se tentado a adverti-lo. Logo em seguida, a idéia pareceu-lhe ridícula e, do seu ponto de vista, uma lembrança prejudicial.

Esticou-se, portanto, novamente sobre a cama improvisada. Ainda viu o luar entrando pela janela num feixe de luminosidade. Então seus olhos se fecharam e ele adormeceu profundamente.

Não sabia se se tratava de um sonho ou da realidade. Não sabia quanto tempo havia se passado. Encontrava-se agora num espaço que não tinha tempo, assim lhe dizia a intuição; estava sozinho, com a mesma sensação de medo e de insegurança que não o abandonara durante todo o dia. Não havia limites para esse espaço. Ele era atravessado por um vento que trazia consigo um turbilhão de fuligem. Primeiro, pareceu-lhe estar no depósito onde encontrara as trouxas de peles. Mas isso não era possível, visto que não se levantara. Deitara-se para dormir. Mas. . . estaria mesmo dormindo? Esticou a mão. Por um átimo de segundo, pareceu-lhe que seus dedos de fato tocavam a maciez delicada das peles; no entanto, eles agarraram o vazio.

Percebeu também que não andava, mas flutuava. Tentou firmar os pés no chão, mas nada havia sob eles. Suas pernas pareceram ficar mais compridas, e não encontravam nada que lhes servisse de apoio.

Por ele passavam nuvens cada vez maiores de fuligem e cinza em louco turbilhão. Ouviu-se a dizer: "Não pode ser noite. Neste lugar as noites costumam ser mais claras. Onde estou? Por onde me perdi? Haverá alguém por aqui?" Jessach percebeu nitidamente que suas palavras ficavam inaudíveis quando as pronunciava, pois estavam trancadas dentro dele.

De repente, ele se viu flutuando no espaço. Seus globos oculares estavam pendurados no espaço. Observou o seu corpo físico com órbitas vazias. Fez movimentos com os braços, como se estivesse remando. . . nadando pelo espaço infinito.

Os movimentos, que pareciam ser os dele próprio, também tinham algo de ridículo em sua lentidão. Mas ele como que compreendia o que acontecia com o homem em armadura de cavaleiro que tentava andar no vazio, flutuando na escuridão sem poder apoiar-se em nada e cujas pernas pisavam em nada além de ar escurecido misturado com fuligem. Agora achava natural pensar que estava morto e que se encontrava a caminho de uma outra vida, rumo ao reino dos mortos.

O vento, a fuligem e as cinzas que turbilhonavam estavam cada vez mais quentes. O ar cheirava matéria em putrefação. O cavaleiro tinha cada vez maiores dificuldades para prosseguir. Subitamente, todos os movimentos — o da poderosa corrente de ar, bem como os do homem exausto, cujo rosto estava banhado de suor e cujos membros tremiam devido à tensão — cessaram, como por encanto. Os olhos estavam de volta às suas cavidades, e ele se encontrava outra vez dentro do homem que vira e observara durante seus esforços sem sentido.

O ar transformou-se em vidro, no qual Jessach ficou preso. Teve medo. Achou que ia asfixiar nessa prisão de vidro.

Tentou sair com uma das mãos, que de repente calçava uma luva de ferro. O vidro (ou seria gelo?) não era tão grosso como pensara. No início, ele se rompeu somente diante do seu rosto. Tentou empurrar o corpo para cima com um solavanco. Atravessou o vidro, o gelo ou o que quer que fosse.

Agora corria sobre água, cuja superfície era escura e fétida. Estava no centro de um rio que parecia ser muito largo. Algo lhe sussurrava no íntimo: "Você precisa decidir-se, precisa escolher a que margem quer chegar".

Em instantes, rastejou pela lama até a terra firme. Sua armadura se desfez, como se fosse de areia. O solo da margem do rio era de lava reduzida a pó. Pedaços da armadura que se desfazia também se transformavam em poeira.

Mais tarde, encontrou-se com um homem que, como ele mesmo, apenas trazia sobre o corpo os farrapos de suas vestes.

— Para onde? — perguntou ao homem.

— Sei lá para onde — retrucou o homem, carrancudo. — Está claro que é para o outro lado!

— Há alguma ponte por aqui?

— Ponte? O que é isso? Nunca ouvi falar nisso. Estou à procura de um vau — disse o homem, e os dois seguiram tateando em direções opostas. Ambos caminhavam sobre a lava, na qual se viam, aqui e ali, estilhaços de madeira. Parecia ser de noite. Mas, ao que parecia, a noite aproximava-se do fim.

Quanto mais Jessach caminhava, tanto mais claro se tornava determinado ponto do horizonte. Então ele viu que, morosamente, uma lua cheia, avermelhada, surgia no céu vazio. Prosseguiu caminho e, finalmente, chegou a um lugar onde algo que se parecia com um trapiche avançava da terra pelo rio adentro. À margem, havia um depósito. Sua forma assemelhava-se à construção de um esquife gigantesco. Procurou uma porta. Não havia portas. Procurou janelas. Não havia janelas. Então ouviu cães latindo e o chuvisqueiro de areia de lava. Uma criatura, que em vez de cabeça humana tinha sobre os ombros uma cabeça de cão, estava diante dele.

— O que quer? — perguntou a criatura. Jessach não conseguiu pronunciar palavra, tal o susto que levou com essa aparição. Uma baba escorria da fauce canina. Quis desembainhar a espada, mas estava desarmado.

— Ora, o que decide — disse a criatura com cabeça de cão —, ir para o outro lado como todos os outros... ou não?

Jessach sentiu que balançava a cabeça, concordando.

— Tem moedas? — perguntou o homem-cão, à espreita.

— Que moedas?

— Ora, as moedas necessárias! — respondeu a criatura, balançando a cabeça com desagrado.

Jessach quis meter a mão no bolso. Não encontrou bolsos em seus farrapos.

— Venha cá — disse o homem-cão, esticando uma pata peluda

na sua direção. Com ela, puxou o lábio inferior de Jessach para baixo e passou a pata por dentro de sua boca. Jessach achou que ia vomitar. O homem-cão se afastou.

— Não há moedas — afirmou.

— O que quer dizer tudo isso? — Jessach ouviu-se a perguntar.

— Que ainda existem dívidas que têm de ser pagas, antes que possa atravessar para o outro lado.

— Afinal, o que há do outro lado? — quis saber Jessach. — Será mesmo preciso atravessar?

A incrível criatura emitiu um som que parecia ao mesmo tempo um gemido e uma gargalhada.

— Acaso quer ficar aqui? — resmungou. — Espere. . .

De repente, ele transformou-se inteiramente num cão. Escavou a areia e desenterrou um tambor. O cão permaneceu sentado sobre as patas traseiras. No mesmo instante, pareceu a Jessach que se tratava de um homem com cabeça de cão. A criatura, segurando o tambor entre as patas, disse:

— Vou chamá-los, e então veremos.

Bateu no tambor com as patas. O ritmo parecia impregnar-se na pele de Jessach, até que percebeu que esse ritmo era o mesmo da batida do seu coração.

Jessach olhou sem querer para a lua, cujo disco perfeito tocava ainda num único ponto da linha do horizonte. Primeiro, nem quis acreditar no que estava vendo. A lua se abriu. . . formas cujos rostos apenas pôde discernir vagamente desceram dela, aproximando-se cada vez mais, percorrendo a lava.

Lá vinha aquele camponês que arrendara sua fazenda em Skåne, de onde ele o escorraçara com toda a família, porque o infeliz não pudera pagar o aluguel no segundo ano de permanência.

Lá vinha também uma moça bonita, Etain, filha do moleiro do povoado que pertencia à propriedade de Jessach. Quando jovem, ele seduzira a moça e, quando ela o acusara como o sedutor, mandara queimá-la na fogueira como bruxa, junto com o filho. Há tempos se esquecera dessa história, ou ao menos fazia anos que não pensava mais nela. Mas, agora, ao ver Etain andar na sua direção com a criança no colo, vindo da região cinzento-escura, lembrou de tudo com detalhes.

Lá estava também o rapaz jovem que caçara em suas reservas florestais. Trazia um gamo selvagem sobre os ombros, como daquela vez. Mas Jessach sabia que sob a pele do animal havia vincos sangrentos nas costas do homem. Ele castigara pessoalmente o caçador, naquela ocasião.

Dois batalhões de soldados marchavam atrás do garoto com o veado nas costas, mantendo a formação. Homens que haviam tombado no combate que liderara em Norge, para o rei. Alcançara grande vitória naquela batalha e fora agraciado com o título de conde.

E mais uma vez vieram mulheres, velhas, mães com muitos filhos, que seguravam medrosamente as saias, moças jovens com olhos inflamados, de olheiras roxas, com os vestidos rasgados e o busto nu, os cabelos emaranhados... Por fim, um homem velho. Pois sim! Esse também?

O homem também estivera na campanha de Norge. Tratava-se de um lenhador que conhecia muito bem a região em que se travara a batalha. Eles o haviam atraído com um moeda. O velho os acompanhara, levara-os para as linhas de retaguarda dos inimigos. Vencida a guerra, passaram mais uma vez pela sua cabana e viram que ele havia se enforcado numa macieira do jardim. A mulher saíra correndo da cabana e jogara a moeda junto às patas da sua montaria. O tambor ensurdecia.

Jessach cobriu os olhos com as mãos. Sabia tudo o que ainda estava por vir.

O retumbar do tambor continuara.

— Não — gritou —, não!

Acordou. Levantou-se da cama de um salto. O luar incidia claro na cozinha. Tudo estava terminado. Não... ainda não! Ainda se ouvia o rufar do tambor. Onde? Não era mais no sonho. Isso tornava tudo pior.

Aquele som era intolerável.

Era preciso parar com ele. Se o tal tocador de tambor possuía, de fato, o poder de exorcizar todos aqueles aos quais causara a morte... Percebeu que seu rosto estava banhado de suor. Chamou a sentinela. O homem lá fora respondeu com a senha. Jessach saiu ao seu encontro.

O rufar do tambor parecia estar por todos os lados.

— De onde vem esse som? — perguntou ao soldado.

Este, cabisbaixo, respondeu que também não sabia.

— Chame o sargento. Não, espere. Vou com você até o alojamento.

A caminho, o soldado disse:

— Isso já dura horas. Eu estava de guarda, não podia deixar o meu posto. Devem ser os nativos.

— Não, não são os norrlandeses.

— Então, quem são? — perguntou o soldado.

— O homem-cão... Temos de acabar com ele.

— O homem-cão? — repetiu o soldado, sem compreender o que Jessach estava dizendo.

Chegaram diante da casa que procuravam.

— Esse rufar de tambor é estranho — disse o soldado. — Primeiro pensei que transmitisse mensagens, avisando os inimigos da nossa presença. Mas não pode tratar-se disso. Há alguma coisa mais. Se ficamos ouvindo durante algum tempo, vemos imagens. Coisas há muito esquecidas, que seria melhor que permanecessem no olvido. Aconteceu o mesmo com o senhor?

Jessach não respondeu. Contudo, pensou consigo mesmo: "É preciso acabar com isso. É pior do que uma tortura. Esse ruído tem de terminar. Depressa. Imediatamente".

Trinta homens correram através da luz difusa dessa hora que antecede o raiar do dia. Jessach ia na dianteira. O rufar do tambor ainda soava em seus ouvidos, fazendo surgir quadros amedrontadores dos quais ninguém se atrevia a falar.

O cavaleiro ordenara: — Procurem quem toca o tambor e matem-no, esteja onde estiver!

Mesmo sem essa ordem, cada um dos trinta homens estava disposto a matá-lo. Fizeram suas espadas zunir no ar, à guisa de teste, a fim de ganhar coragem. Passaram correndo diante das cabanas vazias. Sem deter o passo, Jessach perscrutou a distância. Lá adiante, no lugar em que começava a floresta, logo atrás das cabanas! Os troncos das árvores pareciam sentinelas acusadoras e sombrias. Fantasmas sobre andas. Os ramos se inflavam como mangas de casaco, por trás dos quais se escondiam os rostos. Oscilando, como se tivessem acordado assustadas de um sonho, desajeitadas devido ao seu tamanho, as árvores se moviam na sua direção. A orla da floresta transformou-se na linha de frente de um exército.

— Eles vêm. . . os nativos estão voltando! — gritou um dos homens, que também havia olhado naquela direção.

— Calem a boca! — Jessach ouviu o sargento dizer atrás de si.

— Seu medroso! — xingou Jessach —, não são os nativos. São as árvores. São ramos de árvores. Vocês têm medo de árvores?

— Eles vão acabar conosco! — ouviu alguém dizer baixinho. Árvores! Seria o tambor que repetia sempre essa palavra, ou tratava-se de uma voz que estava presa na sua garganta?

Jessach sentiu frio nas coxas. Como se suas pernas se enregelassem. Mal conseguiu mover-se.

Por um caminho amplo que seguia pelo meio das cabanas ao fazer uma curva, o pequeno contingente alcançou o prado.

Apesar das repetidas ordens de Jessach, apesar da própria vontade de exterminar esse homem que tocava tambor, que os acossava com o medo, todos eles se detiveram por um momento, como se estivessem enfeitiçados. No local em que Jessach fizera com que seus homens se detivessem no final da tarde, no local em que negociara com os mais velhos da aldeia, havia sido erguida uma pilha de ramos mais alta que um homem, que lançava labaredas ao arder. Perto da fogueira, iluminado pelas chispas das chamas, sentava-se um homem com um enfeite de cabeça extraordinário, um turbante de seda brilhante, no qual sobressaía um amarrado de penas. Ele batia no tambor. Usava um manto branco, também coberto de penas. No primeiro instante, tinha-se a impressão de que um pássaro gigantesco se aninhara ali. Pelos movimentos dos braços, entretanto, Jessach pôde perceber que se tratava de um homem.

Com uma alegria maliciosa, os dedos do velho, em formas de garras, batiam mais e mais na caixa revestida com uma pele cor de pergaminho, de onde surgiam os ritmos que evocavam as imagens.

— Peguem as espadas! — Jessach ouviu o sargento ordenar. Jessach também foi arrastado pela corrida desenfreada da guarnição. Embora tentasse lutar contra uma inusitada paralisia, conseguiu tirar a espada da bainha. Então alcançaram o homem que tocava o tambor e o atingiram duas, três vezes, com suas espadas, fazendo o sangue jorrar. Jessach não o poupou e, depois de o ferir, continuou a correr, saindo do círculo iluminado da fogueira até parar, ofegante. Sentia-se aliviado. Mas demorou ainda um pouco para perceber o porquê. O rufar do tambor havia cessado. Ouviam-se apenas os estalidos e rangidos dos pequenos ramos queimando na fogueira.

Jessach sentia-se como se fosse debulhar em pranto. Durante um breve instante, tornou-se outra vez a criança que já fora uma vez. Sentiu-se em segurança, e experimentou algo que já não sentia há tempos: a beleza que é poder viver. Viu que o sargento se aproximava. Nada mais restou do sentimento do ser inocente, do ser que se sentia em segurança. Seu rosto transformou-se numa careta zombeteira.

— E agora? — perguntou o sargento, ainda sem fôlego.

— Ele está morto?

— Tanto quanto se pode estar. Não houve quem não lhe cravasse a espada no corpo.

— Jogue o cadáver no fogo — disse Jessach com dificuldade, como se tivesse de descobrir primeiro as palavras — e então reúna os homens. Partiremos em seguida. Se nos apressarmos, chegaremos ainda de manhã às margens do rio Negro.

— O senhor quer prosseguir . . . rumo ao norte?

— Sim, o que mais deveria fazer? Acaso supôs que me deixaria intimidar por um espetáculo como esse?

— O homem do tambor era mágico, senhor.

— E o que nos importa isso? Agora ele está morto. . . ou não?

— Claro que está, senhor. Mas somos apenas trinta homens, e lá na floresta há centenas. Eles sabem que nós o matamos. Deveríamos pedir reforços. Deveríamos voltar ao fortim da fronteira.

— Tenho de entregar uma ordem do rei de Svea ao príncipe da Grande Floresta; tenho de arrecadar os tributos — disse Jessach, fanfarrão.

— O senhor não sabe como o perigo agora é grande. O senhor não conhece o terreno. Senão. . .

— Faça o que mandei.

— Senhor, eu lhe peço! Iremos ao encontro da perdição.

— Como se atreve a falar assim comigo? Mas o que estou dizendo? Falar? . . . Você está delirando! A liteira. . . a minha bagagem! Quero o estandarte na frente e, então, marcharemos para o norte. Agora corra e cumpra as minhas ordens, sargento!

— Às ordens, senhor.

Jessach achou apropriado seguir o sargento, alcançá-lo e bater-lhe amigavelmente nas costas.

— Não se preocupe. Talvez eu não saiba muita coisa sobre nativos, mas acredite em mim; a campanha contra Norge também não foi exatamente um piquenique. O cumprimento das ordens e a disciplina é tudo o que espero de meus subordinados. Nisso está o segredo de nossas vitórias, sargento.

— Não encontraremos barcos.

— Nesse caso, vamos buscá-los em alguma povoação, ou construiremos alguns. — Jessach tentou sorrir animadoramente. — Pense no saque, um saque rico! Pretendo pedir quatro mil peles em vez de duas mil. Depois dessas insolências todas, talvez até peça cinco mil. O que me diz se eu lhe der quinhentas delas?

— Os mortos não precisam de riquezas — respondeu o sargento —, é o que se costuma dizer na minha aldeia natal. Eu lhe suplico, senhor, vamos voltar e buscar reforços. Aí, sim, poderemos dar-lhes uma lição.

— Vamos dar uma lição aos nativos mesmo sem reforços, sargento. Pode confiar nisso.

Meia hora mais tarde, o sol banhou um monte fumegante de cinzas no prado, no qual jazia, ainda não totalmente queimado, o tocador de tambor mágico.

O cavaleiro seguia balançando na sua liteira, rumo ao norte. As cotas de ferro das sentinelas rangiam e estalavam durante a caminhada. O contingente seguia através de regiões pantanosas. Às vezes havia depressões no terreno, cheias de água podre. O caminho passava sobre troncos e galhos de árvore, provavelmente armados pelos nativos. À direita e à esquerda o junco estalava. De vez em quando, um bando de patos levantava vôo. Na água, que nunca ficava distante, os sapos coaxavam. A água parecia ter olhos. Mas esses apenas observavam Jessach.

Perto do meio-dia, a guarnição chegou ao rio Negro. Para sua surpresa, descobriram no fim do caminho de troncos e galhos de árvores um pequeno porto natural e, na margem coberta de touceiras de junco, cinco barcos. Jessach ficou de bom humor.

— O que me diz agora, sargento? — disse, pigarreando. — Parece que perceberam que é melhor conquistar a nossa boa vontade. Ou continua com outra opinião?

— Talvez o senhor tenha razão. Mas eu ainda não confio nesses velhacos.

— Somos representantes de um grande poder. Parece-me que aquele pessoal com que lidamos, e que ficou para trás, era de um povoado periférico. Para velhaco, velhaco e meio! À medida que os povoados ficam mais distantes do principado, aumenta a auto-soberania. Talvez agora já se envergonhem de ter fugido tão obstinadamente de nós e, para reparar o tratamento brusco anterior, tenham resolvido cooperar, antes que nos queixemos ao Príncipe da Floresta.

A travessia só pôde realizar-se lentamente. A água escura do rio pantanoso não era muito funda. Na maior parte dos trechos não havia a possibilidade de remar; era necessário impelir as canoas estreitas com varas. As nuvens de mosquitos eram tão densas que às vezes chegavam a obscurecer o sol. Passava-se com freqüência por pequenas ilhas cobertas de grama, onde os patos dormiam. Com a aproximação das canoas, levantavam vôo com um ruído que se assemelhava a uma matraca. O ar estava úmido. O calor era insuportável.

O eterno coaxar dos sapos deixava o cavaleiro nervoso. Uma vez ele viu um dos animais sentado na folha de um nenúfar. Era três vezes maior do que os sapos que conhecia de sua terra natal. E esses não eram verdes, mas cor de aveia. Primeiro sentiu-se inclinado a considerar o monte disforme sobre a idílica folha como esterco de cavalo. Mas, então, da sujeira amarelada destacaram-se dois pontos gelatinosos, dois feixes de músculos, que o examinaram inquisitivamente. Os olhos do animal eram ameaçadores. Jessach ordenou ao homem que impelia a embarcação com a vara se aproximasse da folha. Puxou a espada, mas justamente quando chegaram à distância apropriada, o gigantesco sapo emitiu um som de deboche e pulou na água. Jessach pôde considerar-se afortunado por não ter perdido o equilíbrio e caído na água com a força do golpe.

Os homens que impeliam as canoas abafaram o riso, e ele irritou-se por ter esbanjado com um sapo aquela ridícula demonstração de força.

Mais tarde, o sol se pôs por trás dos campos de junco no poente e ainda não se avistava a linha da margem do outro lado.

Jessach pensava com inquietação em como seria se tivessem de passar toda a noite na água. Já pensava em armar acampamento em alguma das ilhotas, quando ouviu gritarem às suas costas: "Terra à vista!"

Lá longe, o céu estava cortado de faixas cor de enxofre, embora a margem superior fosse branco-azulada. Umas poucas nuvens cinzentas percorriam o céu; sobre elas refletia-se a luz do sol, que acabara de se pôr. A água já parecia mais escura do que durante o dia. Era como verniz. Não se via movimento, a não ser os círculos concêntricos formados pelas varas que impeliam as canoas. Parecia que o próprio rio se transformara na noite.

— Haverá algum povoado na margem? — perguntou Jessach ao sargento, que estava atrás dele no bote e se esforçava por discernir a linha da costa no lusco-fusco.

— Não — respondeu ele. — A povoação fica além da floresta encantada.

— Então pernoitaremos na praia.

Pensar na Grande Floresta causava mal-estar ao cavaleiro. Atrás da floresta encantada? Onde seria isso?

— Não sei ao certo — respondeu o sargento, esfregando o queixo. — Talvez estivéssemos mais seguros no alto das árvores.

— Como. . . em cima das árvores?

— O senhor logo verá. A alguns passos da margem começa a floresta. Há algumas velhas árvores, na maioria faias e pinheiros muito altos. Em sua sombra, os carvalhos e bordos não cresceram muito. Essa é a floresta encantada. Embaixo não há caminhos. É um matagal de arbustos e espinheiros. Mas encontraremos galhos para subir até o alto das árvores. Lá em cima, sobre as copas, há um caminho; lá os nativos nunca nos alcançarão.

— Você pretende divertir-se às minhas custas. . . Um caminho por cima da floresta. . . é isso?

— Talvez seja estranho, mas é assim como lhe digo, senhor.

— E por que estaríamos seguros justamente lá em cima?

— Porque essa floresta encantada é sagrada para eles. Existe uma saga. Eles acham que a floresta é um ser, ou melhor, que as árvores milenares são gigantes transformados em árvores a fim de proteger o seu reino.

— Bobagem! — zombou o cavaleiro.

— Não — disse o sargento. — No entanto, lá em cima é preciso tomar cuidado com os linces e com as tempestades.

Jessach ainda pensava sobre a irrealidade de um caminho por cima da copa das árvores por toda a floresta, quando um som áspero de areia pisada o tirou dos seus pensamentos.

Os homens que impeliam as canoas com as varas deram um grito de alegria, ao passo que o olhar de Jessach voltou-se para a gorda lua, que, sem que ninguém percebesse, havia se elevado acima das águas.

— Desculpe, senhor — disse o sargento. — Sem dar alguns passos dentro da água, não será possível. Carregado, o barco é pesado demais, não podemos chegar mais perto do que isso.

Duas canoas já haviam sido puxadas para a areia; as outras se aproximavam pela direita e pela esquerda da canoa de Jessach. Jessach desceu da canoa, como se estivesse em transe, olhando para a lua. A água mal lhe cobria as canelas. A seu lado, os homens ocupavam-se em tirar a liteira de dentro da canoa, a fim de transportá-la para a terra.

Jessach pretendia dormir na liteira. Podia ser desconfortável, mas esta lhe parecia mais convidativa do que a copa das árvores. A faixa de praia era estreita; a uns vinte passos de distância da água já começava a floresta.

— Tochas! — ordenou o sargento.

Demorou um pouco até que os homens conseguissem tirar as achas de lenha da bagagem e lhes ateassem fogo. Essas achas estavam embebidas de resina inflamável numa das extremidades.

— Iluminem o caminho — ordenou o sargento, e marchou levando as tochas, que refletiam faíscas no chão, até a muralha escura da floresta.

Jessach seguiu os homens. Eles estavam procurando alguma coisa e seguravam as tochas mais baixo.

— Lá! — disse o sargento, mostrando uma pedra fosforescente. — Ela nos levará até os galhos que podemos escalar. Tivemos sorte de descobrir logo. A cada cem passos encontraremos esses guias de caminho.

Vista do rio, a floresta encantada parecia uma massa informe, escura. Agora, vista de perto, podiam-se perceber os detalhes. Jessach viu que, na verdade, eram três florestas de alturas diferentes, que se entrelaçavam e que cresciam juntas.

As árvores milenares, cujos galhos pareciam não ter fim quando se olha para cima inclinando-se a cabeça para trás até encostá-la no pescoço, deveriam ser as legendárias sentinelas. Estavam a razoável distância umas das outras e sobrepujavam ao mesmo tempo as copas dos impressionantes penachos, as faias e os pinheiros, os quais por sua vez já atingiam a altura de vinte ou trinta metros, constituindo a maioria das árvores. No meio dessas árvores havia carvalhos nodosos, com galhos retorcidos devido às mudanças do clima, e que se estendiam em direção ao céu aberto. Perto do solo, havia um matagal, entremeado de hera, constituído por bétulas, aveleiras e arbustos de sabugueiro, no meio de madressilvas e amoreiras silvestres mais altas do que um homem; era mesmo um matagal mil vezes entrelaçado.

— Ali! — gritou o sargento, triunfante —, a escada de galhos!

Numa faia, cujo tronco era tão largo que um homem mal poderia abraçá-lo, os galhos haviam sido recortados de tal modo que formavam uma série visível de degraus. Jessach sentia repugnância por ter de subir, mas de repente pareceu-lhe óbvio que lá em cima estaria mais seguro do que na praia.

— E a liteira? — perguntou.

— O senhor mesmo está vendo... Teremos de deixá-la aqui embaixo. Lá em cima, só se pode prosseguir a pé.

Jessach gostaria de perguntar-lhe por que, então, haviam carregado a liteira até ali. Mas, diante da competência que o sargento vinha demonstrando até então, ficou com medo de que este o envergonhasse com uma resposta plausível.

— Pois bem — disse, com uma aspereza que revelava medo —, então subamos! Não nos resta, mesmo, alternativa.

— Espere um momento ainda, senhor — disse o sargento — um par de homens deverá espetar peixes nas tochas e nas lanças, assá-los ao fogo e levá-los conosco para cima. Com certeza, o senhor também está com fome.

— Estou terrivelmente faminto e sedento. Diga ao intérprete para ele não se esquecer da moringa com o hidromel que trouxemos do povoado.

Enquanto o sargento se afastava outra vez com os dois portadores das tochas na direção das canoas, a fim de dar as ordens aos homens, Jessach ficou à espera perto da árvore com a escada feita de galhos. Ali estava mais escuro do que na praia. Ele voltou a cabeça para o lado e olhou para a lua. Tinha a esperança de que o luar esbranquiçado acalmasse a inquietação que sentia. No entanto, lembrou-se imediatamente das imagens de sonho da noite anterior; ficou com receio, e a idéia de que o astro pudesse se abrir de fato, dando passagem ao trem de vítimas que marchariam na sua direção, infundiu-lhe pavor. Olhou para o chão e tentou pensar em algo agradável. Apenas conseguiu sentir outra vez a sensação que lhe causara o toque das peles macias na ponta dos dedos, no dia anterior. Mas mesmo essa recordação o encheu de temor, pois logo começou a pensar em como as peles podiam ter desaparecido. O ruído de passos às suas costas fê-lo virar-se depressa. Era o sargento, com a maioria dos soldados.

— Três ou quatro de vocês, subam na árvore! — Jessach ouviu-o dizer. Ele estava disposto a confiar cegamente no sargento. Que tolice pensar em passar a noite dentro da liteira, perto da água! Todavia, qual seria a aparência das coisas lá em cima? Nem sequer podia imaginar que houvesse um caminho a tamanha altitude.

O sargento subiu, seguido por três soldados bastante habilidosos. Então foi a vez de Jessach. Sua couraça o incomodava, à medida que se esforçava por alcançar o primeiro degrau. Teria preferido tirá-la e jogá-la fora. A partir do terceiro ou quarto degrau, avançava com menos dificuldade. Restou-lhe pouco tempo para pensar em medo, pois atrás dele vinham mais soldados e Jessach estava disposto a não fazer uma triste figura ao subir. Agora parecia de fato que subiam por uma escadaria. Ele estava disposto a admitir que os nativos haviam descoberto algo valioso, que era ao mesmo tempo simples e útil ao seu objetivo.

Ainda não se avistava o fim da árvore destinada à escada. Em determinada ocasião, olhou para os lados, firmando-se com as mãos. Debruçou-se muito e viu, bem lá embaixo, na praia, o fogo que fora ateado pelos soldados que haviam ficado para trás a fim de assar os peixes. Tranqüilizado, continuou a subir.

De repente, ouviu um ruído seco, como um estilhaço. Pensou novamente estar sonhando. O homem logo à sua frente deu um grito lancinante, encolheu-se, precipitou-se, e, ao cair, ainda o atingiu. Jessach perdeu o equilíbrio. De todos os lados ouviu gritos e o som de galhos se partindo. De novo algo passou zunindo a seu lado, algo que caía mais rapidamente do que ele. Um galho bateu-lhe de lado no rosto, rasgando-lhe a pele. Jessach gritou e ficou pendurado nos galhos, de cabeça para baixo. À sua volta, as folhas farfalhavam misteriosamente. Sem outra saída, olhava fixamente para baixo, enquanto o sangue lhe descia para a cabeça, parecendo empurrar-lhe os olhos para fora das órbitas.

Seus dedos, inseguros, procuravam algo no matagal que rangia embaixo dele. Não havia apoio. De ponta-cabeça, olhou para a fogueira, onde se passava uma cena incrível. Touceiras de junco haviam se precipitado sobre os soldados em cotas de ferro, pela retaguarda. Empurraram os soldados, cujo grito morreu na garganta, sobre o fogo, até eles sufocarem.

Acima e abaixo dele, talvez a seu lado — coisa igualmente inimaginável —, apareceram criaturas (ou seriam criaturas e animais?) empenhadas numa luta mortal. Acima de tudo isso, a lua redonda e branca ria despreocupada.

Então Jessach conseguiu libertar as pernas, de tanto se debater. Os galhos feriam-lhe o rosto, enquanto ele continuava a cair. O fogo ardia-lhe nos olhos. Ele não sabia se era um raio ou um galho em chamas. Então veio o baque, depois do qual Jessach caiu sem sentidos. Mas logo a seguir ele sentiu novos golpes. Alguém batia em sua cabeça com um machado de pedra. Em seguida, sentiu uma dor lancinante nas costas, o que fragmentou-lhe os pensamentos. A alma fugiu-lhe do corpo, cuja pele, tostada, cheirava mal. Um fio de luz, semelhante a um pirilampo, esfregou-se na areia granulada, entrou na água escura do rio e foi engolido por um sapo. Como queimasse, o sapo logo cuspiu-o fora.

Esnir, um dos filhos do tocador de tambor mágico, Nogal, recostado na árvore em que havia sido construída a escada de galhos, estava diante do fogo e olhava para os soldados com cotas de ferro, que os feixes de junco haviam empurrado de cabeça para dentro do fogo ardente.

— Quantos você contou? — perguntou ao irmão, que se aproximava, extenuado.

— Trinta. Nosso pai foi vingado. Não escapou nenhum dos bárbaros.

— Ajude-me — pediu Esnir ao irmão. — Vamos tirar os cadáveres do fogo. Este mau cheiro é uma ofensa às árvores e ao junco.

— Tem certeza de que estão mortos?

— Tão mortos como os peixes que acabaram de fritar — afirmou Esnir.

— Eles caíram na armadilha como esquilos.

— Não me diga que está com pena deles...

— Seus espíritos me causam pena — respondeu Orn —, para onde poderão fugir? Para o sul é que não se atreverão a ir... devido à vergonha.

— E o espírito de nosso amigo Pohul, o espírito do álamo-negro?

— Ele está no reino do príncipe negro. Bru deu-nos energia. De outra forma, seria inconcebível darmos conta de trinta homens pesadamente armados.

— Nossa gente quer uma festa.

— Pois eu lhe digo que só amanhã festejaremos a vitória. Matar cansa; o ar está cheio de vibrações maléficas — respondeu Esnir.

Um dos que eles haviam recrutado para o ataque aproximou-se.

— Ferro — disse ele. — Todos eles têm o corpo coberto de ferro. Nossos homens estão totalmente malucos por causa de todo esse ferro.

— Nossos homens podem esperar — afirmou Esnir. — Amanhã cedo faremos a partilha e em seguida festejaremos. Diga-lhes que, ao soar o terceiro pio da coruja, partiremos para Wollinsel. Assim é mais seguro. Não podemos excluir a possibilidade de haver mais alguns desses canalhas por aqui.

Capítulo III

A infância de Madru. Chega um poeta.
Madru e Eigar sob as asas de dois grifos. O primeiro amor.

Neste verão, o jovem completaria quinze anos. Ele era alto, magro e muito loiro. Ao observá-lo atentamente, o que chamava mais a atenção em sua aparência eram os olhos grandes, desmesuradamente abertos e expressivos, que não se cansavam de contemplar o mundo como se acabassem de descobrir um milagre.

O jovem chamava-se Madru e pertencia à casa de Jarl Aldur, em Skolund. Sua mãe, Orna, era uma escrava que trabalhava na cozinha. Corria o boato de que o pai do rapaz fora morto pela queda de uma árvore antes de ele nascer. Como a maioria dos adolescentes de quatorze anos, passara o último ano como batedor nas caçadas, porém não se sobressaíra nisso especialmente. Dentro de dois anos teria de servir na milícia. Por ora, freqüentava o curso de leitura, escrita e matemática com os filhos de Jarl. Este justificara a presença de um escravo no curso — coisa totalmente contra os usos e costumes locais — explicando que pretendia vendê-lo mais tarde como escriba. Nas aulas, Madru nem sequer precisava se esforçar demais. Enquanto os outros dois aprendiam a matéria à custa de constantes repetições, ele compreendia tudo rapidamente e retinha na memória tudo o que ouvisse uma vez, e para sempre.

Para o mestre, cujo rosto se assemelhava ao de uma coruja e cuja fama se devia ao fato de ter viajado por todo o mundo, não agradava justamente o fato de o filho da escrava aprender tudo quase sem esforço e de estar sempre disposto a aprender mais. Para os filhos de Jarl, isso era mais penoso ainda; por isso eles o chamavam de arrivista. Não deixavam escapar ocasião de fazer pouco de sua inteligência, que, na sua opinião, Madru não utilizava de forma correta.

De resto, Madru era muito apreciado na corte, pois era um ótimo jogador de *kassar*. Apesar da magreza e da pouca força física, era conhecido por sua agilidade, que parecia a de um dançarino, e por suas obstinadas intervenções. Nas cortes da fronteira, ser um bom jogador de *kassar* tinha muito valor, pois todos gostavam muito dessa modalidade esportiva. Nem mesmo Jarl deixava de assistir aos jogos finais do campeonato. Esses jogos eram disputados pelas tropas de cerca de dez cortes. Jarl sentira-se orgulhoso quando Madru, incluído pela primeira vez na primeira guarnição, ajudara a ganhar a taça de inverno para Skolund, ao fazer uma investida a um metro e vinte centímetros da linha, no final do jogo.

Se o final da manhã era dedicado ao treinamento de *kassar,* e se o mestre Kelby dava as aulas à tarde, esperava-se que o pequeno escravo ajudasse nas oficinas pela manhã ou, então, no trabalho da cozinha.

As tarefas que tinha de cumprir ele descobria já na noite anterior, e havia tarefas agradáveis, desagradáveis e trabalhos horríveis. Das incumbências piores, por exemplo, destacava-se o encargo de esvaziar todos os penicos dos patrões e, em seguida, limpá-los. Entre as tarefas agradáveis, ao menos para Madru, estava a pescaria, pois quando se sabia como fazê-lo, podia-se, ao mesmo tempo, cochilar um pouco e sonhar. . . Madru também gostava de trabalhar na ferraria, pois Kultan, o ferreiro, era oriental, e gostava de contar maravilhas sobre sua pátria e as outras regiões que ficavam entre seu país e Skolund.

Desde que o trovador morrera, no inverno retrasado — Jarl não achou necessário empregar outro, pois isso implicaria despesas —, Madru sentia sua falta. É claro que havia Orna, sua mãe, conhecida entre os escravos como uma boa contadora de histórias. No entanto, quando ele lhe pedia, ela apenas contava histórias sobre escravos: anedotas curtas, impregnadas de ensinamentos morais. Madru, no entanto, gostava de sagas e de contos de fadas repletos de bruxarias, em que a feiticeira encarregava o herói de realizar alguma tarefa impossível em algum lugar que ficava além da linha do horizonte. Essa personagem prodigiosa realizava tudo a contento, com a ajuda de animais fiéis ou de magia.

Como filho de escravos, Madru não era admitido às noitadas em que se contavam histórias no grande salão. Tais divertimentos destinavam-se somente aos filhos dos nobres e dos homens livres. Contudo, dera um jeito de estar presente — às ocultas.

Na galeria do grande salão havia um grande tapete fixado à parede, uma representação do brasão de Jarl, dois grifos negros. A trama do tecido já estava um tanto gasta. Madru subia à galeria e entrava por trás da representação das duas aves de rapina, escalando um grande carvalho, o que era bastante perigoso. Depois entrava pela clarabóia. Sem dúvida, essa empresa era arriscada, não só por causa dos caminhos proibidos à noite — depois das dez horas era proibido aos escravos ficar ao ar livre —, mas principalmente pelo perigo de ser descoberto no salão, ou mesmo no corredor. No que se referia às suas escapadas noturnas, Madru nunca contava nada à mãe, embora ela desconfiasse, pois no dia seguinte ele repetia as histórias com grande prazer. Porém, ela nunca o interrogou sobre o fato. Às vezes a mãe sorria, e aquilo que não condenava expressamente deixava passar com paciência.

Aos olhos de Madru, sua mãe era a melhor mulher do mundo. Irradiava proteção e calor humano. Não era submissa ou humilde como os outros escravos, que procuravam, dessa forma, minorar suas penas. Ela causava-lhe uma impressão de justiça. Gostava do seu orgulho e independência. Era severa, não deixava passar nada sem castigo. Madru gostava do perfume da sua pele, bem como do paladar dos seus bolos. Estava disposto a deixar-se picar em pedaços por ela, e não podia imaginar ver-se afastado de sua presença. Até completar dez anos, Madru dormira numa cama ao lado da mãe, na cabana dos escravos. Quando o consideraram muito crescido para isso, teve de mudar-se para o salão dos rapazes, onde todos os novatos eram submetidos a toda sorte de provas horríveis de coragem. Chorou muito, secretamente, bem escondido num denso matagal que ficava ao alcance do arremesso de uma pedra da herdade, e onde certa vez descobrira que havia até mesmo um pantanal.

Muitas vezes haviam pretendido destruir o matagal com fogo, mas desistiram da idéia, com medo de que as chamas atingissem as árvores sagradas de um bosque de álamos que ficava nas proximidades.

Há muito tempo acontecera algo que ainda impressionava fortemente Madru. Depois das doze noites, perto da primavera, o vizinho de Jarl enviara-lhe o seu trovador. Esse era um gesto de bom-tom para um nobre, embora toda essa gentileza talvez não fosse destituída de segundas intenções maldosas. Ao enviar seu bardo ao vizinho de Skolund para uma visita, Jarl Oeselrit dava a entender, se bem que de forma discreta, que o vizinho não podia manter um bardo próprio. Essa, ao menos, foi a opinião dos escravos que trabalhavam na cozinha.

Ao receber o poeta estrangeiro, que viera na companhia de um jovem e de dois homens mais velhos, Jarl Aldur não poupou palavras de agradecimento, doces como mel. Ressaltou como o vizinho era atencioso e prestativo ao privar-se do próprio vate, por alguns dias, somente para alegrar e estimular um companheiro de armas e sua corte com suas narrativas, em dias em que a escuridão pesava especialmente sobre o mundo e o estado de ânimo dos homens era sombrio. Foram mais ou menos essas as palavras de saudação que soaram na soleira da porta. Para Madru, que estava ouvindo a certa distância tratava-se de um fato consumado: ele também participaria desse evento, mesmo que fosse escondido atrás da grande tapeçaria com os dois grifos.

Na segunda noite — uma verdadeira história de trovador durava ao menos sete noites, e, no caso, estava sendo narrada a muito apreciada história do ladrão negro —, depois da costumeira escalada, que nunca era possível sem algumas escoriações nos joelhos e nas mãos, quando Madru quis ocupar o lugar na galeria, encontrou-o ocupado. Houve espanto de ambos os lados. Foi Eigar — a bela filha de dezessete anos do seu treinador Thorwalt, uma menina de cabelos negros, talvez um pouco mais alta do que o rapaz loiro — quem surgiu de baixo da tapeçaria naquela noite, enquanto as conversas dos adultos ainda eram audíveis e os cavacos de pinho incandescentes ainda fumegavam no grande salão. O que será que ela procurava ali?, pensou ele, irado, pois queria fazer valer o direito consuetudinário naquele lugar. Era isso o que ela queria saber, ou será que não sabia o que acontecia a um escravo que fosse encontrado em tais condições?

— Chhh... não fale tão alto — pediu ele, pousando a mão sobre a boca da garota, a fim de impedir que ambos fossem descobertos. Eigar afastou-a com um involuntário movimento de cabeça, mas não disse mais nada por uns momentos.

— Então desapareça — insistiu ele.

— Por que eu? Por que não some você?

— Porque essas histórias são para homens; não interessam às mulheres — murmurou ele.

— Histórias para homens que não interessam aos escravos, é o que você deveria dizer!

Eigar ficou.

Madru não achava certo a garota ficar ali, ao lado dele; mas também não achava errado. Isso aumentava aquela sensação de coisa proibida, pois, se ambos fossem encontrados, isso seria considerado um crime. O castigo seria bem pior do que receber pauladas, sob as quais costumava cerrar firmemente os dentes, a fim de não demonstrar a dor que estava sentindo. Gostaria de saber como a moça subira até ali.

Ela deixou escapar um riso abafado e disse, em seguida:

— Eu aprendi com você.

— Você. . . o quê?

— Vi você subir na árvore, tarde da noite.

Fez-se silêncio. Ele primeiro precisava digerir o roubo do seu segredo. Fora uma coincidência, mas desejando mostrar ao rapaz sua superioridade, e para evitar que ele a expulsasse dali, ela acrescentou:

— Eu sei mais sobre você do que imagina!

Seria possível? A impressão dele era de estar nu diante da menina. Ainda bem que estava escuro embaixo da tela, e ela não podia ver como ele corava, apesar da sua palidez invernal. Ficou pensando em todos aqueles pequenos segredos que guardava dos outros, e em como ela conseguira observá-lo sem que ele percebesse.

— Nem você mesma acredita nisso — disse ele, cheio de desprezo. — Diante disso, Madru ouviu outra vez aquela risadinha abafada. Isso o irritou e fez com que desejasse iniciar uma luta romana com ela. Mas tratava-se de uma menina! E mesmo que estivesse disposto a esquecer certas civilidades com as quais se lida com o sexo oposto (pois fora educado para isso), não podia nem pensar em causar tal rebuliço embaixo da tapeçaria. Nervoso, Madru esfregou a palma das mãos na calça. Logo em seguida, ouviu-se a batida tripla do bastão, o que significava que o trovador começaria a falar. Prestando atenção à história, Madru esqueceu-se por um momento da menina a seu lado.

Só permanecia seu perfume, um perfume que não havia nas outras noites, quando se sentiam apenas o cheiro de poeira e as teias de aranha. Primeiro Madru achou que aquele perfume estava sendo espalhado no salão por artes mágicas do trovador, a fim de acrescentar algo à narrativa. Mas logo percebeu que provinha da respiração e da pele da criatura maravilhosa que tinha a seu lado.

Quando, então, o ladrão negro, cujas aventuras o trovador contava com tanta empolgação, se viu pela primeira vez diante de uma situação aflitiva — pois teve de enfrentar inesperadamente três homens gigantescos —, o que ela lhe sussurrou, espalhando seu aroma, cuja característica Madru tentava discernir em vão (talvez de amoras silvestres, de marmelo, de hortelã-pimenta ou simplesmente de grama molhada pela chuva)? Nada mais do que a constatação murmurada de que ela estava com medo.

— É apenas uma história, nada mais que uma história. — Ele tentava acalmá-la.

Ao que ele ouviu Eigar suspirar e dizer aquilo em que todos pensavam naquele exato instante: “Ah, se aparecesse aqui um cavaleiro!" Madru percebeu como ela lhe pegava a mão e a apertava, com grande excitação.

Bem, Madru gostava muitíssimo de histórias de cavalaria e bruxaria para discordar da idéia dela, isto é, a de que era necessário que aparecesse ali um cavaleiro. E como a continuação da história demorava mais do que seria razoável, Madru soltou a mão da garota e passou protetoramente o braço em volta dos ombros dela, substituindo temporariamente o cavaleiro que não aparecia. Puxou a menina mais para perto, inalando o perfume delicioso que dela se irradiava. Os dois continuaram nessa posição, embora não aparecesse nenhum cavaleiro e o ladrão negro já houvesse conseguido convencer os três gigantes a ajudá-lo a combater o horrível dragão que ele fora incumbido de matar, fazendo-os tocar numa noz mágica.

Nada mais do que isso aconteceu entre os dois jovens — tanto naquela noite como nas outras três subseqüentes em que o bardo continuou a história —, debaixo da pesada tapeçaria em que estava tecido o brasão de Jarl Aldur. O jovem casal limitou-se a ouvir o bardo, os dois juntos, pensativos.

Porém, na sexta noite, a antepenúltima, aconteceu o seguinte: quando ambos saíam na ponta dos pés um pouco antes do término da narração (por medida de segurança, quando o baixíssimo boa-noite de Madru fora respondido por outro mais baixo ainda), subitamente as mãos dela puxaram a cabeça dele com convicção e habilidade bem para perto daquele aroma embriagador, e Madru pôde sentir as sensações que um beijo pode despertar.

Foi agradável. Foi mais do que agradável. Como se poderia definir a sensação de ter o corpo percorrido por um doce calafrio, mais intenso do que o da excitação da velocidade cada vez maior quando se participa de uma corrida de patins no gelo? Ou então a sensação maravilhosa que se tem ao sair da abafada casa de banhos para se espojar lá fora na neve? Bem... uma sensação de felicidade. Foi depois desse beijo que ele soube exatamente o significado dessa palavra.

Quando voltou a si e quis suscitar outra vez esse desejo que acabara de descobrir, tomando por sua vez a iniciativa, a garota já estava longe. Madru consolou-se com o fato de o trovador continuar a história na noite seguinte. Mas nessa última noite Eigar não apareceu. Madru não esperou pelo fim da história. O lugar cheirava outra vez a pó e fazia pensar em teias de aranha. Isso o deixou triste. Assustado, Madru percebeu como Eigar se tornara importante na sua vida, tão importante... não, mais importante ainda do que as mais belas histórias. Apenas em sua companhia, com o braço em volta de seus ombros e a mão tocando a ponta dos seios, é que a história tivera brilho e aconteceram maravilhas.

O menino fugiu dali, mas, em vez de ir deitar-se na cabana dos rapazes, enfiou-se no seu esconderijo e ali ficou, de cócoras, até o amanhecer. Sentia-se como se tivesse esquecido algo. Não conseguia lembrar-se do quê. Pela segunda vez na vida, sentiu o que era a solidão. A tristeza pelo fato de ela não ter aparecido continuava, abafava a pergunta que quisera fazer durante todo o dia, para a qual em vão tentara achar uma resposta. Ela estava entalada na garganta, mas nem sequer conseguia se lembrar do que pretendera perguntar. Isso lhe ocorreu somente dois dias depois, quando viu Eigar na soleira da porta da cozinha. Ela quis passar depressa por ele, que a segurou pelo braço com certa aspereza.

— Solte-me, seu tolo! Você está me machucando! — Eigar sacudiu as mãos dele, furiosa, e contraiu raivosamente o rosto.

— Também doeu quando você não apareceu mais.

— Madru — disse ela, envergonhada —, e se alguém nos descobrir aqui?

— E se alguém nos tivesse visto lá em cima?

— O que você quer?

— Preciso perguntar-lhe algo. É muito importante. Vá hoje à noite até a galeria.

— Você enlouqueceu?

— Por que não? Pois bem: então vou perguntar agora.

— Não, saia do meu caminho.

— Não antes de você responder.

— Pois bem... então pergunte.

— Você quer ser o meu tesouro?

— O seu o quê?

— O meu tesouro, a minha querida.

— Ó, seu tolo... — disse ela. — Quem você pensa que é?

— Mas você me...!

— Acho que a notícia ainda não foi divulgada entre os escravos... Em abril, vou me casar com o filho do conde Oesebrit.

Mais tarde, Madru descobriu que o jovem senhor estivera presente entre os ouvintes, atento às narrações do bardo. Era provável que ela tivesse subido lá pela primeira vez só para poder examinar o noivo, pois oficialmente os noivos só se conheciam no dia das bodas. Madru não falou com ninguém sobre tudo isso.

Foi bom que logo depois se reiniciassem os treinos para o campeonato. Madru extravasou todo seu ódio nas corridas.

Capítulo IV

A Lua observa o sono de Madru. Procura-se um Filho das Estrelas. Velhas histórias vêm à luz.

Sem que Madru voltasse a vê-la, Eigar casou-se nos primeiros meses da primavera com o filho de Jarl, Isdry. Quatro semanas depois, as guarnições das duas cortes se defrontaram no campeonato de *kassar,* em Njosbörn.

A tenacidade de Madru e o fato de não se poupar nem um pouco causaram sensação. Ele empreendia repetidos ataques, para os quais se exigia um jogador excepcionalmente ágil e rápido. Enquanto os demais tentavam deter a maioria dos atacantes da guarnição inimiga, perto da linha intermediária, o corredor atacante, que em geral tem diante de si apenas dois defensores da outra guarnição, tenta alcançar o marco. Se puder tocá-lo com a mão, sua equipe marcará um ponto.

Durante o jogo de Njosbörn, cada vez mais jogadores da equipe rival conseguiam livrar-se do grupo de homens empenhados na luta romana da linha intermediária. Competidores violentos acompanhavam a corrida de Madru, precipitando-se sobre ele por trás, infligindo-lhe uma série de socos nas costelas a fim de fazê-lo perder o fôlego.

Era costume que as mulheres que assistiam ao jogo presenteassem os jogadores que mais se destacavam com raminhos de flores silvestres, muito perfumadas, que em Norrland eram chamadas de *Skalamäa,* durante os dois intervalos entre as partidas. Habitualmente, somente os jogadores da região recebiam flores. O fato de Madru também ter recebido acarretou observações irônicas entre seus companheiros. Ele ficara corado e, em sua agitação, esquecera-se de perguntar à serva quem lhe enviara o ramalhete. Esqueceu-se até mesmo de agradecer, mas parecia-lhe natural que o ramalhete tivesse sido enviado por Eigar, que vira sentada junto do marido no meio dos espectadores.

Apesar de sentir uma pontada de dor, esforçou-se ainda mais no segundo tempo do que no primeiro. Não obstante a sua entrada, a equipe de Skolund perdeu o jogo.

Madru voltou com o nariz duplamente quebrado, uma costela trincada e um sonho perigoso.

Julgava que Eigar chegara à conclusão de ter se casado com o homem errado. Um dia, assim imaginava Madru, ela abandonaria Isdry e voltaria para Skolund, a fim de tramar um encontro com ele debaixo da tapeçaria da galeria, sob as asas abertas dos dois grifos. Lá eles se abraçariam, se beijariam e ela lhe confessaria, por fim, que ele era a única pessoa que amava e que sempre haveria de amar. Essa fantasia era de uma louca constância. Não aparecia somente em seus sonhos, mas também em seus devaneios durante o dia; isso fez com que se tornasse distraído, cumprisse suas tarefas com muita lentidão, se esquecesse de cumprimentar as pessoas que teria obrigação de saudar. O resultado disso foram muitos aborrecimentos e surras.

Madru decidiu que não mais pensaria em Eigar — ao menos durante o dia. No entanto, subitamente, numa manhã de sol ou numa tarde de chuva, o rosto, o corpo e o perfume de Eigar adquiriam uma nitidez nova, e ele não conseguia mais furtar-se àquele jogo mágico dos sentidos.

Seu estado de apaixonada confusão se agravava cada vez mais. Tinha a absoluta convicção de que o sonho se transformaria em realidade, dada a força absoluta do seu desejo. Embora a mãe o advertisse e ralhasse com ele, o problema era que ela não sabia o que estava acontecendo com o filho. Madru tinha a certeza de que não podia contar com o auxílio dos homens para a realização do seu ideal; resolveu, portanto, pedir a ajuda dos deuses.

Certo dia, dirigiu-se ao altar de pedra que ficava na gruta do rochedo, onde se encontrava a fonte que jorrava a água potável, de gosto um tanto metálico, que abastecia os habitantes da cidade. A divindade venerada ali chamava-se Lua. O rapaz ouvira dizer que ela era a mãe de todas as coisas, a criadora deste mundo. Se alguém tinha força para tornar reais os sonhos, pensou consigo mesmo, esse alguém era ela.

Na gruta, viu a tríplice representação da deusa: como menina, como mãe e como mulher velha. E, nas diferentes idades, ela era representada com arco e flecha, espiga e maçã, meia-lua e serpente nas mãos. O altar devia ser antiquíssimo. As insígnias de seu poder eram mais adivinhadas do que vistas com nitidez, pois haviam sido lavadas por aguaceiros e inundações de regatos e corroídas pelo frio.

As mulheres causaram forte impressão em Madru, como se tivessem surgido do centro da Terra. Também era possível, como os outros contavam, que tivessem surgido das constelações do céu, num carro puxado por animais sagrados, provenientes de um país que ficava além da linha do horizonte. Isso tudo acontecera havia muito tempo, e apenas parecia compreensível que se contasse de vez em quando essa história. Todos concordavam, entretanto, que ocorrera um milagre. E não restava a menor dúvida de que a Lua, que era simultaneamente três mulheres, tinha grande poder. Ela tinha a força de influenciar as ondas do mar. Dela dependia o parto fácil ou doloroso das mulheres. Dela dependiam as colheitas e a proteção dos animais prenhes. Ela concedia ou negava a sorte aos homens, tanto nas guerras como nas caçadas. Ela dividia as estações do ano. Dela também dependia se a morte de uma criatura ocorria rapidamente ou somente depois das piores dores e sofrimentos.

Diante do altar da fonte sagrada, o menino contemplava as três figuras, tentando avaliar qual das três teria mais força e poder: diante de qual delas deveria depositar sua oferenda, uma faca de caça? A oferta parecia-lhe muito pobre, se comparada com as dádivas de jóias, moedas de ouro e prata, escudos de bronze, machados de guerra e lanças ricamente adornadas ali deixadas por outros suplicantes.

Quando se decidiu a dar a faca à figura do meio, isso foi resolvido pelo fato de imaginar que essa figura se assemelhava a sua mãe. Ao entregar a faca, murmurou: "Ajude-me! Faça passar este meu mal de amor! Ajude-me a transformar tudo em felicidade. Você tem esse poder. Tenho a certeza disso!" E Madru concentrou-se na representação da deusa com figura maternal.

— Fale com Eigar enquanto ela dorme — pediu-lhe sussurrando. — Diga-lhe para ter coragem. Será muito difícil?

Madru falava indignado, quase xingando.

— Entenda, apenas lhe falta um pouco de coragem. Isso é tudo. Não é preciso jogar-lhe algum encantamento de amor, pois Eigar sempre me amou. Ela sempre me amará. Se não tiver coragem agora, mais tarde, por certo, se arrependerá. Dê-lhe a pequena porção de coragem de que ela precisa. Ela tem vergonha por ter-se apaixonado por um escravo. Mas quem sabe o meu pai também seja da nobreza, como o dela... Que culpa tenho de ser filho de uma escrava?

Não havia mais nada a fazer. A faca havia sido entregue. Podia pedir a Kultan, o ferreiro, que lhe forjasse outra, pois de vez em quando ajudava na ferraria esticando couros. Assim que tivesse tempo, o ferreiro por certo faria esse favor. De cabeça baixa, Madru ficou parado ali, pensando uma porção de coisas sobre o ferreiro. Kultan nunca batera nele por causa de algum delito ou falta de habilidade. Kultan conhecia histórias sobre o Oriente. Talvez Kultan fosse o seu pai. Não, isso não era possível. Madru se recordava de que Jarl trouxera Kultan numa das viagens que fizera pela costa. Naquela ocasião, ele tinha cinco ou seis anos. Mas quem seria o seu pai, se não era Kultan? Um homem que fora abatido por uma árvore? Mas isso também não passava de um boato. Madru queria saber mais sobre o pai. Poderia perguntar à mãe, mas não tinha coragem. Deveria haver algo de muito desagradável e doloroso sobre esse pai, senão a mãe com certeza já teria falado sobre o assunto. Em vez disso, ela evitava o tema cada vez que era abordado. Mas ele queria, precisava saber. Então fez outro pedido àquela mãe de pedra em volta da qual se ouvia o murmúrio de água corrente:

— Deixe-me descobrir quem é meu pai. Faça com que eu o conheça. Você pode fazer isso, tenho absoluta certeza!

O tempo passou. Dias e semanas se passaram sem que nada de novo demonstrasse que seu desejo fora atendido. Nada modificou o estado sonhador e doentio de Madru. No entanto, numa noite de lua cheia, no mês dos álamos-negros, aconteceu o seguinte: no meio da noite, Madru foi acordado pela claridade que vinha de fora. Lembrou-se que havia sonhado outra vez com Eigar. Sentiu um grande desapontamento quando despertou completamente e nada mais encontrou entre os dedos do que palha espinhosa, em vez de cabelo e pele macios. Suspirou e deitou-se de costas. Naquela noite a lua lhe parecia mais redonda, maior e mais branca do que nunca. Madru ficou como que fascinado, contemplando aquela bola branca. Ela irradiava uma maciez confortante, tranqüilizadora.

De repente — Madru negou-se a acreditar no que estava vendo — alguma coisa destacou-se daquela brancura cremosa e nevoenta. Uma mulher. . . Não qualquer mulher, mas uma mulher bem reconhecível, a figura maternal das três representações da deusa da criação. Ela se aproximou, curvou-se sobre ele e acariciou-lhe a testa com a mão. Em seguida, perguntou se ele se sentia melhor. Ele fez que sim com a cabeça. De fato, teve uma sensação de relaxamento.

— Ouça, Madru — disse ela em voz muita baixa —, vá amanhã às onze horas até o grande salão de Jarl e esconda-se debaixo da tapeçaria com os dois grifos.

Os olhos de Madru estremeceram:

— A moça irá? Você a enviará para mim? — perguntou, agitado.

— Você encontrará a sua felicidade — respondeu a Lua.

— De verdade? Muito obrigado! Agradeço de todo o coração.

— Preste atenção no que vou falar — disse a Lua —, o que amamos de todo o coração, isso ninguém nos pode tirar. O que você amar apaixonadamente será o seu verdadeiro legado. O resto é escória.

A imagem se ergueu. Como estava ali, ela pareceu-lhe imensa e todo-poderosa.

— Você me entendeu?

— Claro que sim.

— Nesse caso, repita tudo o que lhe ensinei.

— O que eu amar de todo o coração, isso não me poderá ser tirado. O que eu amar apaixonadamente, isso será o meu verdadeiro legado. O resto é escória.

— Muito bem. Nunca se esqueça dessas palavras. Nunca duvide de sua eficácia. Prometa-me isso.

— Eu prometo.

O rosto e a silhueta da mulher haviam desaparecido. Mas Madru ficara com a sensação de que uma nova força fluía pelo seu corpo. Nunca se sentira tão seguro como então. Era como se o tempo tivesse parado. Ele caminhava por um relvado. Havia orvalho na grama. Havia uma fogueira ardendo. Eram labaredas de achas de lenha. Era reconfortante olhar para elas, pois sabia que os seus temores é que estavam sendo queimados.

Em seguida, viu-se outra vez no quarto, onde podia ouvir a respiração dos outros jovens adormecidos. Viu a moldura escura da janela. A grande face redonda estava outra vez alta, no céu. Tentou compreender o que acontecera. Fora um sonho? Disse outra vez a frase que a Lua lhe ensinara, à meia-voz. "Vá amanhã às onze horas até o grande salão", repetia em pensamento a ordem que recebera. Ocorreu-lhe que devia ajudar Kultan, o ferreiro, na manhã seguinte. O que este diria se ele lhe aparecesse com uma história tão extraordinária e lhe pedisse uma licença? Mas esses pensamentos logo foram desalojados pela grande alegria de que no dia seguinte. . . dali a algumas horas, veria Eigar outra vez.

Fortalecida pela Lua, Eigar naturalmente teria a coragem de declarar seu amor por ele diante de todo o mundo. Madru mordeu o punho cerrado para não gritar de alegria, para não acordar seus companheiros.

Amanheceu. Era um dia ensolarado, um dia claro do mês dos álamos-negros, um dia que começava como todos os outros.

Depois da costumeira refeição da manhã — uma tigela de leite de cabra com amoras —, Madru misturou-se aos cavalariços, aos servos e criadas, para ouvir comentários sobre a chegada de possíveis hóspedes. Ninguém sabia de nada.

— Mas hão de chegar hóspedes — afirmou Madru. E, sempre que os acontecimentos daquele dia em Skolund eram lembrados, mencionava-se também essa frase de Madru.

Às sete horas, Madru foi até a ferraria de Kultan. Não pôde falar logo com ele sobre a licença. Custou a fazer o pedido, até ouvir soar a undécima hora no pátio. Agora não podia esperar mais. Tocou no braço moreno e peludo de Kultan, fez o pedido e ficou à espera de que o ferreiro perguntasse: "Por quê?", para, em seguida, ordenar: "Ande, volte ao trabalho e faça-o bem feito!"

Em vez disso, Kultan respondeu:

— Sim. . . trate de ir. Já sei. É uma pena, rapaz. É provável que nunca mais nos vejamos.

— Quem lhe disse isso? — perguntou Madru, aturdido.

— A Lua murmurou-me isso — respondeu Kultan, sorrindo.

— Sim, mas. . .

— Vá logo, está na hora. . .

Da ferraria, Madru correu para a cozinha, a fim de falar com sua mãe. Talvez ela soubesse algo sobre a visita que ele esperava. Não a encontrou. Duas criadas conversavam quando ele entrou. Não entendeu nada do que diziam. Olhou à sua volta sem saber o que fazer. O marido de uma das criadas entrou e disse:

— Imaginem só, ele veio a pé. Fez todo o longo caminho a pé.

— Quem veio a pé? — perguntou Madru.

— Que lhe importa isso, seu bisbilhoteiro? — respondeu o homem com brutalidade. Mas seu comportamento indicava que havia chegado um hóspede que devia significar algo de extraordinário.

— Eles foram para o salão — contou o criado, voltando-se para as mulheres. — Devem servir-lhes vinho. Já agora pela manhã, devem servir vinho — acrescentou com desaprovação.

Em Skolund só se tomava vinho em ocasiões extraordinárias. Madru já ouvira o suficiente. Teve a certeza de que a moça se colocara sob a proteção de algum cavaleiro e que este a trouxera até ali. Agora Jarl convidaria o homem para uma bebida a fim de agradecer-lhe com palavras escolhidas, enquanto Eigar escaparia para o lugar que a Lua também lhe indicara. Que maravilha, como tudo estava dando certo!

Madru ainda lançou uma rápida olhada para o homem e para as duas criadas. Uma delas dizia que, se Jarl queria vinho, ela precisaria ir buscá-lo no porão. Ela estava agitada, ocupada. Com um rápido movimento, Madru fugiu da cozinha.

O caminho através da casa até a galeria era muito mais curto do que o outro que sempre precisara tomar. E teve sorte, pois justamente no momento em que abria a porta do corredor com ruído, embaixo o vinho era trazido. Madru levantou a pesada tapeçaria. Não, nem sinal da moça, ainda. Ele não tinha a menor dúvida de que ela chegaria logo, e se enfiou sob o tapete.

— Obrigado, Tiss. Está bem assim. Pode ir agora. E cuide para que não sejamos perturbados — Madru ouviu Jarl dizer.

Os passos de Tiss soaram lá embaixo no salão. Depois ouviu-se o som da porta que se fechava. Madru encostou o rosto no tecido roto. Por um momento havia se esquecido de Eigar.

O convidado, em pé perto de Jarl, era um homem velho, pequeno, que nada tinha de impressionante na aparência. Já não possuía quase cabelos em volta do crânio redondo. No cinto, levava uma bastão negro e, nas costas, um violino. Tratava-se então de um músico. Esses nunca se separavam de seus instrumentos.

— Bem-vindo a Skolund — disse Jarl —, sinta-se aqui como se estivesse na sua casa. Vamos fazer um brinde. À sua saúde!

— À sua.

Madru ouviu o barulho de taças que se tocavam.

— À saúde do príncipe!

— De acordo!

Eles tornaram a beber.

— Espero que o príncipe esteja gozando de boa saúde!

— Ele lhe envia a sua graça.

— Bem, Ase, diga depressa. . . qual é a mensagem que me traz? Haverá guerra? Os vassalos serão convocados?

— Não. . . o que me traz aqui é algo mais agradável.

— Vamos, explique-se — suplicou Jarl.

— Trata-se. . . bem, como direi. . . de uma missão delicada.

— Ora, qual missão lhe traria dificuldades? — adulou-o Jarl. — Todos conhecem a força dos seus poderes mágicos!

— Há muito exagero nisso. Não sou um druida. Eu sigo o Caminho da Floresta — disse Ase com certo orgulho.

— O príncipe sabe escolher muito bem seus conselheiros.

— Obrigado, Jarl Aldur. Mas vamos à questão: conhece tudo o que deve saber sobre o Filho das Estrelas?

— Não muito bem. É melhor que me explique outra vez.

— Bem, o Velho Livro da Grande Floresta prescreve o seguinte: quando um regente não tem herdeiros homens, ou lhe nascem apenas filhas, que não podem sucedê-lo, é preciso escolher para tanto uma criança do sexo masculino, de acordo com as regras do livro. Parte-se do princípio de que ela deva ter nascido na décima primeira lua nova do primeiro ano do reinado do príncipe.

O estrangeiro fez uma pausa, como se quisesse dar a Jarl a oportunidade de captar as instruções.

— Isso significa que o senhor está à procura do Filho das Estrelas? — perguntou Jarl, espantado.

— Sim, é isso mesmo.

Outra vez o estrangeiro se deteve. Madru estava decepcionado. O que teria isso a ver com Eigar? Mas, ainda assim, estava convencido de que o acontecimento que lhe fora previsto se realizaria. "O que se ama de todo o coração...", murmurou, e pareceu-lhe que ainda restava algo do perfume da moça na trama da tapeçaria. Embaixo, no salão, o estrangeiro continuava a falar.

— Foram os druidas, no círculo de pedras de Hägar, que determinaram o lugar e a hora do nascimento, conforme a posição dos planetas. Constataram, sem sombra de dúvida, que o Filho das Estrelas nasceu na sua herdade.

— Pela Grande Floresta! — disse rudemente Jarl, parecendo muito mais assustado do que contente.

— Por certo — disse o estrangeiro — vocês mantêm um registro de nascimentos e de mortes aqui em Skolund, não?

— É claro!

— Então mande buscá-lo, a fim de que possamos constatar qual o nome da criança que nasceu naquele dia.

— Bem, mestre Ase — retrucou Jarl —, o senhor pode examinar nossos registros à vontade, a fim de que tudo seja feito corretamente. Mas deixe-me pensar um pouco... O décimo primeiro mês do primeiro ano de reinado do príncipe... foi isso que mencionou? Bem, se quiser confiar na minha memória, posso dizer-lhe já quem é essa criança. Sei disso com muita certeza porque a ocasião, apesar de toda a honra que me cabe, foi um tanto trágica para mim.

— Fale sem reservas, Jarl. As circunstâncias do nascimento dessa criança são da maior importância. Compreende isso, não é?

— Bem, mestre Ase, tudo isso é tão maravilhoso... — Jarl abafou a voz. — Lembro-me com toda a precisão dessa data porque nessa ocasião um bebê viu a luz do mundo pela primeira vez, um "filho ilegítimo", como se diz em nosso meio... Isto é, trata-se de um bastardo, e eu... eu sou o pai da criança.

— Por favor, Jarl — respondeu Ase. — A leviandade de um cavaleiro: quem se indignaria com isso?

— Então não conhece bem minha parentela — respondeu Jarl. — As pessoas se indignaram. Minha mulher, afinal, ainda não havia dado à luz... E logo o filho de uma escrava! Houve uma briga, um berreiro, é o que lhe digo! Ainda posso ouvi-lo até agora! Os parentes de minha mulher deram conselhos de como remover essa vergonha do mundo. Matar a mulher grávida... Abandonar a criança depois do nascimento. Minha mãe foi contra, mantendo a opinião de que nunca se sabe o que pode vir a ser uma criança, seja ela filho de escravos ou não. Nunca me arrependi de ter seguido o conselho de minha mãe... Mesmo sem saber que essa criança algum dia reinaria sobre todo o reino da Grande Floresta, passei a gostar dela. Muitas vezes me alegrei por tê-la deixado viver, quando a via diante de mim.

— Permita, então — disse o estrangeiro — que eu veja o registro. Depois disso, quero conhecer o Filho das Estrelas e preparar um registro sobre as condições em que o encontrei.

Jarl puxou o cordão de um sino. Tiss tornou a entrar e Jarl ordenou-lhe que fosse buscar o livro. Nesse meio tempo, Madru saiu de trás do tapete e esgueirou-se, abrindo silenciosamente a porta do corredor, que fechou com igual cuidado atrás de si. Em seguida, começou a correr. Correu escada abaixo. Procurou a mãe na cozinha. Não a encontrou. Continuou a correr, atravessando o quintal, até a fonte. Ela estava lá, lavando roupa.

— Mãe — gritou ainda enquanto corria —, é verdade que Jarl é meu pai?

— Quem disse isso?

— Ele mesmo contou ao estrangeiro.

— É verdade — respondeu ela. — Jarl é seu pai. Eu não podia contar-lhe isso. Ele devia tê-lo feito há muito tempo. Queria esperar até você estar crescido.

— Mas eu já sou grande.

— Não está certo você descobrir isso dessa maneira.

— Isso não importa. — Madru bateu selvagemente com os pés no chão, muito zangado porque a mãe não compreendia a sua maior preocupação: — Não quero ser o Filho das Estrelas!

— Mas, meu menino — disse ela amorosamente —, com isso você alcançou a sua felicidade.

Madru olhou para o chão. A palavra "felicidade" lembrou-lhe o que a Lua lhe dissera. Agora estava tudo claro. Ele entendera tudo errado. A moça não viria.

Sentiu-se arrasado. Então esqueceu-se do seu padecimento por um momento e disse obstinadamente:

— Não serei o Filho das Estrelas!

— Por que não? Sua vida será maravilhosa. Você viverá na casa do príncipe...!

Ele não queria essa vida maravilhosa. Não queria ser como Jarl e os outros senhores poderosos e ricos. Procurou, em vão, pôr palavras que demonstrassem e fundamentassem sua contrariedade.

— Meu filho, não escolhemos nosso lugar no mundo — disse-lhe a mãe.

— Mas eu quero escolher o meu! — Madru esticou bem o pescoço. — Venha, vamos fugir juntos. Para a floresta. Posso cuidar de você, mamãe!

— Logo nos alcançariam.

— Venha, mamãe! — disse ele, com insistência.

— Tenha juízo, menino!

— Por que devo ser sempre ajuizado?

— Por favor, filho. . . Ouça a sua mãe.

Foi então que ele gritou, e seu grito foi tão alto e estridente que assustou não só todas as pessoas de Skolund, mas também todos os animais, as árvores e até mesmo as pedras. Madru fugiu. Não sabia para onde. Lembrou-se do seu esconderijo. Chegou até a sebe. Parecia que ela lhe acenava com suas plantas trepadeiras. Deixou-se cair, com as mãos apoiando-se no chão. Rastejou até a mais escura touceira da cerca viva, protegendo o rosto com as mãos. Estava completamente escuro. Ouviu o som de passos e gritos no quintal. Ouviu vozes pertinho. Elas se aproximavam cada vez mais. Quem corria? Deviam ser quase todos os que viviam em Skolund. Havia uma grande mistura de vozes falando com agitação.

Pediam-lhe que saísse dali. Tinha de fazê-lo. Ameaçaram-no. Adularam-no. Ouviu enquanto mantinham um conselho. Então reconheceu a voz de Jarl. A voz dizia com orgulho: — Ele tem a minha obstinação!

Alguém sugeriu que se ateasse fogo à cerca viva. Isso o faria descer. Madru pensou: "Nesse caso simplesmente morrerei queimado. Pertencer ao clã dos poderosos não é nada bom". Madru ouviu o estrangeiro dizer:

— Que conselho insensato! Tratem todos de sair daqui. Por certo ele está perturbado. Isso é compreensível. Deixem-me a sós com ele.

Madru ouviu quando se afastaram, resmungando, conversando. O estrangeiro sentou-se no chão perto da cerca viva e começou a tocar violino. A melodia soava atraente. Era uma ária selvagem. Mas, ao mesmo tempo, uma melodia terna. Madru sentiu seu coração se enternecer. Pensou na Grande Floresta: uma outra forma de felicidade?

Seria felicidade? Pensou nisso um pouco. Devagar, de quatro, rastejou pelos caminhos da sebe, na direção da luz. Então viu o céu azul acima, sem nuvens. Tranqüilo, sentou-se perto do estrangeiro e ouviu a música. Em algum momento ele parou de tocar o violino.

— Eu me chamo Ase — disse.

— Meu nome é Madru. Gostei disso que tocou. Foi mais bonito do que ouvir o trovador contar histórias. Ao ouvi-lo, a gente cria as próprias histórias. Elas passam pela nossa mente como se fossem nuvens.

— Posso ensiná-lo a tocar violino.

— De verdade... o senhor faria isso? "Seria uma felicidade", pensou Madru.

— Está melhor agora? — perguntou Ase.

— Por favor... toque mais uma dessas melodias. Eu não quero ser o Filho das Estrelas. Eu queria fugir com minha mãe para a floresta. Ela não quis ir comigo. Agora sinto-me bem. Deve ter sido a sua música. Agora estou alegre por poder ir para lugares distantes.

Ase começou a tocar baixinho e a dizer ao mesmo tempo:

— Está bem, meu filho. Trata-se de uma coisa trabalhosa, o nascimento. Já é difícil nascer pela primeira vez, mas a segunda vez também é difícil. Vou contar-lhe um segredo. Eu vi você lá em cima na galeria... debaixo da tapeçaria com os dois grifos... Não foi assim?

— Foi — disse Madru —, sinto vergonha por ter ouvido às escondidas, mas...

— Quem tem a curiosidade de descobrir a verdade não deve se envergonhar — afirmou Ase.

— Eu sonhava...

— Você esperava encontrar uma moça, eu sei... — disse Ase, sem parar de tocar —, mas haverá outras meninas, confie em mim. Elas virão, e de muitas você pensará: "Ah, se ela fosse logo embora!"

— O senhor faz mágicas? — perguntou Madru. — Ou será clarividente?

— Faço o que chamam de mágicas e clarividência. Aprendemos isso quando seguimos o Caminho da Floresta.

Não falaram mais sobre isso. Na mesma tarde, partiram para o castelo do príncipe. Jarl queria dar-lhe três ou quatro de seus criados para sua proteção, mas Ase recusou.

— Não é preciso, Jarl. Seremos protegidos pelo bastão negro, se nossos sentidos não nos protegerem.

Madru não entendeu muito bem o que ele quis dizer com isso. Decidiu-se a interrogar Ase durante a viagem. Então abraçou sua mãe e Jarl. Todos os habitantes de Skolund quiseram tocar nele mais uma vez, pois isso trazia sorte. Madru permaneceu tranqüilo.

— Venha — disse Ase. E eles seguiram caminho.

Capítulo V

No qual Ase descreve os três caminhos ao Filho das Estrelas. Madru enfrenta a morte. Animais oníricos conferenciam sobre o seu destino.

Nas noites de verão nunca escurece totalmente em Norrland. Para aumentar a claridade dessa noite, havia lua cheia.

Madru e Ase percorreram um bosque com poucas árvores de vários tipos. De vez em quando, atravessavam grandes ilhas de samambaias. Então apareciam bétulas e tinham de atravessar moitas emaranhadas de aveleiras que cheiravam a musgo.

Ase falava pouco. Durante as primeiras horas de viagem, chamava de vez em quando a atenção de Madru para algum ruído ou para o perfume de alguma planta rara. Não havia caminhos, pelo menos nenhum que se pudesse denominar assim pelo fato de ter sido percorrido antes. Mas, mesmo nos lugares em que a vegetação rasteira ficava mais densa ou em que cercas vivas pareciam obstáculos intransponíveis, Ase se dirigia exatamente para o lugar em que havia uma passagem, que Madru só conseguia ver quando estavam diretamente diante dela. Ase parecia tê-la visto de longe ou, como Madru pensava, ter adivinhado a sua existência.

Ase sempre encontrava um caminho, uma rota que podiam seguir, apesar da marcha regular e rápida que mantinham. Esse ritmo não parecia forçado demais a Madru, e os fazia avançar bastante. Com o tempo, Madru chegou a se esquecer de que caminhava. Parecia que Ase conseguia manter um ritmo correspondente aos acidentes do terreno e adaptá-lo a eles; assim, a caminhada se transformava num prazer.

Em determinada ocasião, Madru perguntou:

— Como o senhor acha com tanta segurança e facilidade um caminho, mesmo à noite?

— Acaso existe um caminho?

— Deve haver — respondeu Madru. — Não vai querer me dizer que estamos correndo pela floresta sem rumo certo!

— Estaremos correndo? — perguntou Ase.

— Desculpe-me, está certo. . . estamos andando com todo o conforto.

Durante certo tempo, Madru guardou silêncio.

Mais tarde, perguntou:

— O senhor produz caminhos por encanto?

— Ai, ai! . . . Por que pensar logo em magia?

— Mas como sabe por onde deve caminhar? E por que é tão pouco cansativo andar ao seu lado?

— Ora — disse Ase —, é só ter essa habilidade. E a coisa mais importante é saber respirar corretamente, se quisermos andar bem.

— E como se adquire essa habilidade?

— Este é o Caminho da Floresta — respondeu Ase. — Eu gosto de todas as árvores, as árvores gostam de mim. Conversamos. Elas me dizem por onde devo andar.

— Quer dizer que podemos aprender a compreendê-las?

— É claro que sim.

— De que forma?

— Na medida em que as ouvimos com paciência, na medida em que nos impregnamos da sua forma, na medida em que vivemos com elas.

— Eu também gostaria de aprender isso — disse Madru. — Ou acaso estará zombando de mim?

— Mas é claro que não — afirmou Ase. — Você já está aprendendo o que deve aprender.

— Explique isso melhor!

— O começo é simples. Trata-se de captar tudo o que se vê, ouve, cheira ou saboreia. . . claro, saboreia também. Podemos "saborear" uma faia ou um galho de salgueiro nas águas de um regato. . . Na verdade, as árvores também respiram. Com um pouco de prática, podemos reconhecer, pela respiração das árvores, se elas estão sadias ou doentes, felizes ou mal-humoradas, ou se acabaram de se agitar. Antes que nossa percepção se amplie, precisamos aguçá-la constantemente. Observe o líquen lá em cima, do lado da árvore que está voltado para nós. Por que terá crescido desse lado e não do outro? Trata-se de uma coincidência, ou existe alguma coisa por trás disso? Ou então as flores, cujas moitas acabamos de ver há pouco. Elas só crescem em regiões em que há umidade. . . regiões úmidas, porém não pantanosas. As penas ali, no meio da cerca viva, provêm da plumagem de pássaro *Kiri*. Trata-se de uma espécie rara de pássaros que costuma fazer ninhos apenas em determinadas árvores, das quais não se afastam demais. Se procurarmos num círculo de duzentos a trezentos passos, acharemos no mínimo uma dezena de árvores. Isso são observações que todo mundo pode fazer. Cada uma delas isoladamente parece carecer de importância. Se você juntar todo o conhecimento desse tipo, chegará o momento em que verá a floresta com outros olhos. Chamamos isso de o Sonho da Floresta. Então você não precisará mais de um mapa para achar um caminho dentro dela.

— Compreendo.

— Você não compreende nada — contestou Ase. Ase bateu palmas. — Ouviu isso?

— Por certo.

— Imite o meu gesto.

Madru bateu uma palma na outra. Em algum lugar, pássaros assustados levantaram vôo.

— Bem, agora faça isso com apenas uma das mãos.

— Não é possível.

— Pois bem — disse Ase —, pelo menos tente imaginá-lo.

— Isso é loucura — disse Madru —, isso não dá certo. Sinto que é impossível.

— Como vê — disse Ase —, com isso concluímos algo muito importante. Há coisas que nos parecem impossíveis, mas com o esforço de nossa vontade tornam-se possíveis. Elas não existem e, embora não existam, podemos imaginá-las perfeitamente bem.

— Sem dúvida — murmurou Madru, tropeçando naquele momento numa raiz.

— Ei! — chamou Ase, segurando-o pelo braço. — Eu não quis dizer isso. O bater de uma mão . . . aprendemos a ouvi-lo, a fim de conhecer melhor o Caminho da Floresta, não para cair.

— Ora, o que vem a ser isso agora? — Madru contraiu o rosto. — O senhor tem uma maneira estranha de falar. Alguém já lhe disse isso? Primeiro fala tão vagamente das coisas que mal podemos pressentir o que quer dizer; depois fala de tal maneira que as compreendemos sem fazer esforço.

— Está certo que você proteste — contestou Ase. — De fato, devemos falar de coisas complicadas da maneira mais simples possível. Deixe-me tentar outra vez. Você imagina o som de bater palmas com uma só mão. . . não para fugir à realidade. Você tem de alcançar o equilíbrio entre a percepção do visível e a do invisível.

— Ai! — gemeu Madru —, quanto tempo vai demorar até eu aprender tudo isso? Parece tão complicado!

— Bem, sim. . . é difícil — confirmou Ase —, mas se eu pude aprender, você também conseguirá. E se tudo fosse tão fácil como gritar "Viva!", nem sequer valeria a pena nos preocuparmos com isso. Além disso, nunca se acaba de aprender essa arte, pois trata-se de Arte. Antigamente, isso fazia parte da sabedoria natural dos homens; mas, desde que eles desenvolveram outras aptidões que consideraram mais importantes, essa Arte se perdeu. Hoje precisamos começar a aprender outra vez, dificultosamente, isso que chamamos de o Caminho da Floresta. Para o fortalecimento de cada um e como estímulo para uma perfeição cada vez maior, incluímos diversas categorias. Como discípulo — esclareceu Ase a Madru —, você aprende a captar o que é o caminho. Como andarilho, você pode caminhar sem esforço por ele. Como companheiro, você é um trecho do caminho. Como mestre, você domina o caminho. Você controla então todas as suas forças e imagens.

Ase fez uma pausa para que Madru tivesse tempo de pensar um pouco naquilo que acabara de dizer.

— A que categoria Ase chegou? — perguntou Madru.

— Não costumamos falar sobre a própria categoria — disse Ase. — Essa é uma das exigências do aprendizado. Dizemos: o começo é tão fácil como o fim. O fim é tão difícil como o começo. Quando alcançamos uma categoria mais elevada, deixamos que o mestre saiba disso. Só o Príncipe da Floresta, conhece a categoria de todos os que seguem o Caminho da Floresta.

— O senhor quer ser o meu mestre? — perguntou Madru.

— Por que não? — retrucou Ase. — Mas deixe-me adverti-lo de que serei um mestre excepcionalmente severo e exigente.

Madru disse que se esforçaria bastante, Ase poderia ter certeza disso. Ele estava ansioso por progredir rapidamente no Caminho da Floresta.

— Existe um modo de falar sobre isso — disse Ase. — O nosso progresso não pode ser mais rápido do que o crescimento das árvores.

Enquanto isso, o dia ia nascendo. Agora estavam diante de uma vasta superfície de água escura. . . repleta de muitas ilhas, maiores e menores, nas quais crescia uma grama semelhante a flocos brancos, além de salgueiros e faias. Sapos coaxavam. De vez em quando, peixes saltavam nas águas. O calor aumentou sensivelmente. As nuvens de mosquitos tornaram-se mais densas e incomodavam muito mais os viajantes. Ase curvou-se, colheu os botões de umas florzinhas marrom-amareladas, deu-os para Madru e aconselhou-o a passá-los sobre a testa, a nuca, a barriga das pernas e os braços.

— Já vai ver como os mosquitos deixam você em paz.

O efeito foi espantoso, mas Madru ficou pensando por que Ase também não se utilizara da mesma erva.

— Se quer saber por que os mosquitos não me picam — disse Ase —, você mesmo pode descobrir a resposta.

— O senhor é imune!

— Podemos dizer assim — respondeu Ase. — Não comece a pensar que se trata de magia. Já esfreguei isso na pele tantas vezes que ainda nela restam traços da essência que esse musgo contém.

Nas últimas horas, Madru tornava sempre a pensar em como seria sua vida na casa do príncipe. Ele nada sabia sobre ele. Raramente recebiam notícias, nas cidades que ficavam ao sul da floresta encantada. Portanto, procurou informar-se com seu acompanhante.

— Saiba — disse Ase — que lá também só se cozinha com água. Deixe que a sua curiosidade aumente um pouco mais. Agora lhe direi apenas isto: contei-lhe sobre o Caminho da Floresta. Ao lado deste, existe outro: o Caminho da Onisciência. Esse você pode aprender com os druidas. E, por fim, conhecemos o terceiro caminho: o Caminho dos Cavaleiros. Nesse você será instruído pelo próprio Príncipe da Floresta. E quando souber bastante sobre esses caminhos, lhe entregarão um baralho. Ele servirá para ajudá-lo a descobrir qual dos três é o certo para você.

— Esses três caminhos... — disse Madru, franzindo a testa. — Desculpe o meu desconhecimento, mas nunca ouvi falar deles. É preciso que me fale mais sobre isso.

— Pois bem — respondeu Ase. — Talvez seja melhor descansar um pouco. Não é bom falar de certas coisas enquanto se caminha.

De um trecho gramado à margem do rio erguia-se uma imponente faia. Sentaram-se sob seus ramos amplamente esparramados.

— Quando você chegar ao grande salão do castelo do príncipe — assim começou o relato de Ase —, verá naquele lugar uma pedra marrom, comprida. Na superfície dela ainda dá para ver claramente o córtex da árvore. Na verdade, trata-se de uma árvore petrificada. Como terá ido parar ali? Talvez já tenha ouvido falar que no início dos tempos a Mulher-Lua encontrou um ovo que havia caído do céu. Ela chocou o ovo e dele saíram duas crianças. O rapaz recebeu o nome de Bri, e a garota, o nome de Bru.

"Eles cresceram. Bru regia o outro mundo. Bri tornou-se o primeiro regente da Grande Floresta. Bru amava o irmão mais do que a qualquer outro homem. Bri considerava a irmã a mais bela de todas as mulheres. Nessa época, ainda não havia linha divisória entre este mundo e o outro. Na embriaguez do seu amor, Bri passou um ano inteiro junto da irmã. Para o mundo dos humanos, esse ano foi aquele em que as colheitas se estragaram, os animais não deram mais cria e as mulheres da Terra não mais conceberam filhos. Então a Mulher-Lua, mãe dos gêmeos, mandou erigir uma parede invisível entre os dois mundos, por artes mágicas, e obrigou Bri a voltar para o seu reino. Daquele momento em diante ele teria de ficar constantemente na terra dos homens, e Bru também não podia mais abandonar seu mundo. Antes que a fronteira entre os dois mundos se fechasse, Bru ainda mandou uma mensagem para o irmão gêmeo. Ela está entalhada naquela árvore petrificada, que dez gigantes trouxeram para cá, lá do além. De um dos lados do tronco dá para ler:

MONDRIL DITRIU, MESCH FORAL SURIU.

"Do outro lado, há o seguinte:

FORAL DITRIU, MESCH MONDRIL SURIU.

"Traduzido para a nossa língua atual, isso significa:

O MUNDO DESAPARECERÁ,
MAS A FLORESTA SERÁ PRESERVADA.

"E:

A FLORESTA DESAPARECERÁ,
MAS O MUNDO SERÁ PRESERVADO.

"Conta-se que Bri mandou chamar todos os grandes sábios da Grande Floresta, a fim de que eles decifrassem a mensagem contida nas duas frases. Eles confabularam por muito tempo sem chegar a uma conclusão. O sentido literal era claro. Mas como as duas sentenças encerravam uma contradição, houve a suspeita de que devia haver um sentido oculto.

"As duas sentenças pareciam unânimes em prever alguma desgraça; elas avisavam sobre o fim do mundo. Depois de quebrarem a cabeça por muito tempo e de terem debatido exaustivamente o problema, os sábios do reino chegaram à conclusão de que Bru havia escrito originalmente apenas uma sentença no tronco e que um espírito mau acrescentara a outra a fim de causar perturbação aos seres humanos. Houve bastante discussão. Uns afirmavam que apenas a primeira sentença continha a mensagem de Bru, ao passo que outros apresentavam argumentos convincentes de que a segunda devia ser a correta.

"Os que acreditam na legitimidade da primeira sentença, isto é, a de que a Terra desaparecerá mas a floresta será preservada, seguem o Caminho da Floresta. Somente quando se ouve a voz das árvores e se protege a Grande Floresta, vivendo em estreita comunhão com ela — assim dizem eles —, é que se pode salvar a Terra.

"Errado, gritam os outros, que preferem o Caminho do Outro Mundo, também denominado Caminho da Onisciência. A floresta será perturbada e, com ela, todo o mundo humano. A humanidade poderá se salvar na medida em que se refugiar no além. Portanto, vale a pena tornar-se amigo desses seres, aprender-lhes a língua e procurar os pontos de contato que talvez ainda existam entre eles e o mundo humano."

Madru, que observara Ase com admiração crescente, interrompeu-o:

— Mas por que esse caminho se chama Caminho da Onisciência?

— Ainda vou chegar lá — disse Ase. — Naquela ocasião, quando tanto se cogitava e especulava sobre as inscrições, existia um druida que afirmava ter encontrado o anão Allwiss[1] no âmago da floresta, um ser do além que havia chegado até nós sabe-se lá por que caminhos. . . E esse anão lhe teria confiado que o destino humano transcorreria como os druidas ensinam ainda hoje, e da forma que acreditam os que se decidem pelo Caminho da Onisciência.

— E quem tem razão? — perguntou Madru, interrompendo a explicação.

— Bem, como alguém que segue o Caminho da Floresta, sou suspeito para falar sobre esse ponto. Mas como você me perguntou, lhe direi franca e sinceramente a minha opinião. Não nego que existe um mundo além. Apenas acho. . . que o lado de cá é suficientemente maravilhoso. As árvores verdes, vivas, também conhecem muitos segredos.

— E o terceiro caminho? — perguntou Madru.

— É preciso que você saiba também — recomeçou Ase — que entre os dois caminhos ou escolas, das quais estivemos falando até agora, houve muita luta inútil em razão das origens do poder. . . em vez de elas se unirem e completarem assim o seu conhecimento. Houve adeptos fanáticos de um caminho que não deixaram um cabelo na cabeça dos que seguiam pelo outro. A coisa foi a tal ponto que a luta entre os dois caminhos chegou a ameaçar a ordem do

[1] *"Onisciência", em alemão. (N. do E.)*

Reino da Grande Floresta até que os homens se encontraram e seguiram um terceiro caminho. Nem o Caminho da Floresta, nem o Caminho da Onisciência, mas o Caminho dos Cavaleiros. Também os que andam por ele receiam que em alguma ocasião. . . ninguém sabe quando. . . aconteça uma grande catástrofe. . . uma catástrofe tão terrível, tão inconcebivelmente violenta *e* total. . . que por ela o âmbito do mundo inteiro. . . o lado de cá e o lado de lá. . . serão ameaçados. No entanto, os que seguem o Caminho dos Cavaleiros dizem que é possível adiar longamente, sob certas condições, essa catástrofe. Quanto mais pessoas seguirem o Caminho dos Cavaleiros, quanto mais cada um deles se mantiver restrito às exigências desse caminho, tanto maior será a força capaz de impedir a catástrofe, ou ao menos adiá-la pelo tempo que for possível.

Ase calou-se, e Madru, que experimentava uma sensação de proteção que parecia irradiar-se dos ramos da grande faia, viu-se inteiramente indeciso nesse momento sobre qual caminho tomaria, se lhe pedissem para decidir ali e naquele momento. Todos os três caminhos, tal como Ase os tinha apresentado, possuíam algo que o deixava curioso.

— Agora você está bastante confuso, não é verdade? — perguntou, Ase, bem a propósito. — Isso ocorre com a maioria das pessoas. E é necessário que nos examinemos bem. Mais cedo ou mais tarde teremos de tomar uma decisão. Agora, imagine que alguém faça uma escolha e descubra depois de algum tempo que não escolheu bem e que aquele caminho não é o certo. Para evitar essa possibilidade é que existe o jogo das cartas. Diz-se que Bru e Bri sonharam com ele quando se amavam. Além disso, trata-se de um jogo muito bonito. Foi por isso que o criaram, para mostrar qual dos três caminhos é o certo para cada pessoa. Com a ajuda das figuras, o jogador pode testar se, dentre as três possibilidades, ele de fato escolheu aquela que é seu destino.

— Destino? — perguntou Madru. — O que vem a ser destino?

— Na povoação do príncipe — respondeu Ase —, você freqüentará a Casa do Conhecimento na companhia dos filhos das pessoas da nobreza e aprenderá novos detalhes sobre o assunto. Aprenderá também como se usa o baralho para a meditação. Talvez eles possam explicar-lhe melhor do que eu o que se entende por destino. No que se refere ao jogo, há algo de suma importância: muitas vezes os homens desejam racionalmente algo diferente do que querem de fato no mais recôndito do seu coração. Isso não deveria acontecer; no entanto, ocorre com maior freqüência do que se possa imaginar. Quando o contraste entre o que o intelecto quer e o que a alma precisa se torna grande demais, surge uma doença que pode matar o ser humano da mesma forma que a lepra ou a peste. O jogo ajuda a descobrir se o anseio do intelecto corresponde ao da alma. Quando isso acontece, o homem segue o seu destino.

Madru estava inteiramente absorto naquilo que acabara de descobrir. Ase, entretanto, achava que não se devia ficar mais pensando nisso. Era tempo de se porem outra vez a caminho.

Madru deu mais uma olhadela para a faia sob cuja sombra aprendera todas essas coisas maravilhosas, e pareceu-lhe ver em sua folhagem uma cabeça gigantesca que lhe acenava amigavelmente.

Ase reiniciou a caminhada e Madru imerso em inúmeras questões, seguiu-o silenciosamente, pois percebeu que Ase não queria mais voltar ao assunto dos três caminhos.

Desde a pausa que tinham feito, haviam caminhado já uns seis quilômetros quando Ase perguntou a Madru se lhe chamara a atenção o fato de o ar estar cheirando a fumaça. Sim, agora que seu acompanhante falara nisso, Madru também percebia o fato.

— São dez, no máximo quinze guerreiros — disse Ase a meia-voz, com o rosto transfigurado de consternação.

— Devemos ter cuidado? — perguntou Madru.

— Não — respondeu Ase. — Eles são norrlandeses.

Madru ficou imaginando como Ase poderia saber disso, mas não disse nada. Continuaram a caminhada ao longo da margem do rio. Atrás de um matagal de juncos abria-se uma pequena enseada.

Havia quatro canoas estreitas na praia. Diante delas, num círculo delimitado por pedras, ardia uma fogueira, em volta da qual se reunia um grupo de homens. Eles falavam alto e pareciam satisfeitos. Um deles girava o espeto no qual assava um javali.

Um rapaz forte, que atraiu a atenção de Madru pela estranheza de sua vestimenta, segurava nas mãos um pedaço mal assado de carne, sobre o qual haviam espalhado especiarias. A gordura escorria-lhe dos lábios para a barba negra cerrada. Outros homens estavam ocupados em abastecer-se de hidromel, que tiravam de pequenos barris perto da fogueira. Madru sentiu fome.

— Ei, violinista! — chamou um dos homens, por certo o líder. — Sejam bem-vindos! São nossos convidados. Há bastante comida. Bebida também. Mas está faltando música.

Ase saudou o homem e acompanhou-o até a fogueira. Madru acompanhou-os de perto. Alguém cortou duas fatias de assado de carne de javali com uma faca, deu um pedaço para Ase, outro para ele. — Tome — disse grosseiramente para Ase —, você também deve aproveitar o dia.

— O que festejam? — perguntou Ase. Ao aroma temperado da carne misturava-se outro, desagradavelmente adocicado.

— Boa presa — Madru ouviu o homem barbudo responder. Seu rosto estava vermelho e ele ria como alguém que quer esconder algo com o riso. Agora Madru examinava a roupa do barbudo com mais atenção. Sobre a pele ele trazia uma camisa estranha, que brilhava quando o sol incidia sobre ela e que tinia de leve quando ele se movimentava.

— Ei, menino... Você está admirado, hem? — gritou o homenzarrão passando os dedos sobre as malhas. — É de ferro. Sim, senhor... todinha de ferro. Tornamo-nos invulneráveis quando a usamos.

— Onde arranjou isso? — perguntou Ase, aproximando-se do homem.

— O que lhe interessa isso? — irritou-se o barba-negra. — Você tem de tocar para nós. Uma festa como a nossa não lhe será oferecida todos os dias. Portanto, não se preocupe com a minha cota de ferro e trate de tocar.

— Deixe o estrangeiro em paz, Orn — advertiu o líder, afastando-o rudemente de Ase e segurando-o pelos ombros. — Desculpe — disse. — Orn é o mais bem-humorado sujeito do mundo. Mas, assim que bebe um pouco de hidromel procura briga com todos. Mas eu também lhe peço: toque algo para nós. Pagarei muito bem por isso.

Ase não respondeu. Pegou o violino e começou a afiná-lo. Madru sentiu outra vez aquele estranho aroma adocicado e desagradável. Aqueles homens, fossem eles quem fossem, não lhe agradavam. Ele se afastou um pouco a fim de sentar-se na grama. Alegrava-se pelo fato de ouvir as melodias de Ase e observou a orla da floresta do outro lado. Chamou-lhe a atenção o tamanho e a força daquelas árvores. Nunca as vira tão grandes. As mais fortes tinham uma casaca avermelhada. Pareciam perder-se nas nuvens, tal a sua altura. Então ele viu. Sentiu náuseas de horror e nojo.

A um metro e meio, ou dois, de distância, corpos mortos, nus, estavam estirados na grama. Muitos deles estavam lambuzados de sangue, outros, queimados. No lugar da boca, testa e das faces... apenas manchas de cinza. Gritou estridentemente. Seu estômago revoltou-se. Vomitou tudo o que acabara de comer. Um instante depois, Ase estava a seu lado, tapando-lhe os olhos com as mãos. Madru ainda tremia quando Ase o tirou cuidadosamente dali. Mesmo com os olhos tapados, ele ainda via os rostos corroídos dos mortos, as chagas sangrentas em seus ventres abertos, as feridas nos crânios. Ase levou-o até a margem do rio. A caminho, arrancou algumas grandes folhas que recendiam a hortelã-pimenta, umedeceu-as e passou-as sobre o rosto de Madru.

— Sente-se melhor? — perguntou.

Madru mordeu o lábio inferior, balançando a cabeça em sinal de aprovação.

— Espere aqui até que venha buscá-lo — disse Ase.

Quando ele se afastou, Madru reparou que levava outra vez o violino às costas. Ao partir, Ase tirara da cintura um fino bastão preto, que já despertara a atenção de Madru, pois ele ignorava para que servia. Ase segurou o bastão na sua frente à altura do peito e aproximou-se com passos calculados até onde ardia a fogueira. Assim que os homens o avistaram, houve uma alteração surpreendente entre eles. Ficaram como que petrificados. O riso morreu-lhes na garganta. Um por um, calaram-se. O líder veio ao encontro de Ase; estava agora muito humilde, como um cachorro depois de ter apanhado.

— Perdão, senhor — disse ele—, não sabíamos que era um mensageiro do soberano.

— Quem são vocês? E o que aconteceu aqui?

— Meu nome é Esnir — respondeu o homem. — Junto comigo está o meu irmão Orn. Os outros são gente da nossa aldeia.

— Quem os mandou pegar em armas?

— Não foi o Príncipe da Floresta, se é isso o que quer saber. Mas, antes de julgar-nos, por favor, ouça o que aconteceu. Vieram homens do sul, que atacaram nosso povoado. Tentaram extorquir-nos peles. Meu pai, Nogal, era um tocador de tambor mágico. Ele tentou afastá-los com a invocação de imagens más. Mas de que adianta isso contra homens que se vestem de ferro? Eles o mataram. Então nós. . .

Esnir estacou.

— Então vocês os assassinaram.

— O que mais podíamos fazer, senhor?

— Você acusa os estranhos de tentar extorquir-lhes peles. Mas vocês também estavam atrás do saque. . . ou não? Vocês ambicionavam as cotas de ferro. Queriam as lanças e as espadas. Vocês enlouqueceram à vista de tanto ferro — disse Ase.

— Saímos vencedores, senhor, e como tal temos direito aos despojos.

— Vencedores por quanto tempo? — retrucou Ase, com severidade. — O que você acha, Esnir, que acontecerá quando o rei do sul souber que seus homens não voltarão mais? Vou dizer-lhe, já que evidentemente não é capaz de raciocinar sobre isso: ele vai enviar mais homens. Um exército inteiro. E os soldados dele agirão com vocês da mesma forma como vocês agiram com esses estrangeiros.

Ase fez uma pausa e começou a andar de um lado para o outro, cabisbaixo.

— Conheci o seu pai, Esnir — continuou. — Era um homem esperto. O fato de ele ter morrido me incomoda. Mas não poderá convencer-me de que ele o aconselhou a agredir estranhos.

— Não, senhor. Como já lhe disse, ele queria afastá-los por meio do seu tambor. Mas o tambor acaso impediu-os de o matarem? Daqui em diante, nós juramos confiar em nossas espadas e lanças em vez de combatê-los com magia.

— Se o Caminho da Floresta que seu pai seguiu não serviu para afastar os estranhos — advertiu Ase —, conseguirão menos ainda com as suas armas.

— Não temos tanta certeza disso.

— Tudo já foi longe demais — respondeu Ase, amargurado. — Além de terem ousado pegar em armas por conta própria, ainda tiveram a coragem de festejar tal massacre com uma festa, em vez de celebrar os ritos fúnebres.

— Os homens o exigiram — foi a desculpa de Esnir —, pois estavam muito orgulhosos da vitória.

— Senhor — intrometeu-se um deles —, considere só: eram trinta soldados com cotas de ferro e um cavaleiro. E nós somos apenas dez.

— Será que ainda se orgulham de ter deixado os cadáveres dos estranhos jogados sobre a grama, sem enterrá-los? Tão perto da floresta encantada! Pois é evidente que mataram os homens ontem à noite.

— Está correto, senhor. Mas como sabe disso? — perguntou Esnir, muito perturbado.

— Sentimos o seu cheiro à medida que nos aproximávamos daqui. Portanto, mexam-se! O que estão esperando? A festa acabou. Tratem de limpar todo esse sangue que derramaram por aqui.

— Temos de confessar — disse Orn, que até então havia se mantido um pouco distante dos outros. — Nós também tivemos um pouco de medo, senhor. Foi por isso que não enterramos os mortos. — Orn virou-se para o irmão: — Você mesmo disse, ontem à noite, que o ar estava impregnado de vibrações más. Foi por isso que só festejamos hoje.

— Seja como for, não tiveram medo de saquear os mortos — comentou Ase.

Ele se voltou e aproximou-se de Madru, seguido por Esnir.

— Obedeceremos às suas ordens — afirmou este com humildade —, faremos tudo o que quiser. Estávamos perturbados. Somos gente simples. Se acontecer alguma coisa... as aldeias que ficam ao sul da floresta encantada sempre são revistadas. Mas, senhor, eu lhe peço: por favor, interceda por nós diante do Príncipe da Floresta. Será que não pode ajudar-nos a apaziguar as árvores que talvez tenhamos enfurecido?

Ase silenciou e continuou seu caminho.

— ... o senhor quer uma cota de malha ou uma espada? Quer a couraça do cavaleiro para levar como presente ao Soberano da Floresta?

— Deixe-me em paz — respondeu Ase, desgostoso. — Pode guardar todo o seu ferro. Logo ele se voltará contra você mesmo. Talvez contra todos nós. Tratem logo de terminar o trabalho de sepultamento dos mortos.

— Aqui, na presença da floresta encantada, senhor?

— Não, carreguem-nos para as canoas e levem-nos para o outro lado do rio.

— Como quiser, senhor.

O semblante de Ase continuava carregado quando voltou para perto de Madru.

— Vamos sair daqui depressa — disse ele. Incontinenti, com um movimento de mão que apontava um sinal branco no chão para Madru, ele caminhou na direção de um importante pinheiro na orla da floresta.

À medida que iam subindo pela escada de galhos, Madru experimentava uma estranha sensação: quanto mais alto escalavam, mais sentia o embalo e o balanço — o movimento da árvore ao vento. Era agradável. Despertou-lhe uma sensação de leveza e de liberdade nunca antes experimentada. Teve a certeza de que as árvores eram seres cuja linguagem algum dia viria a compreender.

Então alcançaram o topo pelo caminho feito de uma série de galhos que se perdia de vista rumo ao norte. Madru viu uma paisagem que lhe pareceu um sonho. A floresta encantada chegava até onde a vista podia alcançar. Tinha-se a impressão de um mar de árvores, do qual as copas se sobressaíam como pequenas ondulações. Pela primeira vez, ele entendeu por que Norrland também era chamado de País da Grande Floresta. Olhou por sobre o denso tapete da mata, aparentemente sem clareiras ou povoações. De perto, ainda se viam as copas das árvores, com uma densidade, frescor e viço que nunca vira antes em sua vida. À medida que se olhava mais para longe, as árvores se transformavam lentamente na pele verde-clara de um animal impressionante, numa pele em que, nos lugares em que os pinheiros ou os abetos se sobressaíam das árvores de folhas caducas, se formavam desenhos escuros, de padrões irregulares.

As árvores milenares, que às vezes apareciam em pequenos grupos de três ou quatro troncos, mas em geral ficavam a certa distância umas das outras, pareciam gigantescas figuras com penachos verdes nos capacetes.

O fato mais surpreendente de todos, entretanto, era o ruído dessas árvores quando sacudidas por um sopro mais forte de vento. Parecia-se com o rosnado ou o bocejo de uma criatura de fábula, era um som mais prazenteiro do que assustador. Não podia ser comparado com o som emitido pelo homem ou pelos animais. Madru ficou a imaginar quais satisfações teria se entendesse o que aqueles gigantes estavam sussurrando, ou que segredos eles cochichavam ao bocejar.

Ase contara a Madru que a floresta encantada era uma mata virgem, basicamente inacessível em muitos pontos, e impenetrável para os homens. Norrland estava protegida: a leste pela milícia, a oeste pelos altos penhascos, ao norte pelas geleiras e pelas neves eternas. Ao sul, entretanto, era protegida pela floresta encantada. Por certo, qualquer um poderia tentar destruí-la por meio de um incêndio. Mas nenhum norrlandês ousaria cometer tal sacrilégio contra as árvores, e até mesmo os bárbaros sulistas conheciam as sagas que eram relatadas sobre a ligação entre a destruição da Grande Floresta e o fim do mundo. Madru e Ase caminharam durante horas rumo ao norte no caminho sobre a copa das árvores, e Madru ainda não se sentia cansado. Cada vez que olhava para o tapete verde que se desenrolava à distância, sentia outra vez uma sensação mista de espanto e de prazer.

Primeiro, o céu sobre eles estava azul, sem nuvens, vibrante do vapor do calor; depois tornou-se vermelho no oeste e, por fim, parecia que um grande pano de lã cinzenta fora estendido sobre ele, por cujas aberturas brilhavam as estrelas. Depois do ocaso, o rapaz começou a tiritar de frio. A lembrança dos homens mortos começou a surgir outra vez em sua imaginação. Ele como que via outra vez suas feridas horríveis e sentia o cheiro da putrefação. Um vento cada vez mais forte começou a assobiar nos ouvidos dos viajantes, agitando e puxando a copa das árvores. Parecia vir de muito longe. Das árvores milenares subia um bramido irado, de advertência. O vento transformou-se numa tempestade. Eles podiam ouvir os galhos se estilhaçando lá embaixo. Madru sentiu que suas pernas estavam se tornando insensíveis e entorpecidas devido à queda da temperatura. Ase e ele tinham dificuldade para se equilibrar no estreito caminho de tábuas. Para se fazerem entender, precisavam gritar um ao outro.

— Teremos de descer! — gritou Ase, através dos gemidos da tempestade e dos sons irados das árvores milenares. — Os espíritos dos homens assassinados que foram enterrados do outro lado do rio estão nos perseguindo pelo ar.

Agora estava completamente escuro. Fiapos de nuvens percorriam o céu. Eles haviam se detido. Ase segurava Madru pelos ombros.

— Podemos descer? — perguntou Madru.

— Uns trezentos passos adiante. . . há um caminho para baixo!

A tempestade levou consigo algumas das palavras pronunciadas, compondo-as em letras. Indecisos, continuaram a andar. Suas roupas estalavam. Por fim, Ase apontou para baixo com a mão esquerda. Madru viu uma escada de galhos, igual àquela pela qual haviam subido, perto do rio. Também estava marcada com um material brilhante, para que não houvesse dificuldade em encontrá-la na escuridão. Quanto mais desciam, tanto menos percebiam a força da tempestade. Finalmente, ouvia-se apenas um som que ecoava, silvante, ao longe. Mais um salto e alcançaram o solo da floresta.

— Fique bem perto de mim — advertiu Ase, caminhando na frente. Estava escuro e só dava para reconhecer os contornos dos arbustos e da folhagem mais rasteira. Ao longe, ouvia-se o barulho da água.

Depois de algum tempo, Ase se deteve. Tirou uma vara que estava fincada no chão e segurou-a como se fosse um batedor de ovos. Depois de algum tempo, viu-se um brilho tênue. Então surgiu uma chama poderosa. Com cuidado, ele a aproximou da folhagem seca e da madeira podre, sobre a qual colocou ramos maiores depois de algum tempo. À luz da fogueira, Madru viu que estavam num matagal não muito denso à margem de um pequeno rio. Os contornos de uma cabana maior e de uma outra menor destacavam-se na escuridão.

— Bem-vindo à Ängratörn — disse Ase. — Este é um dos locais em que nossos jovens fazem seus retiros. — Em seguida, começou a juntar madeira e a transportá-la para a menor das duas cabanas.

— Trate de descansar bastante — aconselhou Ase a Madru, indicando-lhe um colchão de liquens. Admirado, o rapaz se sentou. Depois do vento tempestuoso e do farfalhar zangado das árvores milenares, o silêncio tinha algo de estranho. Mas, ao que parecia, a tempestade também amainara inteiramente nas alturas. O olhar de Madru dirigiu-se até onde o clarão da fogueira não mais iluminava a

escuridão. Lá se via o lampejo dos olhos dos animais. Ele apenas via olhos, que brilhavam de curiosidade, porém não demonstravam hostilidade. Não sentiu medo. Ase voltou e inalou ruidosamente o ar.
— Por aqui deve ter passado um texugo. Você o viu?

— Vi apenas os seus olhos.

— Isso é um bom sinal — disse Ase. — Agora tire a roupa e vá até aquela pequena cabana. Preparei-lhe uma sauna. Nu, Madru entrou na cabana e percorreu-a com os olhos. Embaixo de um monte de pedras, num dos cantos, ardia um fogo. Na parede do outro lado, havia dois degraus para sentar, um mais alto do que o outro.

— Sente-se primeiro no degrau de baixo — aconselhou Ase, da porta. — Logo ficará ainda mais quente aqui dentro. Mas você verá como isso lhe fará bem!

Ase saiu, fechando a porta atrás de si. Madru teve a sensação de que centenas de pequenas agulhas se espetaram em sua pele. Sentia dificuldade em respirar. Precisou concentrar toda a sua força de vontade para não sair correndo dali. Depois de algum tempo, percebeu que os seus músculos se relaxaram e que ele respirava de modo mais regular.

Ase olhou para dentro da cabana e lhe disse para subir ao degrau superior. Ele trouxe uma grande tigela de barro cheia de água, que despejou sobre o monte de pedras. Imediatamente, uma grande nuvem de vapor encheu o pequeno aposento. Somente pelo rangido da porta é que Madru percebeu que Ase já se havia retirado outra vez. O vapor foi como um golpe abafado que lhe atingiu todo o corpo de uma só vez. O coração parecia querer saltar-lhe do peito. Agora o calor parecia penetrar em suas veias. Circulava nelas como o sangue de Madru, ao mesmo tempo em que as picadas de agulha na pele doíam ainda mais. Não obstante, só o primeiro momento foi desagradável. Depois Madru teve a impressão de que todo o seu cansaço se desfazia no calor. Houve um momento em que Ase pôs a cabeça para dentro da porta e lhe ordenou que saísse rapidamente, corresse até o rio e mergulhasse na água.

Madru estava espantado por não sentir frio, nem com o ar noturno nem com a água do rio. Era como se a sua pele estivesse protegida com um escudo de calor, através do qual mal sentisse o frio, ou o percebesse como algo muito distante. Ase fê-lo repetir mais duas vezes o processo de aquecimento e esfriamento. Só depois ele lhe deu para se enxugar uma grande toalha, que encontrara na cabana maior. Depois fez com que se aproximasse do fogo e se acomodasse ali de cócoras. Em seguida, envolveu-o numa pele de ovelha com grandes flocos de lã, forrada com líquen.

— Como se sente? — perguntou-lhe Ase.

— Atento e ao mesmo tempo esgotado.

— Olhe para o fogo!

No pequeno círculo de pedras que envolvia a fogueira, só restavam brasas ardentes.

— O que você vê?

— Não sei — respondeu Madru, hesitante.

— Por certo que sabe.

— O ardor de um fogo.

— E você, por certo, também vê que nesse círculo de pedras há quatro pedras maiores apontando para as quatro direções do céu.

— Sim, agora percebo.

— Bem, observe bem a localização das pedras e a sua aparência, e depois olhe para mim.

Quando Madru ergueu os olhos para Ase e este começou a cantar baixinho, uma onda de cansaço o invadiu passando através de todo o seu corpo. A impressão foi que alguém chegara por trás e lhe jogara em cima uma rede, e era como se essa rede lhe provocasse uma leve comichão que o paralisava. Madru viu que os olhos de Ase eram estranhamente claros e brilhantes. Sombras foram invadindo cada vez mais o rosto do ancião. Quanto menos se podia reconhecer de suas feições, tanto mais Madru se sentia enfeitiçado pelos olhos brilhantes de Ase. Então houve um momento em que as luzes se afastaram, e, à medida que ele as acompanhava com o olhar, sentiu-se forçado a se levantar e a segui-las. Isso o levou até escuras poças de água, que cada vez se tornavam maiores, até que viu dois lagos, cujas margens se abriam uma para a outra. Houve um turbilhão e Madru precipitou-se na água negra. Foi sugado e arrastado para baixo. Imaginou então sentir que a batida do coração ficara para trás. Foi mergulhando cada vez mais fundo até tocar na areia com a ponta dos dedos dos pés. Em seguida, ficou de cócoras. Era evidente que estava numa paisagem noturna, num descampado negro. Estava moderadamente claro, como uma noite na terra quando só as estrelas brilham na escuridão. À sua frente estava outra vez o círculo de pedras. Todavia, no lugar onde antes havia as pedras maiores, agora ele via animais. A leste, um sapo; a oeste, uma pega; ao norte, um texugo; e, ao sul, um urso.

Imediatamente, o urso levantou-se nas patas traseiras, aproximou-se dele e o abraçou com suas patas poderosas. Madru ainda estava tão confuso com o que via que aceitou o abraço do urso sem reagir, deixando-o acontecer. Sentiu dor, quando as garras do animal se enfiaram em sua carne, e sentiu a mordida em seu pescoço. Seu cérebro parecia arrebentar. No lugar de sua morte ficou apenas uma pequena nuvem branca. Enquanto o urso arrancava cada vez mais carne de seu corpo e a devorava, sua consciência flutuava na nuvenzinha branca: isso foi tudo o que aconteceu.

Depois que o urso se saciou, ele arrastou a carcaça onde ainda restavam alguns fiapos de carne e sumiu na amplidão do deserto negro.

"Estou morto", pensou Madru, "o urso me matou!"

Tentou falar, mas as palavras não tinham som. Só então o sapo, a pega e o texugo se movimentaram.

Pareciam confabular sobre alguma coisa. O rapaz fez um esforço e entendeu também o que eles falavam.

"Vou procurar a clavícula dele", anunciou o sapo.

"Vou buscar a pele dos seus lábios", disse a pega, "e toda a carne que restar."

"Eu sei onde está o coração", disse o texugo. "O urso não o comeu."

Os animais se retiraram dali e logo sumiram no horizonte. Agora a sensação de depressão ficou pior, pois a partir da nuvem de fumaça branca Madru só podia ver um deserto vazio de lava.

O primeiro animal a voltar foi a pega. Ela trouxe primeiro um dos seus lábios e depois, em seguida, todo o resto de carne, que colocou no chão arenoso. Então o sapo veio pulando com um osso no focinho. Por último, apareceu o texugo. Seu pêlo não estava mais liso como antes, mas todo embaraçado.

"Ho", disse ele, colocando um coração palpitante embaixo dos ossos; "há alguém que teria preferido ficar com este coração para si. Mas não foi essa a nossa aposta. Portanto, vamos fazer o rapaz voltar à vida. O que você lhe dá de presente para o resto de sua vida, sapo?"

"Meu presente é que seja sempre jovem, não importa a idade que venha a alcançar", respondeu o sapo. "E quando ele morrer, sua morte será fácil, e aquela que ele amar deverá revê-la ainda uma vez."

O sapo cuspiu sobre o osso e, no mesmo instante, todos os ossos do corpo de Madru se fizeram presentes.

"E você, pega, o que lhe dará, antes que o acordemos outra vez?" perguntou o texugo.

"Eu lhe darei um olhar", arrulhou o passarinho, "que fará as mulheres se apaixonarem por ele e os homens advogarem a sua causa."

E assim que arrulhou isso, toda a pele, os músculos e os pêlos de Madru estavam outra vez em cima dos ossos.

"Darei coragem ao seu coração", disse o texugo; "mas sua alma terá o dever de nunca se esquecer da Grande Floresta. . . isto é, terá o dever de nunca se esquecer de nós, os animais, e de todas as criaturas que se seguirão a nós nesta terra. . . os homens."

"Então tratemos de acordá-lo", disse o sapo.

"Espere", disse a pega. "Acaso se esqueceram de que ele mesmo deve expressar um quarto desejo enquanto dorme e que nós precisamos atendê-lo, seja lá o que for?"

"De fato, quase nos esquecemos disso", constatou o texugo, assustado.

O garoto olhou para eles e para o próprio corpo, do alto da nuvem. O corpo lá estava, inconsciente. Ele imaginou o que pedir. Pensou por muito tempo; os animais ficaram pacientemente à espera. Pensou numa coisa, pensou em outra, mas tudo lhe parecia destituído de importância.

— É difícil — disse, depois de algum tempo, no seu sonho. — Acho que sei o que é, mas me faltam palavras para explicá-lo.

"Tente", disse o texugo, "assim, ao acaso."

"Quero saber como os homens precisam viver a fim de serem felizes."

"Mas que jovem humilde!", disse o sapo, com mordacidade.

"É o desejo dele. . . Seja qual for, temos de cumpri-lo. . .", lembrou-se o texugo.

"Sempre tive um fraco por filosofia", sussurrou a pega.

"Não há mais nada a dizer sobre isso", esclareceu o texugo. "Trata-se do desejo dele e não do de vocês. Vamos; agora, tratem de acordá-lo."

Madru sentiu que algo úmido tocava em seu rosto. Achou que fosse o focinho do texugo. Talvez daquele texugo que havia observado antes, na margem do círculo de luz. Abriu os olhos e viu o círculo de fogo diante de si. Do outro lado, estava Ase, sentado. Parecia ser dia, pois agora estava muito mais claro; no meio das pedras, viam-se cinzas fumegantes.

— Devo ter adormecido por um momento — constatou.

— Foi por um momento, mesmo — disse Ase —, só que enquanto isso se fez dia claro!

— Tive um sonho extraordinário. — E Madru contou para Ase, com detalhes, tudo o que lhe acontecera. Só não conseguiu lembrar-se dos presentes e do seu desejo, por mais que se esforçasse.

O ancião ouviu-o com atenção e perguntou, por fim:

— Madru, o que você acha de tudo isso?

— Deve ter um significado — respondeu o rapaz —, mas não compreendo qual é.

— Não mesmo?

Madru negou com um aceno de cabeça.

— Bem — disse Ase —, depois de ter encontrado a morte ontem e de os espíritos aflitos dos mortos nos terem perseguido, invoquei os seus espíritos protetores a fim de que eles lhe dessem forças. Quando você se encontrar outra vez em grande perigo ou diante de alguma tarefa que não consiga dominar com sua própria força, fará bem em procurar um sapo, uma pega e um texugo.

— E o urso? — perguntou Madru.

— Esse é o inimigo, a sombra que cada um de nós traz consigo.

Logo depois, mestre e discípulo se puseram a caminho. Antes de subir outra vez para a copa das árvores, Ase tocou o chão da floresta com o arco de seu violino. No mesmo instante, o círculo de pedras e o montículo de cinzas desapareceram.

— E as duas cabanas? — perguntou Madru, pois ficara com a impressão de que Ase havia se esquecido de algo.

O velho riu. — Elas sempre estiveram aqui. Destinam-se a viajantes que precisem de uma sauna depois de uma longa caminhada. Ou servem para jovens que precisam de solidão, a fim de preparar o seu machado de pedra. "O que será isso?", pensou Madru. No entanto, Ase lhe disse que quando chegasse a hora ficaria sabendo mais sobre o assunto. Perto do segundo dia de viagem pelas alturas, tornaram a descer do caminho sobre a copa das árvores. Era ali que acabava a floresta encantada. Lá de cima, Madru vira o vale do rio cercado de prados.

Num trecho de terra desbravada havia tantas cabanas como nunca vira juntas num só lugar. Todas eram dominadas por um salão tão alto como se alguém tivesse colocado três cabanas, uma em cima da outra. De seu telhado cresciam duas árvores.

— Lá está — disse Ase, e apontou com a mão naquela direção. — Aquela é a habitação do príncipe.

Capítulo VI

Madru vê dois olhos no meio da fumaça, apaixona-se pela menina Alissa e promete-lhe a primeira dança.

Sem se incomodar com os olhares curiosos, as saudações respeitosas e os comentários sussurrados pelas pessoas, Ase caminhava depressa concentrado em si mesmo. Madru seguia-o à distância de meio passo, caminhando pelas ruazinhas do povoado do príncipe, que se constituía de mais ou menos trezentas casas feitas de troncos de árvores com cobertura de junco.

De algumas construções pendia um escudo bem colorido num poste alto. Às vezes, podia-se ver o desenho de uma árvore ou de uma coruja, ou ainda a representação de estrelas. Madru teria preferido parar, a fim de examinar esses escudos mais de perto. No entanto, Ase balançava a cabeça numa negativa e insistia em continuar o caminho. Também passaram por oficinas em que ferreiros, construtores de carruagens e barcos, tecelões e pintores faziam seu trabalho.

Muitas portas estavam escancaradas e, ao passar, Madru podia ver o arcabouço de madeira de um grande bote fluvial ou um homem sentado junto ao seu tear. O lugar parecia fervilhar com a atividade de pessoas trabalhadoras e autoconfiantes. Suas roupas denotavam prosperidade.

O caminho escolhido por Ase dava a impressão de que ele estava evitando deliberadamente a corte do príncipe. Essa construção e a Casa do Conhecimento ficavam numa extensa colina no meio das outras casas, que pareciam pequenas se comparadas com elas.

Ali, onde o terreno se estendia para noroeste e onde havia algumas herdades solitárias numa terra desbravada, cercada por paliçadas,

Ase se deteve diante de uma cabana à margem da floresta. Essa cabana tinha um formato incomum. Era octogonal e seu telhado cônico lembrava pinheiros com casca, em cujo centro fora deixado um grande buraco para passar fumaça, como é usual fazer nas cabanas de madeira.

— Aqui nossos caminhos se separam por algum tempo — disse Ase ao se deter à porta. — Espera-se que o Filho das Estrelas passe os dois dias e as duas noites que precedem a festa da investidura em silêncio e em retiro. Você não poderá falar com ninguém. Não poderá comer. Achará um jarro de água aí dentro. Também há lenha para o fogo, só que você mesmo não poderá acendê-lo. Deite-se sobre a cama de peles e espere até que os druidas o venham buscar. Preste atenção a seus sonhos, pois os druidas lhe farão perguntas a esse respeito. Se sua resposta for favorável, serão distribuídas carnes, cereais e peles. Mas, no caso de a resposta ser desfavorável, haverá uma busca penosa e prolongada das causas que aborreceram a Grande Floresta.

— O senhor não poderia me dar alguma sugestão sobre o que seja uma resposta favorável ou desfavorável?

— O que você tem de saber já é do seu conhecimento — retrucou Ase.

Ase tocou no rosto de Madru com as palmas das mãos e, em seguida, desenhou rapidamente um sinal no ar com o indicador. Por certo, um sinal de bênção. Depois, virou as costas e, como por encanto, desapareceu.

A cabana estava relativamente escura. Madru viu que tudo estava como Ase lhe havia dito: sobre um fogão de pedra havia um feixe de lenha junto à chaminé, uma jarra de água e, do lado leste da cabana, uma cama de peles macias, sobre a qual se deixou cair com um suspiro de bem-estar.

Finalmente, tinha tempo para pensar mais uma vez nos acontecimentos dos últimos dias e noites.

Devagarinho, seguiu a trilha de suas lembranças mais uma vez. E, assim, adormeceu. Dormiu profundamente e durante muito tempo. Quando acordou, estava completamente escuro. Sentiu sede. Bebeu um gole da água do jarro. Pelo buraco destinado a expelir a fumaça, ele olhou para o céu cheio de estrelas. De repente, teve a impressão de que estava perdido. Foi acometido subitamente pelo desejo maluco de sair correndo, de voltar à povoação de Jarl, de fugir para junto de sua mãe. Abriu a porta e saiu para o ar livre. Como sempre, nas noites de verão, a luz era de um cinzento pálido. Lembrou-se do que Ase lhe dissera. "Você deve estar sonhando", pensou. Portanto, entrou outra vez na cabana e se esticou sobre as peles. Por muito tempo, nada mais fez do que concentrar-se no ritmo de sua respiração. Percebeu que, ao fazê-lo, podia desligar-se de todos os pensamentos que habitualmente lhe causavam tristeza.

Teve a impressão de ouvir o riso de alguém. Abriu os olhos, levantou-se e dirigiu-se outra vez até a chaminé. "Talvez", pensou, "se eu observar as constelações, obtenha uma indicação do que devo dizer aos druidas." Kultan, o ferreiro, havia lhe ensinado o nome de muitas constelações e lhe contado histórias sobre elas. Algo o impediu de ver o céu. Na luz difusa que entrava pela porta entreaberta, reconheceu dois olhos no alto. Pensou num animal, talvez um gato-do-mato. Levou a mão até onde costumava carregar a faca. Lembrou-se de que a havia ofertado à Lua.

— Você não vai precisar de sua faca — disse uma voz.

— Quem está aí?

— Uma garota.

Lembrou-se de que não devia falar com ninguém.

— Por que está aqui?

— Por curiosidade.

Madru estava perto da pilha de lenha. Lá em cima. Os olhos eram sorridentes. Ela devia ter subido ao telhado.

— Antes havia estrelas onde agora está o seu rosto.

— É mesmo? — disse ela. — Que bonito!

Madru gostou do timbre de sua voz.

— Você está nervoso? — perguntou ela.

— Não... por que estaria?

— Pelo fato de ser nomeado herdeiro do príncipe... por você mesmo tornar-se um príncipe.

— Isso não fará qualquer diferença. Continuarei o mesmo de antes. Não quer entrar? É desconfortável conversar desse modo.

— E quem disse que quero conversar com você? — respondeu ela. — Na verdade, apenas queria ver qual era a sua aparência, depois que os animais fizeram tanta celeuma por sua causa.

— Quem? — perguntou Madru, incrédulo.

— As pessoas da habitação do príncipe...

Ele teve a impressão de que ela havia dito outra coisa antes. Mas ela que entrasse sem se preocupar, sugeriu Madru.

— Você não me parece um belo exemplar de príncipe — disse ela zombeteiramente. — Quando eles descobrirem que eu o visitei, minha cabeça é que será cortada, e não a sua.

— É verdade? — perguntou ele, espantado.

— É claro. Você é um homem, um cavalheiro, um príncipe. Eu não passo de uma mulher inútil.

— Estou curioso de saber se terá a coragem de entrar.

— Você é bastante convencido, não é?

O rosto desapareceu. Ele acenou, satisfeito. Um momento depois, a garota entrou pela porta. Usava um casaco comprido feito de retalhos de diversos tecidos coloridos. Em volta da cabeça, trazia um pano grande que parecia feito de um conjunto de folhas coloridas. Um caracol de cabelo ruivo caía-lhe na testa. Seu rosto era mais atraente do que propriamente bonito, pintalgado de inúmeras sardas. Os olhos tinham uma expressão meiga e um tanto melancólica. O olhar de Madru fixou-se no pano. Perguntava-se se de fato seria feito de folhas.

— Sim — disse ela, com um movimento brusco das mãos —, agora chega de olhar. Você deve deixar que sobre algo para os outros.

— Aqui não está muito claro — desculpou-se ele.

Ela sorriu. Era um sorriso meio zombeteiro, meio sedutor.

— Quem é você? — perguntou Madru.

— A filha mais jovem do príncipe.

— Ah — disse ele —, da família. . .

— Se eu fosse um homem, ele não teria de procurar um Filho das Estrelas.

— Está com raiva de mim por causa disso?

Ela meneou a cabeça.

— E esse lenço. . . não estou muito certo. . . É mesmo feito de folhas de árvores emendadas?

— Emendadas, não. . . encantadas.

— Você pode fazer mágicas? — perguntou ele, cético. Tudo o que se relacionasse com magia despertava o seu interesse. Achava que Ase havia sido muito reticente quando tentara descobrir mais sobre essas suas aptidões.

— Um pouco — respondeu a menina —, mágicas inofensivas. Magia com roupas, magia com o clima. Magia que faz juntarem-se folhas e ervas.

— Você pode fazer um lenço mágico como esse também para mim?

Ela fez um movimento no ar, com a mão direita, como se quisesse apanhar alguma coisa e balançou a cabeça, penalizada.

— Aqui nesta cabana já existe uma magia muito forte. Eu nada posso contra ela. Mas se isso lhe causa alegria, posso dar-lhe o meu, com muita satisfação.

A moça desamarrou o lenço e o entregou a ele. Agora, seu cabelo caía solto nos ombros. Era cor de cobre.

— Você gosta de proporcionar alegria aos outros, não é verdade? — perguntou Madru.

— Sim. . . é verdade — disse ela, sorrindo.

Madru tocou no lenço, e teve a sensação de que era um tecido, mas ao mesmo tempo tinha a cor e o feitio de folhas.

— Obrigado — agradeceu Madru, amarrando-o ao pescoço.

— Obrigada também — disse a menina, que, a um rápido aceno fez o lenço voltar à sua cabeça.

— Foi só uma brincadeira. . . Por favor, ele é seu — disse ela. Outra vez o breve aceno e lá estava o pano de volta ao pescoço de Madru.

— Estou convencido no que diz respeito à magia — disse Madru — mas como veio parar aqui no meio da noite?

— Costumo passear muitas vezes a essa hora. Gosto muito mais da noite do que do dia. Eu visito Mola, uma velha que mora na floresta. Foi ela que me ensinou toda a magia que sei.

— Mas não é perigoso uma menina andar sozinha à noite, pela floresta?

— Existe um segredo. Quer saber qual é?

— . . . não me interessa nem um pouco — respondeu ele, no tom espicaçante que costumava usar com as garotas.

— Mas eu quero que você saiba, disse ela, quero que seja eu a lhe contar e não outra pessoa. Posso entender a linguagem dos animais. Eles entendem tudo o que digo.

— Mais alguma coisa? — perguntou Madru, com ironia.

— Não acredita em mim? Vou provar-lhe. Há duas noites, você se encontrou com o urso, a pega, o sapo e o texugo. O que eles lhe presentearam para a vida, isso não lhe direi. Sem isso, você já é por demais convencido.

Madru assobiou entre dentes.

— Nada mau para um começo — disse ele secamente.

— Encontrei-me com eles quando voltavam da cabana de saunas. Falavam sobre um rapaz que lhes dera bastante trabalho. Isso me interessou, e por isso continuei a interrogá-los até me contarem onde eu podia encontrá-lo.

— E quem lhe ensinou isso? Aquela velha. . .

— Ninguém me ensinou. Descobri por acaso, há alguns anos. Na época em que me tornei mulher. Quando havia lua cheia eu não podia dormir. Não conseguia ficar olhando para o teto e passei a caminhar pela floresta. Eu juntava folhas, pedras, penas e flores à luz do luar. Foi então que encontrei Mola, a toupeira. É esse o seu nome. Ela me ensinou algumas palavras mágicas e contou-me sobre o efeito de certas ervas. Ensinou-me também a juntar folhas como as desse lenço que lhe dei de presente. Certa vez, encontrei uma matilha de lobos. Quase morri de medo, quando os ouvi dizer como estavam famintos. Eles me perguntaram por que eu estava tremendo tanto. Acaso estaria com frio? Não, respondi; eu tinha medo de que me comessem. Eles ficaram espantados! "Você não sabe que somos os seus animais guardiões?", perguntaram-me. Eu lhes disse que nem fazia idéia. Falamos ainda sobre vários outros assuntos, antes de eles se retirarem. Depois, achei a aventura muito mais excitante do que no momento em que ela aconteceu. Quando alguma coisa me impressiona muito, tenho de conversar sobre ela com alguém. Portanto, contei minha experiência às minhas duas irmãs. Elas me olharam de um modo estranho, como se eu estivesse louca. Em seguida, foram correndo contar o fato à nossa mãe, com a qual não me entendo muito bem. Minha mãe havia desejado um filho homem, e meu nascimento era a sua última esperança. Você compreende? Minha mãe foi se aconselhar com os druidas, que me chamaram à sua presença. Acho que, se eu não fosse a filha do príncipe, teria sido condenada à fogueira.

— Ora, mas por quê?

— Eles odeiam todos os que possam ameaçar o seu poder, que saibam fazer algo que eles não podem. O arquidruida manifestou-se sobre o meu caso. Ele disse que, há muito tempo, este mundo não era separado do outro e que nessa época os terrestres compreendiam a fala dos animais. Disse também que os homens perderam essa faculdade há bastante tempo. E que quem afirmar que pode atualmente ouvir a conversa dos lobos ou dos sapos, só pode ser um charlatão ou então estar inteiramente doido.

— E como decidiu o seu caso?

— Ele me pôs à prova. Eu devia revelar-lhe o que dois pardais que estavam sentados no peitoril da janela estavam trinando. Na verdade, um disse ao outro: "O arquidruida é um invejoso nato". Você pode imaginar o que aconteceria se eu lhe dissesse a verdade? Então traduzi assim: "O arquidruida tem uma cabeça brilhante". Sei que isso foi um tanto exagerado. Mas não tenho muita presença de espírito. Ele me disse que todos sabiam que ele era muitíssimo inteligente. Que eu havia pensado nessa frase naquele instante e que, além disso, eu era uma notória mentirosa. Então sugeri-lhe que ele mesmo interrogasse os pardais. Desde essa ocasião, ele tem me deixado em paz.

— E seus pais? O que disseram disso?

— Ora, sabe?, todos me acham mais ou menos maluca. Se eu não tivesse Mola, que me aconselha de vez em quando, até eu acabaria por acreditar nessa idéia.

— Você não é maluca — disse Madru —, você é tão maluca quanto eu. O que você me contou parece-me de todo convincente.

Quando alguém percorre o Caminho da Floresta, esse alguém precisa dedicar sua vida a descobrir mais do que o óbvio sobre as árvores, as plantas e os animais. E você. . . você pode fazê-lo sem qualquer esforço. Mas isso é maravilhoso! Trate de ficar contente!

— Mas sempre penso que os outros temem a minha aptidão.

— Pelo menos eu não fiquei com medo — disse Madru sorrindo para ela. — Como você se chama, afinal? Estamos conversando há um tempão e nem mesmo sei o seu nome.

— Meu nome é Alissa e, a partir de amanhã, serei sua irmã.

Madru calou-se por um momento, olhando para o chão, como se alimentasse alguma dúvida. Então disse:

— Não quero que seja minha irmã, Alissa.

— Bem, essa é uma prescrição da floresta. Nada há a fazer nesse caso.

— Mas eu não quero.

— Pense em Bru e em Bri. Eles também eram irmãos.

— Nós não somos irmãos e não somos Bru e Bri — disse ele, irritado. — Eu me chamo Madru e você, Alissa.

— Talvez você possa mudar o regulamento que prescreve que temos de ser irmãos — disse ela.

— Sei de algo melhor — revelou ele, rindo. — Simplesmente não me aterei a esse regulamento. Vou fazer de conta que ele não existe.

— Isso não será possível, é um sacrilégio — disse ela, com seriedade. — Você nem sequer deve pensar em algo assim, pois isso atrai a infelicidade.

— Tolice!. . . — gritou ele. — É o que veremos!

Madru aproximou-se dela um passo, quis segurá-la e beijá-la. Ela se esquivou com habilidade. Seu olhar parecia dizer: "Não permito que você me surpreenda". Durante um momento, ficaram olhando fixamente um para o outro.

— Também tenho vontade própria — disse ela, com orgulho; depois prosseguiu, cautelosa: — No que está pensando agora, Madru? Quero que me diga.

— Penso no mesmo que você.

— Está tão seguro assim? — Sua boca estremeceu, zombeteira.

— Sim — Madru acenou com a cabeça.

— Madru, eu me apaixonei por você — disse ela.

— Aconteceu o mesmo comigo.

— E por que tive de confessá-lo primeiro?

— Porque meninas conhecem melhor essas coisas. Eu nem sequer sabia por onde começar.

Então ela não se esquivou mais, quando ele a beijou. Depois, afastou uma mecha de cabelo da testa.

— Agora, vamos conversar seriamente — pediu ela —, acabamos de entrar numa boa confusão.

— Quer que saiamos dela?

— Acho que não — respondeu ela tranqüilamente, com os olhos sorridentes —, com certeza, não. Mas agora preciso ir.

— E quando a verei de novo?

— Na festa. Terei de comparecer. Você comparecerá; só então nos veremos. Ficarei contente de vê-lo. Gosta de dançar?

— Acho que sim. . . quer dizer — gaguejou ele, — por favor, não me leve a mal, mas. . . nunca dancei em toda a minha vida.

— Haverá danças na festa — ela esclareceu. — Você terá de pedir a Ase para ele tocar. Com a sua música, qualquer um pode dançar. . . mesmo quem não sabe. E eu quero que você dance a primeira música comigo.

— Está prometido.

— Não se esqueça. Você terá muitas experiências até lá.

— Pode contar comigo.

— Adeus!

Ela afastou-se quase sem fazer ruído.

Ele desamarrou o lenço que ela lhe dera e o observou mais uma vez. As cores eram muito bonitas: escarlate brilhante, vários tons de amarelo, verde-maçã.

Bastante tempo depois, chegaram os druidas. Eles acenderam o fogo, queimaram os velhos trajes que Madru vestia e deram-lhe roupas novas para a festa. Trouxeram várias braçadas de ramos, jogaram as folhagens no fogo e o aroma de folhas novas invadiu o aposento. Por fim, indagaram sobre o seu sonho.

— Eu não sonhei — afirmou Madru —, mas recebi um presente da floresta.

— Que tipo de presente?

Ele estendeu-lhes o pano.

— Oh! — exclamaram respeitosamente, e se inclinaram diante dele. Todos se aproximaram para olhar o pano bem de perto, como se fossem míopes.

— A floresta o vestiu.

Ao que parecia, tratava-se de um bom presságio.

Capítulo VII

O Filho das Estrelas foi entronizado no grande salão durante uma festa. Pela primeira vez, Alissa escolhe Madru. A resolução do conselho da floresta.

Estava escuro na cabana. As chamas tremiam sobre as pedras. Lá fora, brilhava o sol. Madru estava diante da lareira em que o fogo ardia. Um dos druidas levara-o até lá. Madru teria preferido sair da cabana, mas isso parecia ser contra o regulamento segundo o qual o evento se desenrolava. Dois dos druidas o haviam segurado pelo braço, reconduzindo-o para diante do fogo. Madru tinha a impressão de ser um boneco que lhes servia de brinquedo. Não gostou disso. Preferia dizer ou empreender alguma coisa que destruísse aquela pompa ridícula. Além disso, sentia-se entediado. Olhou para os druidas de mau humor; estes perfaziam um círculo à sua volta e diziam preces numa língua que Madru não compreendia. Achava suas vestimentas cômicas. Usavam longas túnicas cinzentas, e, na cabeça, uma coroa de folhas de faia e nêspera. Madru tentou ser paciente; entretanto, subitamente tudo aquilo foi demais para ele. Dirigiu-se então a um dos druidas e perguntou-lhe o que se passava, pedindo-lhe uma explicação.

Todos os outros druidas se mostraram muito perturbados. Aproximaram a cabeça um do outro, e começaram a murmurar. Em seguida, voltaram a formar um círculo, e aquele a quem Madru se dirigira aproximou-se dele, inclinando-se:

— Ilustre Filho das Estrelas — disse ele —, o senhor gostaria de saber o que estamos esperando. Logo nos chamarão para a festa da investidura. Já mandamos um emissário para o grande salão, para que nossos irmãos saibam que o presságio foi favorável. Enquanto isso, estamos orando pelo senhor a fim de fortalecê-lo.

— Mas em que tipo de língua? Não estou entendendo nada.

O druida, um homem ainda jovem, talvez uns três ou quatro anos mais velho do que Madru, cobriu o rosto com as mãos e disse baixinho, tão baixo que ninguém mais além de Madru pôde ouvir:

— As orações são ditas na língua *brusinisch*. Todos nós trilhamos o Caminho da Onisciência.

— Fique perto de mim — disse Madru. — Estou estranhando todas essas coisas e não as compreendo. Gostaria de ter alguém por perto a quem pudesse interrogar.

Do círculo de druidas provinha incessantemente o murmúrio das orações. O jovem lançou um rápido olhar para seus camaradas, que pareciam concentrados nas preces, inclinou a cabeça mais para perto de Madru e disse:

— Eminente Filho das Estrelas: se quiser aceitar um conselho, por favor não faça perguntas. Espera-se que, graças à sua inspiração, já saiba de tudo.

E voltou para o círculo dos irmãos. Um momento depois, o jovem druida já estava concentrado nas orações juntamente com os outros. "Isso está começando bem", pensou Madru. "Mas esse rapaz tem razão. É melhor eu me manter calado e apenas observar." Isso não era fácil, porém, pois Madru gostava de falar com outras pessoas, gostava de fazer perguntas. O momento em que conversara com sua mãe e em que institintivamente se rebelara contra esse encargo voltou-lhe à memória. Um pouco da desconfiança e da revolta ainda lhe restavam. Ele não pertencia à nobreza, mas também não pertencia à classe daqueles monges pálidos que achavam que ele devia conhecer tudo. Mas, se não se tivesse tornado o Filho das Estrelas, pensou, não teria encontrado Ase, não teria ouvido falar sobre os três caminhos, não teria podido olhar sobre a Floresta Mágica, lá das alturas. Mas, principalmente, não teria encontrado Alissa. Só de pensar na moça ficou alegre. "Sim", pensou, "acho que me apaixonei outra vez". Que extraordinária a confiança que ela lhe despertara! Com que naturalidade confiaram um no outro! Afinal, apenas falara com ela uma vez e logo lhe parecera que já se conheciam há muito tempo. Era muito diferente do que acontecera com Eigar. Afinal, tinha certeza de que Alissa também o amava, ela mesma o confessara. Só que gostaria de ouvi-la repetir isso inúmeras vezes. Em seguida, Madru pensou na Lua, que preparara tudo tão bem, e pediu que ela os protegesse, a Alissa e a ele, e que velasse pelo seu amor.

Por fim, chegou o mensageiro e eles se dirigiram para o grande salão. As ruas do povoado estavam desertas. Todos os habitantes haviam se reunido no campo festivo diante do grande salão. Nesse lugar, havia druidas ocupados em tirar de cinco carros e em distribuir ao povo carne e frutas secas, cogumelos e ervas aromáticas. Originalmente, tratava-se das assim chamadas "oferendas do presságio", destinadas a todos os habitantes do reino. No entanto, os senhores ultimamente se consideravam muito importantes para se incomodar com elas ou se apresentar para pegá-las. Deixavam essa tarefa para os escravos que iam receber os presentes. Todas as pessoas do povoado pareciam prósperas, quer fossem patrões ou escravos, mais prósperas do que os habitantes das cortes existentes junto ao lugar onde nascera e crescera. Ali, as mulheres usavam anéis de ouro e até mesmo os homens usavam anéis com grandes pedras. Nunca vira nada parecido em seu lar. Nenhum dos homens estava armado, nenhum se aproximava muito do grupo dos druidas, em cujo centro Madru caminhava. Onde havia muitas pessoas, elas respeitosamente abriam caminho e tanto os homens como as mulheres os saudavam, inclinando a cabeça sobre as mãos postas.

Mais alguma coisa chamou a atenção de Madru, à medida que se aproximavam do grande salão: uma construção toda feita de madeira. Já de longe, as duas árvores cujos ramos cresciam através do telhado de madeira haviam despertado sua curiosidade. Tratava-se de um par de álamos, cujos ramos cobertos de folhas verdes se agitavam como estandartes gigantes ao vento.

Primeiro, desejou pedir informações mais precisas sobre as duas árvores aos seus acompanhantes, mas logo lembrou-se do conselho que lhe dera o jovem monge druida e abandonou a idéia. Sabia que o álamo Bri, príncipe da vida terrestre da Grande Floresta, era sagrado, e que o álamo-negro era Bru, de quem se dizia que reinava sobre os seres do além. Haviam alcançado a porta leste, que estava com os batentes escancarados. O Príncipe da Floresta e sua família ali estavam à espera, acompanhados de seu séquito, aguardando a feliz chegada do Filho das Estrelas. O príncipe era um homem atarracado e forte, com um cavanhaque cinzento e olhos tristes. Usava um abrigo verde, largo, fechado na frente por um broche, cujo desenho mostrava um homem num carro de combate. Na mão direita, segurava um pinheiro retilíneo; no meio do tronco haviam sido retirados alguns galhos a fim de que se pudesse segurá-lo melhor. No entanto, a árvore ainda possuía todas as raízes, que, entretanto, haviam sido limpas de toda a terra excedente.

— Seja bem-vindo, meu filho — disse o príncipe, cuja voz não era muito enérgica.

O príncipe abraçou Madru e com o movimento do abraço envolveu-o com a metade do seu amplo casaco verde. Em seguida, afastou-se, puxou a espada e tocou o ombro esquerdo de Madru com a lâmina chata e o seu ombro direito com a ponta do pinheiro. Ouviu-se um brado de júbilo, que se propagou como uma onda por todo o espaço relvado preparado para a festa. De todos os lugares, as pessoas se aproximavam. Ninguém queria perder o espetáculo do manto agitando-se na hora da investidura de Madru, nem perder as bênçãos dadas pelo príncipe.

Madru reconheceu Ase no grupo de homens que acompanhavam o príncipe passo a passo. Ase lhe fez um aceno animador. Madru sentiu-se grato por isso. Fosse como fosse, aquele cerimonial metia-lhe um pouco de medo; parecia-lhe que, de uma maneira definitiva e de modo mágico, haviam proferido um julgamento a seu respeito, do qual não havia escapatória.

O príncipe segurou-o pelo braço e o encaminhou para junto de uma robusta matrona, que usava uma gola de ouro laminado. Duas mulheres mais jovens a ladeavam, uma de cada lado.

— Este é o seu filho a partir de agora — disse o príncipe à mulher que tinha o enfeite dourado; ela ostentou um sorriso falso no rosto. Uma ruga em sua testa assustou Madru por um momento, mas logo essa dobra havia sumido e o rosto continuou inexpressivo como antes. A mulher se ajoelhou, como o jovem druida fizera antes, e beijou a mão de Madru. Em seguida, as duas filhas mais velhas do príncipe, Arda e Hilde, se aproximaram e agiram da mesma maneira.

— Está faltando uma das minhas filhas — desculpou-se o príncipe —, a mais nova, que se chama Alissa. Logo você a conhecerá; ela é uma criatura excêntrica. Você terá de beijar o rosto da princesa e das suas duas irmãs. Esse é o costume. Eu gostaria de saber por onde anda Alissa. — Isso soava muito mais como uma desculpa para os homens que o acompanhavam; mas, ao que parecia, nenhum deles dava grande importância à sua ausência. Madru teria preferido dizer: "Logo ela virá. Tenho certeza de que ela ainda virá, pois me prometeu". Contudo, absteve-se de fazer essa observação e limitou-se a sorrir, não chamando a atenção de ninguém, pois todos estavam à espera de algo muito mais importante.

O príncipe ergueu a espada e o pinheiro.

— Vamos ouvir se a floresta será boa para nós!

Ele avançou. Madru manteve-se atrás dele. Do salão passaram para uma pequena floresta de pinheiros de várias idades. Madru lembrou-se de ter ouvido falar que a árvore abençoada que o príncipe segurava nas mãos deveria ser replantada depois. O fato de ela vingar ou secar seria considerado um bom ou mau sinal. Chegaram até o tronco de árvore petrificada com as duas inscrições, mas não houve tempo para Madru olhá-las mais de perto. O príncipe deteve-se diante dos troncos dos álamos, as duas árvores que haviam perfurado o telhado de madeira. Alguém abriu um espaço e deu a entender a Madru que ele devia se aproximar e ficar ao lado do príncipe.

Madru sentiu que estava diante de uma cerimônia da maior importância. As pessoas ali presentes pareceram reter a respiração.

O príncipe puxou da espada e bateu de leve no tronco do álamo. Ouviu-se um som nítido, seguido de um leve e frágil estalido. Ao que parecia, não se tratava de um mau sinal, pois ouviram-se gritos de alegria. As pessoas se abraçavam e as que não se conheciam tão bem davam-se alegremente as mãos, contentes, felicitando-se. O clamor se espalhou:

— A floresta está a nosso favor! A infelicidade ainda está distante! Graças a Bri! Viva a Grande Floresta!

Por um momento, o príncipe pareceu indeciso; acaso teria ouvido algo de ameaçador? Madru, que o observava, percebeu que ele estava pensando em alguma coisa. Também viu que seu rosto se inundava de suor, até que uma expressão descontraída apagou-lhe as rugas da testa e o fez exclamar:

— Nunca se sabe. . . — disse, encabulado, sorrindo para Madru. — Algum dia ainda ouviremos gritos de morte. — E, em voz alta, exclamou: — Vocês ouviram tudo. A floresta está do nosso lado. Não devemos temer nada. Vamos comer, beber e festejar!

Madru pensou: "O príncipe é um homem que gosta de viver bem e isso talvez não seja nada mau para o seu reino".

O grupo marchou através do pavilhão até um tablado. Uma mesa fora montada para o príncipe, para sua família e a corte. A toalha da mesa era de linho cinzento. Nos lugares, os pratos eram de prata, ricamente incrustrados com pedras preciosas. Havia amplas cadeiras, confortáveis, cobertas de peles. No pavilhão, cujo telhado era feito de grossos troncos de pinheiro, os nobres se sentaram em mesas compridas. Das vigas pendiam grandes tapetes, parecidos com os do salão da casa de Jarl, ostentando o brasão da única linhagem que vivia no povoado do príncipe. No meio das tapeçarias, destacavam-se grandes rodas de carro, em que estavam espetadas velas da espessura de um braço humano; elas estavam sendo rapidamente acesas por homens que empunhavam compridas varas dotadas de pavios, pois o grande pavilhão não tinha janelas.

Perto das enormes portas do lado leste, ornadas tanto por dentro como por fora com entalhes de madeira, seis corneteiros se posicionaram de cada lado; usavam botas altas e aventais de couro.

Madru contou vinte fileiras de longas mesas e bancos, de cada lado do grande corredor do meio; diante do estrado com a mesa do príncipe havia um grande espaço vazio. Se houvesse danças, como lhe confiara Alissa, elas aconteceriam ali.

O príncipe entregou a espada e o pinheiro para um pajem. Acenou para Madru, para que se sentasse a seu lado, e deixou-se cair, suspirando, sobre sua cadeira. A primeira coisa que fez foi tomar um grande gole da taça à sua frente.

— Bem, meu rapaz — disse a Madru —, primeiro vamos nos conhecer melhor. Meu nome é Bator, e você é Madru. Acho que vamos nos entender muito bem. Sou uma pessoa muito pacífica; tenho certeza de que todos podem comprovar isso.

Bator bateu nos ombros de Madru e ao rapaz não agradou essa jovialidade grosseira.

— Logo você gostará de estar entre nós — continuou o príncipe; — nessa posição é fácil sentir-se bem. Apenas é preciso deixar as pessoas com a impressão de que a Grande Floresta está a seu favor. . . de que nada precisam temer. — O príncipe fez uma pausa. — Além disso, se alguma vez ela apodrecer, nada de temores. Isso você aprenderá.

Bator olhou para o rosto de Madru e disse em seguida:

— Se não estou enganado, você é uma daquelas pessoas. . . honradas e francas.

— Eu não sei — respondeu Madru. A conversa estava se tornando cada vez mais desagradável.

— A honradez — disse Bator — é, por certo, uma virtude. Mas para um príncipe a cautela é mais importante. Você deve dar-se bem com os adeptos dos três caminhos — continuou ele a aconselhar Madru; — todos tentarão puxá-lo para o seu lado, pois visam tirar vantagem tão logo você se torne o príncipe. Penso em descansar assim que você terminar o seu período na Casa do Conhecimento e tiver passado pelo Tempo da Solidão. O que aconteceu de fato lá no rio Negro? Você estava lá. Os druidas exigem castigos draconicos. Ase aconselha moderação. Ah, esqueça a minha pergunta. Amanhã falaremos sobre isso no conselho da floresta. Mais uma coisa. . . — o príncipe abaixou a voz até um sussurro — já que você agora pertence à família, de certa forma; há mais ou menos dois ou três anos, a princesa mantém um romance com o arquidruida. É aquele tipo ascético de sábio com um longo bigode fino, ali diante. Ele é muito ambicioso. Todos acham que eu não sei de nada, mas estou absolutamente a par de tudo: ambos conspiram contra mim. Eles que o façam; eu apenas espero até ter nas mãos provas suficientes de que eles pretendem me derrubar. Então é só "cortar-lhes a cabeça!" Nada de misericórdia. Você também deve tomar cuidado. De agora em diante, você representa para eles um perigo ainda maior do que eu. Podemos esperar deles as piores coisas. Pessoalmente, gosto de passar o tempo caçando. A princesa acha que a caça aos ursos é um prazer muito rude. Ela que pense o que quiser. Logo precisaremos encontrar uma mulher para você.

Madru havia empalidecido com toda essa conversa. O príncipe pareceu notar a sua comoção.

— Ah — disse como consolo para Madru —, você verá que as coisas não são tão ruins como parecem. A gente se acostuma. E, às vezes, apesar de tudo, a vida é divertida. Agora vamos nos alegrar. É isso que o povo espera de nós!

Bator ergueu o braço.

— A festa deve começar! — gritou bem alto para o salão. Os corneteiros fizeram soar uma melodia um tanto desafinada e logo um cortejo extraordinário se pôs em movimento, acompanhado de muitos gritos de admiração dos convidados, entrando pelos portões do leste.

Cerca de vinte homens traziam grandes bandejas, sobre as quais havia metades de bois assados, leitões, grandes cervos fritos, presuntos de urso, trutas defumadas e espetos com pombos selvagens fritos.

Em seguida, entraram outros, que traziam cestos com pães de festa, bisnagas de pão branco tostadinhas, salpicadas com ervas e sal, como só havia nas grandes celebrações, porque em Norrland a farinha de trigo era um artigo raro. Por fim, entraram homens de avental de couro e ornamentos verdes na cabeça, cada um deles rolando um barril de tamanho considerável, pelo longo corredor por entre as mesas.

Todos os alimentos e bebidas foram primeiro colocados na frente, no local destinado às danças, e, então, apresentados e servidos. Os barris continham cerveja pesada, boa para beber, ou vinho de gosto acre, temperado com resina, trazido do outro lado do mar Pequeno. Mas quem não quisesse nem vinho nem cerveja — ambos considerados bebidas estrangeiras, que os nobres não apreciavam muito — podia tomar vinho de maçã ou hidromel. Nesse dia havia abundância de tudo — carnes, peixes, pão, queijo, vinho, hidromel ou vinho de maçã. Conquanto habitualmente o povo de Norrland não comesse até se saciar, nesses dias de festa ninguém seguia esse preceito e se entregava ilimitadamente à própria gula.

Contudo, antes que os caçadores e os lançadores de redes; antes que os açougueiros, os defumadores de trutas, os homens que limpavam as cinzas e os que rodavam os espetos; antes que os vinhateiros, os preparadores de sumo de maçã, os padeiros e os homens que assavam os pães; antes que os que temperavam os alimentos e os que os fritavam, os que rolavam os barris e os que serviam, os que apresentavam e distribuíam as bebidas começassem o seu trabalho, traziam de cada acepipe e de cada bebida uma porção para o Príncipe da Floresta, a fim de que este os tocasse com sua espada. Em seguida, seus servos, que já estavam a postos, levavam os pratos com essas porções para fora do grande pavilhão, até a floresta encantada, que não ficava muito distante dali, para que também o paladar da mata fosse saciado, seu estômago, satisfeito, e para que também ela se sentisse bem sob a casca das árvores, como os convidados depois que começassem a comer e a beber.

Enquanto os convidados ainda mastigavam e engoliam, ouviram-se os primeiros chamados, exigindo que os violinistas tocassem.

— Primeiro uma quadrilha!

— Não, uma polca!

Havia por volta de uns cem músicos no salão. Podia-se reconhecê-los por causa das meias brancas e dos chapéus pretos de aba mole, que deixavam ao lado de seus talheres sobre a longa mesa, e pelos coletes vermelhos que sobressaíam na série de convivas à mesa. E, é claro, logo se podia reconhecê-los pelos instrumentos musicais que levavam às costas. Mesmo assim, nenhum dos violinistas se mexeu, pois os homens que haviam levado as oferendas à floresta encantada ainda não haviam retornado. Madru teve a impressão de que todos estavam à espera de algo que fazia falta à festa.

Quando os homens finalmente voltaram, um murmúrio partiu da multidão. Sobre suas bandejas prateadas, eles traziam um musgo avermelhado, brilhante, leve e perfumado, tão leve que precisavam segurá-lo com uma das mãos para que não voasse. Eles se apressaram a chegar diante do príncipe e um deles bradou que a floresta lhes enviava seus agradecimentos. O monarca tocou no musgo sobre as bandejas com a ponta dos dedos, e Madru viu como cada um dos que estavam sentados à sua mesa se servia de um pouco de musgo, amassava-o um pouco com os dedos e depois enfiava a substância no nariz.

Madru não estava disposto a imitar os outros, mas Ase, sentado à sua direita, exigiu que ele também se servisse. O musgo produziu um efeito muito agradável. Madru encheu as narinas com uma porção pequena. O aroma se parecia com o do tomilho, apenas era mais forte e mais fresco. E, assim que inalava o seu aroma, imediatamente a pessoa se esquecia de tudo o que a estivesse incomodando. As piores preocupações tornavam-se ridículas. Até a sensação de saciedade, devida aos excessos na alimentação, desaparecia.

Nesse momento, os músicos começaram a afinar seus instrumentos. Madru lembrou-se novamente da promessa que fizera de dançar a primeira música com Alissa. Voltou-se para Ase e perguntou:

— Não gostaria de tocar para nós?

— Se isso é uma ordem do Filho das Estrelas. . . — disse Ase, sorridente, com uma pequena inclinação. Ele tirou o violino do saco de couro que continha o instrumento, prendeu-o sob o queixo e o afinou.

Em todas as mesas do salão os músicos haviam se levantado, aproximando-se do local do baile ou pondo-se de pé sobre mesas e bancos. Madru seguiu Ase quando este se aproximou de um grupo de violinistas. Os homens tocavam os violinos com os arcos. Pelos seus olhares, Madru reconheceu que Ase era o mestre dos violinistas, que o seu violino era o melhor de todos. Madru ficou inquieto. Onde estaria Alissa? Ase ergueu o arco e o primeiro acorde sonoro ecoou com belas vibrações através do salão. Os homens fizeram as mulheres pular por cima das mesas e colocaram-nas no chão, iniciando incontinenti a dança. A música se acelerava cada vez mais e se tornava cada vez mais vibrante. O príncipe dançava com uma bela escrava. O arquidruida dançava com a princesa. As duas filhas do príncipe dançavam com os rapazes. Não havia ninguém no salão, fora os músicos e Madru, que não estivesse dançando. De vez em quando, uma mulher se aproximava dele e perguntava se também não desejava dançar. Ele balançava a cabeça numa negativa, atendo-se à promessa que fizera a Alissa.

A música tornava-se cada vez mais selvagem. A descontração à sua volta se acentuava. Até mesmo ele, que nunca aprendera a dançar, nem nunca dançara antes, sentia comichão nos pés, e os braços vibravam ao compasso da música. O ritmo dos violinos tornou-se imperioso, entrava pela corrente sanguínea, impelia as pessoas a dançar e a se remexer. Madru entendeu então que tudo aquilo ocorria por magia; caso contrário, Ase e o príncipe, ou qualquer outra pessoa, teria se aproximado dele e diria:

— Madru, o Filho das Estrelas precisa dançar também!

Mas não aconteceu nada disso.

Todas as pessoas à sua volta dançavam com grande entusiasmo e tão esquecidas de si mesmas que não conseguiam prestar atenção a mais nada. De nada tomavam conhecimento a não ser da dança, e os violinistas estavam totalmente concentrados em seus violinos. Entregar-se ao esquecimento, sapatear o medo sacudindo-o dos membros, isso é o que faziam. E nada mais.

Madru, no entanto, permaneceu quieto e esperou, até que notou a presença de duas mulheres que percorriam o corredor central do salão, rodeadas por uma luz extraordinária. Quando um dos dançarinos tocava nessa aura luminosa, punha a mão diante dos olhos e se afastava com um tremor.

A maior das duas silhuetas parecia-se mais com uma árvore do que com uma pessoa. E, mesmo assim, não podia haver dúvida de que sob o vestido verde-amarelado de folhas de álamos, que mais se parecia com a plumagem de um pássaro, escondia-se o corpo de uma jovem. Olhando-se com mais atenção dava para ver-lhe os seios nus. O vestido de folhas, às vezes mais denso, às vezes mais transparente, deixava ocasionalmente entrever um pouco da pele nua das coxas, da linha dos quadris e um pedaço dos ombros cobertos de sardas. Mas também podia-se pensar num feixe de ramos verdes que alguém tivesse amarrado com um cordão de palha; um cordão semelhante envolvia o corpo da mulher-árvore pela cintura. O rosto dela parecia fantasmagórico. Excetuando-se os olhos, a boca e as narinas, o resto estava maquiado com um lodo calcário e, dessa maneira, ocultava qualquer traço característico, menos a forma da cabeça e o olhar.

Perto da garota que se parecia com um álamo, no entanto, estava uma velha feia, com o rosto lambuzado de fuligem. Usava um vestido de peles rotas de toupeiras. Com uma das mãos segurava a moça-álamo, que levou até Madru; na outra mão segurava um triângulo, de onde jorrava aquela luz forte.

A velha disse a Madru:

— Você prometeu a primeira dança a Alissa, Filho das Estrelas, e manteve a palavra. Bravo! Nós nos atrasamos. . . Aqui está a sua dançarina.

Madru tomou Alissa nos braços e dançou com ela apenas alguns acordes. Então ela lhe disse:

— Venha, vamos sair daqui. Não há muito tempo. Mola ficará aqui por enquanto. E os dançarinos acreditarão que não se passou mais do que o lapso de tempo de uma dança.

Alissa pegou-o pela mão e arrastou-o consigo. Madru ouviu a música dos violinos atrás de si, mas também o som rítmico e estridente de um triângulo.

Do lado de fora do grande pavilhão, Madru quis parar.

— É você mesma, Alissa? Ou será que estou sendo iludido por alguma magia?

— Os outros é que estão enfeitiçados. Trate de acreditar em mim. — Ela pegou a mão de Madru e a colocou sob a folhagem que ocultava o seu coração. Então eles seguiram por um relvado até um rio, à beira do qual havia álamos-negros. A moça encostou-se a um dos troncos quando ele se aproximou.

— Sinto muito — disse ela — que reste tão pouco tempo. Mas eu não quis, de forma alguma, que você ficasse esperando em vão. É muito difícil fazer uma magia para que tantas pessoas percam a noção do tempo, mesmo que o musgo entorpecente ajude um pouco. Não nos veremos durante bastante tempo, Madru.

— O que aconteceu?

— Mola também não pôde adivinhar. Ela consultou o baralho sobre o nosso futuro. Seja como for, estaremos separados durante certo tempo. Pensarei muito em você e você saberá disso. Se tiver uma mensagem urgente para mim, transmita-a através de Mola. Os pensamentos dela e os meus estão sempre interligados e ela sempre saberá onde estou.

— Mas você não deve ir, Alissa — disse Madru, desamparado —, eu não permitirei.

— Isso não está em nosso poder. Hoje eu o escolhi pela primeira vez. Quando eu o escolher pela terceira vez, nós nos tornaremos marido e mulher. Também isso foi previsto por Mola. Trata-se de uma tradição antiga. É inútil querer lutar contra isso.

Madru olhou para ela consternado.

— Não faça uma cara tão triste — zangou-se ela. — Mola não teceu para mim um vestido mágico, magnífico?

— Está bem — disse ele —, mas é tão horrível ter de me separar outra vez de você, ainda mais agora que acabamos de nos encontrar! Ela deveria fazer uma magia para que ficássemos juntos!

— Mola não é uma feiticeira tão boa assim!

— Que pena. . .

— Vamos, sorria e me dê um beijo. Logo o nosso prazo chegará ao fim. Gostaria de guardar uma lembrança alegre de você. E não fique muito contrariado quando mais tarde tiver de dançar com a minha irmã.

Madru tentou sorrir, mas não obteve muito sucesso. Os dois se beijaram e ele desejou que esse beijo não terminasse nunca. Madru tentou impregnar-se com o aroma que vinha do corpo de Alissa (ou seria o aroma das folhas e dos ramos?).

Quando abriu os olhos, ele segurava a irmã de Alissa, Arda, nos braços, e dançava com ela em grandes saltos pelo salão. Tudo era real e verdadeiro. Arda bradava durante a dança, louca, completamente louca:

— Magnífico. . . como é bom dançar dessa forma tão selvagem!

Madru viu Mola afastar-se do atropelo dos dançarinos, saindo pela porta leste. Ela ainda segurava o triângulo na mão, mas este já não irradiava luz. Ninguém pareceu admirar-se com o fato de uma mulher velha estar ali com um triângulo.

Para Madru, pareceu que Ase, que ainda tocava, lhe fazia um aceno animador. Talvez fosse apenas uma impressão.

A festa ainda demorou a acabar. Madru dançou bravamente até o galope final. Dançou com ardor e desapontamento, da forma como costumava jogar *kassar*, um jogo que não era conhecido no povoado do príncipe. Ele não conseguia parar de pensar no que Alissa lhe dissera: que o haveria de escolher três vezes.

As mulheres da região ainda comentaram durante muito tempo as habilidades do Filho das Estrelas na dança. Isso também foi encarado como bom presságio. Ninguém pôde se lembrar, mais tarde, de que ele nem sequer dançara no início do baile e de que havia desaparecido depois. Ninguém se recordou, tampouco, daquela luz misteriosa.

Depois da festa, que durou até a noite, Madru dormia, e foi acordado por um mensageiro, incumbido de levá-lo a uma sessão do conselho.

A caminho, ficou sabendo de todas as novidades. A princesa viajara de manhã com as três filhas. Ela se mudara para uma casa que não ficava muito distante da academia dos druidas. Da povoação do príncipe até lá devia haver uns cento e vinte quilômetros. Era longe demais para se poder ir e voltar em uma noite, pensou Madru. Cavalos eram difíceis de arrumar. Talvez no inverno, com um trenó puxado a cachorros. . . Esse era o rumo dos seus pensamentos.

Interrogou o mensageiro sobre o tempo que a princesa pretendia ficar naquele lugar. O mensageiro não sabia nada a respeito. A princesa pretendia tomar parte nos exercícios da academia dos druidas. Além disso, acrescentou o mensageiro, a presença das quatro mulheres no povoado do príncipe era contra os bons costumes.

— Não diga!

— Enquanto o senhor não se casar — esclareceu o homem —, não poderá se encontrar com suas três irmãs.

— E por que não?

— Não faço idéia, senhor. É a tradição.

No conselho da floresta estava o príncipe, Guh, o arquidruida, e Ase. Havia duas cadeiras, uma que representava simbolicamente a presença da Grande Floresta e uma quinta para Madru, a quem Bator entregou um bastão preto como símbolo de sua nova dignidade.

A conferência foi sobre o massacre junto ao rio Negro. As opiniões variavam. Guh pleiteava um castigo draconiano. Ase achava que o medo que os pobres-diabos haviam sentido já era castigo suficiente.

Foi feita uma votação. Ase votou contra o castigo.

— E o Filho das Estrelas? — perguntou o príncipe.

— Preciso votar também? — perguntou Madru, assustado.

— Quem segura o bastão preto tem de dar o seu voto — esclareceu o príncipe.

Madru abaixou a cabeça. Tentou ouvir se a Grande Floresta lhe sussurrava algo. Tentou imaginar como o povo votaria. Por fim, ergueu o olhar e disse clara e nitidamente:

— Voto contra o castigo.

— Eu... fico com o coração pesaroso por isso — disse o príncipe.

— E eu... estou indeciso — disse o arquidruida, olhando furioso para Madru.

— Então teremos de perguntar à Grande Floresta — disse o príncipe. — De quanto tempo precisa, Guh, para consultar o oráculo?

— Dê-nos três dias e três noites.

Quando a sessão se encerrou, Madru caminhou um pouco ao lado de Ase. Fez-lhe perguntas sobre o oráculo. No caso de um julgamento de tão graves conseqüências, ouviu, estavam prescritos três oráculos. No primeiro, seriam afugentados patos; no segundo, seriam queimadas folhas; no terceiro, colocavam-se corvos em estado de entorpecimento com a ajuda do musgo, e pelo timbre de seu grasnido tirava-se a conclusão. As respostas do oráculo sempre eram misteriosas e ambíguas. Interpretá-las era função dos druidas.

E disso dependia o destino de muitos seres humanos, pensou Madru, furioso.

O oráculo aconselhou, segundo disseram, castigar os filhos do tocador de tambor mágico e, junto com eles, todos os habitantes da aldeia. Sem falar com Ase ou com mais alguém sobre isso, Madru tomou uma decisão. Através de Mola, mandou a Alissa a mensagem de que a amava mais do que nunca e pedia-lhe, por seu amor, que, por meio dos seus animaizinhos, avisasse o pessoal da aldeia acerca do perigo que os ameaçava. Quando a milícia cercou a aldeia, encontrou todas as casas vazias. Os habitantes haviam fugido, escondendo-se no mesmo local utilizado quando o obeso cavaleiro exigira de seus anciões todas aquelas peles como tributo. Cumprindo ordens, a milícia incendiou todas as cabanas e casas.

Os druidas logo descobriram quem avisara os habitantes da aldeia. O ódio do arquidruida por Alissa aumentou. Ele ordenou a um dos membros da irmandade que verificasse os cálculos astronômicos através dos quais o Filho das Estrelas fora encontrado. Talvez tivessem cometido algum erro. "Não", informou-o o irmão, físico e matemático; tudo estava correto, ao menos no que dizia respeito à execução dos cálculos.

Alterar os cálculos corretos, a isso o irmão não se atreveu. O arquidruida já pensava em outras possibilidades.

Enquanto isso, Madru visitou a Casa do Conhecimento, onde Guh, o arquidruida, era um dos professores.

Capítulo VIII

Na Casa do Conhecimento. Um herege. A força dos druidas. Um amigo.

Na manhã seguinte, depois do conselho, começaram as aulas na Casa do Conhecimento, uma construção comprida com uma torre no meio, tão perto do grande salão da Casa do Conselho e da habitação do príncipe que dali se podia atingi-lo com uma pedra. Antes, Madru precisou ir ao alfaiate e ao barbeiro, do castelo. Seu cabelo foi totalmente raspado e lhe deram uma jaqueta de peles de esquilo, de cor preta e vermelha, calças de couro macio e amarelo e borzequins pontudos, ornados com um guizo bem na ponta do dedão. Essa era a vestimenta dos estudantes.

As aulas durariam, ao todo, um ano. Por ocasião da festa do Solstício de Inverno, era costume o estudante optar por um dos três caminhos. Quem conseguisse ser bem sucedido nos exames escolares da Casa do Conhecimento tornava-se funcionário da corte e ascendia, depois de alguns anos, em que viajava como coletor de impostos de herdade em herdade, à posição de guarda-florestal na Grande Floresta, a guarda aduaneiro na cidade do porto ou, viajando pelas montanhas ocidentais durante certo tempo, a vice-governador ou governador de distrito, assim que houvesse vaga num desses cargos. Não havia escolas para todos em Norrland. Em geral, os filhos de homens livres aprendiam um ofício ou recebiam alguma instrução sobre a caça, a pesca ou a administração de herdades, como as que eram mantidas em certas terras desbravadas mais extensas.

Os jovens da nobreza aprendiam com o pai ou com os parentes a caçar e a cavalgar, a lidar com ferramentas e armas, e com o que fosse mais essencial para poderem expressar-se corretamente. Fazer um curso de escrita, leitura e matemática — como Madru fizera na corte de Jarl — era considerado um luxo.

Se alguém da nobreza desejasse dar uma instrução especial aos filhos, enviava-os a amigos que morassem em outra parte do país, ou então a algum dos pretensiosos magnatas junto aos portos do mar Pequeno, a fim de que seus herdeiros ficassem sabendo que havia outro mundo para além da Grande Floresta.

Ler e escrever, duas habilidades de que os habitantes de Norrland raramente faziam uso, se é que o faziam alguma vez, só se aprendia se a profissão assim o exigisse; o aprendizado era feito com um professor de escrita e de matemática, cujas aulas eram dadas apenas na medida em que o aluno necessitasse delas para seu ofício.

Contudo, a instrução para aqueles que, além de desejar seguir o Caminho da Onisciência, ainda quisessem tornar-se druidas, era bem diferente. O nome da academia druida, Shayallah, era sinônimo de conhecimento esotérico, conhecimento que transcendia o mundo. Para os cinco níveis mais elevados dos druidas, os exames consistiam, antes de tudo, em mitologia, teologia, direito divino e *brusinisch,* a língua do além. Às provas para o sexto nível acrescentavam-se a astronomia e a interpretação de oráculos: esse era o nível de um arquidruida. A academia estava localizada numa área da floresta a noroeste do povoado do príncipe e consistia num palácio de pedra — obra admirável num país em que só havia construções de madeira. Desconhecia-se o construtor dessa obra, que era considerada muito antiga. Parte dela havia desmoronado e uma das alas laterais era usada como auditório da ordem e como sede funcional oficial do arquidruida.

Todavia, os monges moravam em pequenas casas de madeira de telhado cônico, parecidas com aquela em que Madru passara os dias que antecederam sua entronização. As ordens monásticas eram suficientemente ricas para poder reconstruir o edifício da academia; no entanto, seu aspecto arruinado destinava-se a lembrar que todas as coisas terrenas são passageiras e que todo aprendizado, raciocínio e esforço são uma preparação, pois terão sua utilidade no outro mundo.

Antes da grande luta entre os dois Caminhos — o da Floresta e o da Onisciência (ou do sobrenatural) —, os filhos dos príncipes sempre eram educados na Academia Shayallah. Com a fundação do Caminho dos Cavaleiros começara o desentendimento quanto à educação dos príncipes.

Cada um dos três caminhos tentava exercer uma grande influência sobre o futuro soberano durante o tempo de formação. Finalmente, venceu o Caminho dos Cavaleiros e, na verdade, à força. Certo príncipe da floresta, pertencente à dinastia Kaldyr, tronco que deu origem aos atuais regentes da casa de Bator, mandou buscar seu filho na Academia Shayallar com uma centena de arqueiros, trazendo-o de volta para seu povoado. Devido a isso, construiu-se a Casa do Conhecimento. A grande edificação em arcos, cuja torre central fora vista por Madru, já era a sexta ou sétima do gênero. A disposição dos cômodos e a decoração haviam permanecido praticamente inalteradas. Do saguão passava-se para o grande salão de estudos e de meditação. Além das esteiras para sentar e de uma escultura que representava Bri e Bru de mãos dadas, ainda havia uma pesada e grande lousa de madeira, com os caracteres essenciais da língua *brusinisch*.

Entre as duas grandes janelas envidraçadas — durante a infância de Madru em Norrland, ainda não havia o ferro, somente vidro; porém os vidros bonitos tinham valor de troca, assim como as peles —, ficava um grande baú, ricamente entalhado, em que se preservavam quatro vezes vinte e dois rolos de escrita. Esses rolos datavam da dinastia Emu, a mais antiga linhagem conhecida de conquistadores. Entalhados em madeira, eram simples, arcaicos e úteis, representando vinte e duas espécies de árvores sagradas, com seus vários aspectos, durante as quatro eras.

Atrás do grande salão de meditação praticada segundo o estilo druida, em que se podiam treinar boxe e esgrima, ficava o salão de refeições. Deste partia um corredor em forma de túnel que ia dar na biblioteca. Tanto os livros como os rolos escritos estavam distribuídos pelas seis galerias, segundo o assunto exigido nos exames escolares para os seis níveis de sabedoria.

Ao lado da biblioteca ficava a ala com as celas individuais. Estas nada continham além de um baú para roupas, uma mesa, uma cadeira, um colchão de palha e duas peles de ovelha.

A sala de aulas, o refeitório e a biblioteca eram aquecidos com o fogo das lareiras durante o inverno. Os próprios estudantes tinham de cortar a lenha, picá-la e carregá-la até a lareira; enquanto isso, as inumeráveis velas com que os quartos eram iluminados deviam ser trazidas da fábrica de velas do próprio povoado do príncipe. Podiam-se usar tantas velas quantas fossem necessárias. Para alguns alunos, acostumados desde pequenos a economizar no que dizia respeito à iluminação, esse fato consistia num verdadeiro milagre. Já existia um dito popular que denominava tanto os druidas como os estudantes de "aqueles que gastam muitas velas".

Em Norrland, o inverno pode se prolongar até fins de abril. O outono e o inverno eram épocas deprimentes do ano, outrora temida pela maioria das pessoas. Tratava-se de um tempo que obrigava à inatividade, devido à escuridão, ao frio e às massas de neve. As pessoas ficavam presas nas casas, nem sempre confortáveis. Era a época da morte, pois as pessoas velhas e as enfraquecidas por doenças poucas vezes sobreviviam a esse período de grande frio e escuridão. No inverno, a partir das três horas da tarde, a escuridão já era intensa e, de manhã, nunca clareava antes das nove horas. Sendo assim, é compreensível o grande valor que os habitantes de Norrland emprestavam às velas. De fato, contava-se que as velas eram um presente de Bru. Quando seu irmão foi visitá-la pela primeira vez no além, ele encontrou seu reino iluminado por uma centena de velas ardentes. Era por isso que em Norrland as chamas das velas recordavam sempre o amor dos deuses.

Naquela manhã, quando Madru entrou no grande salão da Casa do Conhecimento, os outros onze alunos já estavam em seus lugares, sentados a certa distância uns dos outros. Com a coluna curvada, os braços cruzados em frente do peito e uma trouxa com seus parcos pertences diante de si, todos eles permaneciam ali, imóveis. A distância que deviam manter entre si obedecia a um princípio pedagógico. Amizades ou contatos mais íntimos entre os escolares eram indesejáveis. Quem estivesse decidido a ser governador de distrito, quem tivesse de cobrar impostos e fazer exigências, deveria aprender, desde o início, a manter distância do próximo e a viver por conta própria.

Quanto aos poucos pertences pessoais contidos na trouxas amarradas com um nó, isso representava um outro ideal: contava como virtude chegar com o mínimo de coisas pessoais. Uma esponja, um sabão grosseiro, alguns ramos de uma determinada erva que servia como escova de dentes, as roupas do corpo, uma muda de roupa de baixo, duas camisas e um casaco, uma faca, um isqueiro e uma linha de pescar — o estudante não devia possuir mais do que isso.

Madru foi o último a entrar. Passou pela fileira de alunos até chegar ao lugar que obviamente fora deixado vago para ele. Os jovens rapazes, à sua direita e à esquerda, para os quais ele olhou diretamente, continuaram imóveis e não responderam ao seu cumprimento. Madru deu de ombros e postou-se em seu lugar, colocando a trouxa junto aos pés.

Depois de terem permanecido ali durante uma hora mais ou menos, calados e imóveis, Guh apareceu. Primeiro, o arquidruida não disse palavra. Percorreu as fileiras e examinou um por um dos rapazes dos pés à cabeça. Terminada a inspeção, dirigiu-se para a frente e disse que então podiam sentar-se.

Não foi fácil para Madru sentar-se sobre a fina esteira de junco com as pernas dobradas, visto que sempre se acomodara à vontade e que ninguém nunca lhe dissera nada sobre isso.

Guh explicou que seria o mestre de *brusinisch*. Sua voz era anasalada, como se ele tivesse o nariz entupido. Com os dedos, costumava brincar com os fios compridos do seu fino bigode. Por certo, muitos entre eles já estariam cogitando para que deveriam aprender uma língua morta, uma língua que, à exceção de uns poucos druidas, ninguém mais usava. Bem, eles teriam de compreender que este mundo terreno não tem importância. Esperança, futuro, fuga, no caso da conhecida catástrofe prevista na inscrição da pedra, só poderiam estar no outro mundo. Se as criaturas tivessem de abandonar a Grande Floresta e viajar para o além, então a primeira coisa a fazer seria encontrar o caminho até lá. Nos velhos textos em *brusinisch* sempre havia indicações de onde procurar esse caminho. Depois que se chegasse lá, seria necessário entreter-se com os seres desse outro mundo, e era por isso, mais do que por qualquer outro motivo, que se aprendia o *brusinisch*. Quem dominasse essa língua poderia gabar-se de uma certa santidade, pois, com seu conhecimento, poderia ajudar a salvar a humanidade do extermínio.

— Em outras palavras. . . se aprendermos bem e com afinco, estaremos por fim em condições de nos entreter com os anões sobre o clima — gritou um rapaz. Mais tarde, Madru veio a saber que o jovem que fizera a observação viera das montanhas e que seu nome era Padur.

Guh emitiu um som sibilante. Em seguida, passou a explicar-lhes o que era uma letra básica e o motivo de ela aparecer em cunhagens quádruplas.

— Ora — continuou, esfregando as mãos —, não posso modificar isso. Não fui eu quem descobriu essa linguagem. Cabeças-duras e vadios costumam ficar à margem do caminho em minhas aulas, mas eu não sinto a menor pena deles.

Dessa maneira, explicou que, de fato, tratava-se de aprender três línguas. Em *brusinisch,* havia uma linguagem para o verão, outra para o inverno e outra para a primavera, o que não era nada surpreendente, bastando imaginar que todas as coisas da natureza também se apresentavam de modo diferente nessas três épocas do ano; além disso, até mesmo as sensações e disposições das pessoas mudavam conforme as estações que, por sua vez, eram os estados de mutação da deusa de três faces, a Lua.

Os caracteres mais importantes dessa língua haviam sido inspirados nas árvores de cada estação, tal como os alunos os podiam ver retratados no relevo.

Um dos alunos se manifestou e perguntou como se podia saber com certeza se no além se falava *brusinisch*.

Guh respondeu que já esperava por essa pergunta. Ela nunca deixava de ser feita na primeira aula. Apesar de ser considerada uma blasfêmia, mesmo assim ele iria respondê-la. Não havia provas disso, naturalmente. Por outro lado, não se podia deixar de considerar que até aquele dia as pessoas davam muito valor ao esforço de aprender essa língua, apesar de ela não se destinar ao uso imediato. A língua também servia para lembrar às pessoas que as árvores eram importantes para os homens, pois as letras desse idioma haviam surgido a partir de figuras estilizadas de árvores. E quem não pudesse entender o conceito de um mundo além deveria dizê-lo agora, sem temer castigo. Teria de abandonar incontinenti a escola e passar o resto da vida na ignorância.

Ninguém se apresentou. Guh lançou um olhar triunfante ao redor. Não se devia, entretanto, relacionar sempre a língua *brusinisch* com a Grande Catástrofe, pois ninguém sabia quando ela aconteceria. Uns poucos bem-dotados conseguiam — graças à sensibilidade adquirida com o estudo do *brusinisch* e à força de sua imaginação — transpor já em vida o limiar entre o mundo terrestre e o sobrenatural.

Guh aconselhou-os ainda a acompanhar com especial entusiasmo a aula do seu colega mais novo, Jammes. Este os iniciaria no ensinamento sobre o significado dos quadros e lhes revelaria a técnica da meditação druídica.

Assim terminou a primeira aula.

Madru não simpatizou mais com o arquidruida do que antes; contudo, o tema de que se falara, o mundo sobrenatural, o interessava muito. Nele havia algo de misterioso, de atraente e de essencialmente diferente, e isso o atraía tanto quanto o que Ase lhe contara sobre o Caminho da Floresta, enquanto caminhavam até o principado. Madru aprendeu com o maior afinco a interminável lista de palavras que Guh ditou nas aulas seguintes, riscando os vocábulos em placas de casca de bétula. Ainda eram palavras e expressões da língua de verão, e esperava-se que se aprendesse de duzentas a trezentas palavras de uma lição para outra.

O fato de o próprio Guh dar as aulas de *brusinisch* conferia-lhes um significado especial. Além disso, os alunos tinham uma aula de esgrima por dia, ministrada por um estrangeiro. Ainda havia uma mulher mais idosa, com a qual aprenderam, por exemplo, que suco de casca de carvalho era bom para inflamações da garganta; que no casa de queimaduras devia-se aplicar uma pasta de botões de álamo; e que as gripes deveriam ser curadas com chá de folhas de avelã.

Nas aulas de Ase, primeiro fizeram caminhadas pela floresta.

Ele ensinou como respirar corretamente e como se podia passar uma noite de inverno ao ar livre sem se resfriar. Juntamente com os alunos, Ase recolheu carvão de pedra e construiu uma sauna; ensinou-os a plantar árvores, a venerar as frutíferas, a curtir peles, a soprar vidro e a tocar violino.

Certa vez, pediu que todos se deitassem no chão diante de uma árvore, de costas, com os braços e as pernas esticados. Olhando para o céu, deviam tentar abandonar o seu revestimento corporal e "entrar" no tronco e nos ramos da árvore, "tornar-se uma árvore", como Ase denominava esse processo. Constatou-se que Madru foi o único a conseguir fazê-lo imediatamente. Os outros olharam para ele com ceticismo, à medida que ele contava como se sentia como árvore.

Ase era amado pela maioria dos alunos. Contudo, Jammes é que era realmente admirado; era um jovem druida com nariz aquilino, um tique nervoso nos cantos da boca e olhos constantemente avermelhados. Com Jammes, aprendia-se que a flecha atingia o alvo não tanto pela capacidade de mira dos olhos, mas pela força de vontade de quem atirava. Ele dizia:

— O que se denomina magia consiste, quando acarreta efeitos, em muito mais do que um simples abracadabra; trata-se mais de uma combinação criativa da vontade aliada à força da imaginação.

Na matéria denominada Significado dos Quadros, eles aprendiam a Epopéia de Rukala, uma história dos primórdios de Norrland, cujos heróis eram as montanhas, os rios e as florestas.

Energia e atenção eram as palavras prediletas de Jammes. Na maioria das vezes, ele chegava à classe em passo apressado e disparava suas perguntas sobre os alunos sem se deter, sempre exigindo respostas curtas e exatas. Enquanto Guh compreendia o esforço como uma espécie de manifestação de apreço pessoal, Jammes no máximo dava a entender uma vez que, na sua opinião, a única coisa sensata era praticar a clareza de raciocínio e a observação atenta, cada um desenvolvendo essas qualidades por si mesmo. Apesar de suas entradas em aula serem um tanto teatrais, seu relacionamento com os alunos era frio e distante.

Era justamente isso o que incomodava Madru. Ele não gostava da política de Guh: se você for aplicado, serei cortez e amigável. Mas bem que gostaria que Jammes lhe desse uma prova de que o valorizava e de que tomava conhecimento de seus esforços. Contudo, Jammes não lhe dava esse prazer.

Depois de Jammes ensinar alguns exercícios difíceis de meditação, completando-os, Madru iniciou uma ofensiva geral no que se referia ao ponto "iluminação". Lembrou-se da observação de Guh na primeira aula, sobre aquelas criaturas que ficavam tão sensibilizadas pelo estudo do *brusinisch* que podiam transpor o limite para o outro mundo. Quase sempre faltava a uma aula por semana; jejuava e meditava segundo um método em que os pensamentos eram sincronizados com o fluxo da respiração. Esperava-se que a respiração dispersasse cada vez mais as imagens da memória, como se uma corrente de água as lavasse, até restar somente a imagem essencial.

Com essa prática, Madru sempre se via diante de uma parede. . . segundo pensava, o muro que separa o nosso mundo do além. Aí, entretanto, sobrevinha uma estagnação. Ele tivera a esperança de que houvesse alguma abertura, um buraco de fechadura, uma porta, uma passagem secreta. Em vez disso, ele andava interminavelmente ao longo de um muro alto, sem portas, chave, fenda ou buraco. Não havia passagem. Madru martirizava o cérebro em busca de solução. . . Nada! Pensou, imaginou combinações numéricas, murmurou fórmulas mágicas tiradas da língua *brusinisch* de verão. Inutilmente. Exausto, esforçou-se para não dormir e permaneceu acordado durante toda a noite.

Na tarde do segundo dia, Jammes visitou-o em sua cela. Primeiro Madru alegrou-se, pois pensou que seu rigoroso esforço levara o mestre a um gesto de solidariedade.

Jammes disse:

— Amanhã você deve voltar a participar das aulas.

— Isso é tudo o que tem a me dizer? — perguntou Madru, irritado. Jammes respondeu que também vinha despedir-se.

Madru pensou ter ouvido mal.

— O senhor vai embora? — perguntou, sem acreditar. — Como será a escola sem a sua presença? — adulou-o Madru.

— Enquanto houver o que aprender, nenhum lugar é monótono.

— O senhor é sempre tão esperto e ponderado? — perguntou Madru, com rancor.

— Desculpe-me — retrucou Jammes —, mas eu quis dizer exatamente o que disse.

— Pareceu-me intencional.

— Você terá de decidir se isso se aplica a você.

— Ao meditar, quase me vi diante de um dilema.

— Isso ainda acontecerá muitas vezes — ponderou Jammes, imperturbável.

— Por que temos de tomar todos os caminhos errados? Isso é a mais pura perda de tempo.

— Você pensa assim?

— O senhor está se divertindo às minhas custas? — perguntou Madru, desconfiado.

— De modo algum. Ter certeza de que se está no caminho errado pode ser, de fato, uma grande conquista.

— Acaso pode explicar isso melhor?

— Bem. . . porventura perguntou a Guh o que vem depois do além?

— Essa é uma pergunta estranha!

— Por quê? Ela é apenas coerente. É preciso perguntar até que não haja como continuar.

— Percebo.

— Pergunte-lhe isso. Ele lhe dirá que essa pergunta não é permitida. Que se trata da pergunta de um herege, e você levará uma reprimenda. O que responderia a isso?

— Eu acho que. . . se pensarmos e perguntarmos, tudo é permitido. O senhor sempre nos inculcou que era preciso separar exatamente aquilo que se vê, que se observa, o que se pode provar com uma experiência ou que se pode especular. . . daquilo que *poderia* existir além.

— Muito bem. . . Nunca se esqueça de manter as coisas separadas — disse Jammes. — Mas agora trilhemos por um outro caminho. Você está constantemente tentando cruzar a fronteira entre o lado de cá e o mundo além. Tenta vencer mentalmente o que separa o mundo terreno do mundo sobrenatural. Fica zangado por não conseguir fazê-lo. Se continuar se esforçando, se também aprender ao mesmo tempo a não se contrair, mas a incluir livremente a imaginação e a força de vontade, algum dia o conseguirá. Mas ficará desapontado com o que encontrar. . . Esse tão famoso mundo sobrenatural. . . nada mais é do que um cômodo cheio com os tarecos da nossa consciência. Ele contém os restos do nosso estado como seres da natureza, que deixamos de ser há tempos. Como conheço você, sei que continuará a viajar e, por fim, chegará diante de um muro ainda mais alto e mais forte. Esse muro veda o acesso ao céu. Para além dele é que é preciso avançar.

— Para o reino dos mortos, o reino do mal, é isso? Pois eles devem estar lá.

— Não, nem no reino dos mortos nem no reino do mal. Se pensar segundo os druidas, ambos os reinos fazem parte do mundo extraterreno. O que eles ensinam sobre o reino dos mortos? Eles dizem que há um rio amargo; do outro lado fica o palácio do juiz, que decidirá se o falecido deverá nascer outra vez ou se encontrará finalmente a libertação.

— O que devemos pensar sobre isso? O que há atrás do último muro do muro mais alto?

— Duas perguntas de uma só vez — respondeu Jammes. — Nesse caso, porém, a sua meta é uma só e a mesma. Deixe-me abordar um outro ponto em minha explicação: o mundo do além — que Guh leva tão a sério e que nós, se fôssemos seguir os druidas, também deveríamos encarar com seriedade, pois é isso que lhes confere poder sobre nós — nada mais é do que o reino das sombras de nossos desejos e recordações. O que nos surge como recordações dos primórdios da humanidade, como desejos e pretensões, envia um reflexo, e em algum lugar qualquer surgem formas de pensamento. Essas imagens tornam-se reais. São atraentes. E agora chegamos ao ponto decisivo: o único desejo sensato do homem é o desejo de libertação do seu sofrimento... Chamo-o de sensato, pois com ele o homem se posiciona em concordância com a lei cósmica. Mas não teremos salvação enquanto nossos desejos se prenderem àquelas imagens; enquanto isso, ficaremos nos movendo no círculo de nascimento, morte e renascimento. Até os druidas ensinam que a maior misericórdia que o juiz dos mortos pode manifestar consiste em liberar a alma de quem morreu para o nada. Você sabe que eles dizem que ouviram essa história do anão Allviss. Traduzindo, vemos que isso significa que eles são muito velhos. Provém de uma era em que todo o conhecimento ainda não alcançara o grau de abstração que há entre nós. E quando a conversa gira em torno de um muro muito alto, não devemos aceitar isso literalmente. Também poderíamos dizer: dessa forma é mencionado um lugar que só poderemos alcançar com muita dificuldade, um lugar em que o tudo se torna nada e o nada significa tudo. É por isso que você não deve ficar se atormentando tanto ao tentar alcançar o além através da meditação. O *nada* que se torna visível com a iluminação deve ser abordado por meio do pensamento e da meditação. Está me entendendo?

— De certa forma — respondeu Madru.

— Pois, se o conseguíssemos, escaparíamos ao arbítrio do juiz do mortos. Estaríamos livres do medo da morte, fossem quais fossem os efeitos sobre o estilo da nossa vida. Ninguém mais seria senhor do nosso destino, somente nós mesmos. Quem quereria exercer poder sobre nós, quem quereria assustar-nos ou intimidar-nos? Seríamos *livres,* na pura acepção da palavra.

Jammes parou de falar e balançou a cabeça.

— Isso ainda não está claro... tão claro que seja compreensível para todos...

— Esse seria um caminho novo — disse Madru.

— Sim — retrucou Jammes —, seria um caminho novo. Estive pensando: talvez a referência à catástrofe deva ser interpretada como uma imagem. Talvez o homem deva destruir tudo o que preenche a sua consciência, para tornar-se livre.

— Por que não fica aqui e nos ministra seu ensinamento de forma mais explícita?

— Porque Guh é uma cavalgadura velha. . . Ou, em outras palavras, porque não desejo terminar na fogueira.

— Para onde pretende ir?

— A floresta é bastante extensa, e não estou só. Já tenho muitos adeptos da minha teoria. Organizaremos uma colônia. E se não nos deixarem em paz aqui na Grande Floresta, viajaremos para mais longe.

Madru raciocinou: será que deveria pedir a Jammes para levá-lo consigo? Alguma coisa o retinha ali. Primeiro, foi uma simples sensação. Depois tornou-se consciente de que se tratava de seu amor por Alissa. Ela morava com a mãe e as irmãs numa casa espaçosa perto da academia. Madru não a via, mas obtinha notícias esparsas através de Mola. Por meio dela, tentara muitas vezes marcar um encontro com a moça, mas a cada vez a velha lhe dizia:

— Vocês se verão quando chegar a hora.

Madru já havia se decidido a ficar quando Jammes lhe disse:

— Não, você não pode vir conosco, Madru. Ainda me culpariam por ter seduzido o Filho das Estrelas.

— Apenas senti vontade de ir junto por um momento — respondeu Madru —, antes que o senhor dissesse aquilo que eu já decidira fazer por mim mesmo.

Jammes encarou Madru fixamente:

— Senso de dever ou alguma menina?

— Uma menina.

— Se for Alissa. . . Ouvi boatos e, se eu sei, com certeza Guh também sabe. . . Portanto, fique alerta — advertiu Jammes. — Quanto a esse assunto, Guh não costuma brincar.

— Mas não se trata de uma brincadeira. Eu amo Alissa. Na verdade, não somos irmã e irmão. E, mesmo admitindo que fôssemos. . . que mal haveria nisso? Bru e Bri também se amaram.

— Guh consideraria isso imoral.

— O que é isso?

— Imoral é tudo aquilo que contraria os usos e os costumes.

— Também acha isso tão terrível?

— Depende. Mostra uma tendência de nos julgarmos a nós mesmos. Esta é a razão pela qual Guh é contra, pois isso representaria uma perda da autoridade. Pelo mesmo motivo, ele suspeita de Alissa.

— Desculpe, mas não entendo o que uma coisa tem a ver com a outra.

— Preste atenção... Antigamente, as mulheres eram muito poderosas. Demorou para que a sua força diminuísse, para que o homem se tornasse o sexo mais forte. Quanto à Alissa... ela possui algo dessa antiga força feminina. E Mola... Talvez possua até um pouquinho mais. É isso o que predispõe Guh contra ela. E você se sente atraído por essa antiga sabedoria. Guh imagina: "se o Filho das Estrelas casar com esse tipo de mulher, se a Grande Floresta permitir isso, ou talvez abençoar essa união, então..."

— Compreendo — argumentou Madru, que se calou durante algum tempo, parecendo pensar em algo. Então, disse: — Como o senhor descreveu há pouco o estado que se deve alcançar, caso queiramos nos libertar de todos os sofrimentos?

— Um estado em que tudo se transforma em nada e em que o nada se torna alguma coisa. Claro que essa é uma fórmula simplificada. Pense nisso. Agora, preciso ir.

— Adeus — disse Madru, agradecendo a Jammes. — Ajudou-me muito. Espero que nos encontremos outra vez, em alguma ocasião. Quando eu reinar sobre a floresta, posso mandar buscá-lo para ser o conselheiro do meu reino.

Jammes olhou atentamente para Madru e disse em seguida:

— Você não será o regente da floresta; porém, no mais, sua vida será muito interessante. Essa é uma promessa que lhe posso fazer.

— Como sabe?

— Isso eu não lhe revelarei. Adeus, Madru.

É claro que Jammes saiu pela porta; Madru, porém, teve a impressão de que ele se desvanecera no ar.

Nessa noite, Madru teve sonhos confusos. Ora sentia calor, para depois ser acometido por calafrios. Viu Jammes e Alissa à sua frente, tentando convencê-lo de alguma coisa. Viu-se caminhando através de uma floresta em chamas, por um caminho interminável. O fogo se aproximava. Ouviu-se dizendo palavras da língua do verão e, finalmente, ofegante, viu-se diante de uma mulher montada num cavalo branco. Ela ergueu os braços, num gesto de pena. Um homenzinho, cujo corpo inteiro parecia-se com uma grande raiz, apareceu, curvou-se e disse:

— Perdão, mas Sua Majestade só fala a língua do inverno.

Alissa surgiu dançando com seu vestido de folhas, acompanhada por uma matilha de lobos. Lançando os braços em volta do seu pescoço, ela o abraçou e beijou, dizendo:

— Comigo não precisa falar nem a língua do inverno, nem a do verão, querido!

Ao redor deles surgiu uma porção de luzes do meio dos galhos. Essas luzes banharam o rosto de Alissa, que ardeu como se fosse uma pintura feita num papel. Madru sentiu o calor que se desprendia das chamas. Em seguida, percebeu que alguém passava uma esponja sobre o seu rosto.

Então discerniu silhuetas que se inclinavam na sua direção. Eram Granna, a professora que lecionava cura natural na escola, e seu colega Padur.

— O que foi? Onde estou? — perguntou.

— Você está na sua cela. Andou muito doente. Receávamos que a sua alma já tivesse partido para as regiões do além.

— Onde está Jammes? Preciso urgentemente perguntar-lhe algo.

— Isso não será possível — disse Padur.

— O que quer dizer com isso?

Madru soergueu-se. Percebeu que devia ter acontecido algo de mau. Granna empurrou-o de volta para o colchão de palha.

— Logo ficará sabendo de tudo — disse de modo a tranqüilizá-lo. — Primeiro trate de ficar bom.

Granna pegou um jarro.

— Olhe, beba isto: vai lhe fazer bem.

O líquido tinha o sabor de um caldo feito com ervas amargas. Madru estremeceu.

— Brrr. . . isso é horrível.

— Beba tudo — ordenou Granna.

Madru anuiu contrariado, mas obedeceu.

— Já me sinto melhor — disse.

— Sempre devagar — respondeu Granna. — Fraco como está, só perceberá sua fraqueza quando se levantar. Você teve a febre negra, mas a crise já passou.

Madru meneou a cabeça. Febre negra? Essa doença era daquelas que matavam as pessoas como moscas, como a peste.

— As filhas do príncipe também estiveram doentes?

— Se deseja saber sobre Alissa. . . ela está bem — disse Padur, rindo. Você delirou o tempo todo falando nela. Mas pode ficar tranqüilo. Desta vez, a epidemia atingiu apenas o povoado do príncipe.

— O que houve com Jammes?

— Está morto — respondeu Padur.

— Rapaz! — advertiu Granna, alarmada.

— De que adianta? Ele terá de descobri-lo um dia.

— Ele morreu durante a epidemia?

— Não — disse Padur. — Guh mandou executá-lo.

— E por que razão?

— Acusou-o de heresia... Todos tivemos de assistir à execução na fogueira.

— Ele morreu na fogueira?

— Primeiro, o torturaram até o terceiro grau, com a finalidade de alquebrar seu ânimo e forçá-lo a voltar atrás. Mas como ele não se retratou... mandaram-no à fogueira.

Madru ficou olhando, atônito, para Padur.

— Talvez eu pudesse ter impedido isso — disse em voz baixa.

— Não havia como, acredite em mim. O príncipe tentou tudo o que pôde. Eles agiram com muita habilidade. Guh exigiu que o processo fosse conduzido perante um tribunal espiritual. Ele mesmo apresentou a queixa. Atualmente se conta uma história nas tabernas. Um ganso vai ao tribunal para apresentar queixa contra uma raposa. Quando chega à sala do júri, o que ele vê? Os jurados são raposas, o juiz é uma raposa, o promotor é uma raposa e o advogado de defesa também é uma raposa, além dos funcionários, que são todos raposas.

— Qual foi o comportamento dos alunos?

— Eu já lhe disse: fomos convidados a tomar parte na incineração. Uma experiência inesquecível, é o que lhe digo. Ainda ouço os gritos de Jammes.

— Chega de falar sobre isso — intrometeu-se Granna. — Madru ainda está muito fraco.

— Não, não, não... — disse Madru com teimosia, e bateu com o punho cerrado nas peles de ovelha que o cobriam. — Sinto-me inteiramente bom outra vez. Essa bebida que a senhora me deu parece fazer milagres. Vou tomar uma sauna e depois irei ver o príncipe.

— Isso está totalmente fora de cogitação — disse Granna, determinada. — Você não pode se levantar nos próximos dois ou três dias.

Madru fez uma careta e remexeu-se. Em seguida ergueu o dedo em riste para Granna e disse:

— O que acha disso... Pode-se deixar os druidas agir à vontade, sem repreendê-los?

— Em geral, não perguntam a opinião das mulheres — disse

Granna evasivamente. — Heresia é um crime e, se o que foi dito em juízo estava correto, então. . .

— O que foi dito?

— Que Jammes nos enviou a epidemia usando de magia.

— Mas isso é ridículo — contestou Madru.

— Foi jurado por inúmeras testemunhas.

— . . . que deveriam ser exaustivamente interrogadas sobre qual recompensa lhes prometeram para que jurassem uma coisa dessas.

— Não desejo mais falar sobre isso — disse Granna.

— Acaso está querendo dizer que achou justo mandarem Jammes para a fogueira?

— Quanto a isso, não me submeto a nenhum julgamento — respondeu Granna.

— Droga! — bradou Madru. — Vocês todos estão com medo. Pois bem: talvez seja melhor agradecer por terem cuidado de minha saúde.

— O agradecimento é bem merecido — disse Padur. — Você foi um paciente que deu trabalho; delirou e quis sair ao ar livre. Nem gosto de imaginar o que nos aconteceria se o Filho das Estrelas tivesse perecido de febre negra.

— Padur. . .! — advertiu Granna, mas Madru estava rindo. A maneira franca do rapaz que viera das montanhas ocidentais agradava-lhe.

A convalescença de Madru foi rápida. Quando tornou a aparecer para as aulas, Guh mandou chamá-lo. Ouvira dizer que Madru mantivera uma longa conversa com Jammes em sua cela, e queria saber sobre o que haviam falado na ocasião.

— Ele tentou me convencer de sua teoria. Seja como for, eu ainda ia lhe fazer um relatório sobre isso.

— Está bem — disse o arquidruida. — Estou bastante satisfeito com você ultimamente. Continue a ser um aluno esforçado. E se tornar a ouvir manifestações heréticas, notifique-me.

— Pode confiar em mim. Temos de castigar rudemente os hereges.

— Seria muito útil que você também convencesse seu pai a esse respeito.

— Farei tudo o que estiver ao meu alcance. Mas faz algum tempo que não vejo o príncipe.

— Ele sentiu muito o que aconteceu com Jammes. Foi caçar, no intuito de se distrair.

— É impossível suportar-se tudo — disse Madru, suspirando, antes de se retirar.

No dia seguinte, Guh tornou a chamá-lo.

— Suas observações de ontem... — disse ele — pensei sobre elas. Você estava pensando em alguém em especial? Talvez em algum dos seus colegas?

— Não... foram apenas considerações generalizadas.

— Temos de ficar atentos. Muito atentos. A teoria absurda que Jammes difundiu... ela continua a ser discutida entre os monges.

— Eu a achei confusa e incompreensível.

— E ela o é. Mas que pretensão: tentar introduzir um novo caminho! A propósito, você já se decidiu por um caminho, meu filho?

Madru não estava preparado para essa pergunta. Mostrou-se constrangido.

Mais tarde, em sua cela, ficou pensando: "Preciso aprender a dissimular melhor". No período que se seguiu, Madru treinou expressões faciais de espanto espontâneo ou de bem-humorada indiferença durante seus passeios na floresta. Pretendia usá-las quando estivesse de fato indignado e furioso. Achava isso divertido, pois tratava-se de um jogo. Na verdade, por que os outros iriam se interessar pelo que ele estava pensando?

Quanto aos caminhos, estava difícil tomar uma decisão. Espontaneamente, sentia-se atraído pelo Caminho da Floresta. No Caminho da Onisciência, interessavam-no o desconhecido, o misterioso, a possibilidade de descobrir algo novo, diferente e maravilhoso. Ele quase não se interessava pelo Caminho dos Cavaleiros. A necessidade de ter de praticar constantemente o bem parecia-lhe amedrontadoramente moralista.

Certa noite, justamente quando estava aprendendo os verbos irregulares da língua do verão, bateram à porta de sua cela. Era Padur.

— Vamos visitar as meninas. Vem conosco? — perguntou.

— Quais meninas?

— Só você para perguntar algo assim... As meninas da corte do príncipe. Todas as noites elas vão até o celeiro. Illof toca violino. Dançamos e depois você pode possuí-las.

Madru meneou a cabeça.

Padur ergueu as mãos:

— Perdão, ilustre senhor — disse ele —, eu deveria ter imaginado que o Filho das Estrelas é um ser superior, que provavelmente nunca terá vontade de deitar-se no feno com uma criada.

— Bobagem! — disse Madru. — É que...

— Posso dizer-lhe uma coisa, Filho das Estrelas? Para a maioria de nós, você é um enigma.

— Por quê?

— Sua aplicação e afinco são assustadores.

— Ah, isso. . . Você sabe: estou de fato interessado no mundo sobrenatural.

— Quando chegar lá, Madru, não se esqueça de mandar-me uma mensagem! As almas dos mortos voam por cima do muro ou o atravessam. . . sei lá! Mas nós não podemos fazer isso.

— Guh afirma que algumas vezes os terrestres também o conseguem.

— Ora, esse Guh! Ele só quer que todos sigamos o Caminho da Onisciência. Você vem ou não?

— Primeiro me responda honestamente uma pergunta. Você acredita no outro mundo ou não?

— Que importância tem isso? — quis saber Padur. — Veja: eu quero ser governador, pois vi lá com meu pai que esse funcionário vive melhor do que as outras pessoas. Para isso preciso passar nas provas finais da escola, e preciso passar bem. Ninguém se incomoda tanto com o outro mundo quanto você. É bom e bonito conhecer alguns provérbios em *brusinisch;* isso faz parte da boa educação. Além disso, isso é exigido na fórmula dignitária do governador. Bem, aprenderei tanto quanto for necessário. Mas apenas esse tanto, e não mais. Então devo dizer-lhe: gosto bastante deste nosso mundo. Portanto, que me interessa o mundo do além?

Madru achou essa abordagem espantosa. Até então, de fato, acreditara que cada um dos seus companheiros estava tão interessado como ele no que se referia ao sobrenatural.

— Mas, Padur, tente entender. . .

Ele desejava fazer uma descrição completa do que imaginava que uma viagem para o mundo sobrenatural devesse ser.

— Nada disso — disse Padur. — Ou você esquece, ao menos por uma noite, esses malditos verbos irregulares da língua do verão, e vem comigo, ou terei de manter na recordação, por todos os tempos, um Filho das Estrelas lamentavelmente ambicioso e hipócrita.

Madru foi algumas vezes até o celeiro.

Não achava difícil namorar uma menina e seduzi-la para deitar-se com ele no feno depois da dança. Achava agradável a ausência de tensão que se sentia quando se apertava uma garota bem próxima ao peito nesse momento. Parecia-lhe algo como comer e beber. Matava-se a fome, depois vinha a sensação de saciedade, de bem-estar. Mas não se tratava de algo sensacional. E também não era o que se podia chamar de uma paixão. Quando pensava nisso, dizia para si mesmo: "É bom saber como a gente se sente antes, durante e depois". No mais, sua opinião era a de que se dava demasiada importância ao assunto.

Depois de algumas semanas em que as florestas estiveram coloridas, caiu a primeira nevada forte. O país foi mergulhado num amplo silêncio branco. Todas as coisas pareciam repentinamente diferentes. Essa época do ano tinha certa solenidade, mas com ela também surgiam os temores do que parecia estar oculto na escuridão.

Nas aulas de Ase, eles construíram trenós para uma competição que acontecia tradicionalmente durante a Festa do Solstício de Inverno. Madru e Padur, juntos, construíram um trenó, e, quando ele ficou pronto, treinaram também em conjunto.

Madru descobriu o prazer da velocidade. Em viagens muito rápidas, tinha às vezes a sensação de não ter peso. Ele dirigia no lugar de quem manejava os freios, pois assim podia controlar a velocidade.

Certa vez, Padur lhe disse:

— Ouça, Madru, você quer ir para o outro mundo de trenó?

Madru olhou para ele como se olha para alguém que acabou de descobrir nosso segredo mais íntimo.

— Como sabe disso?

— O tempo que fizemos foi uma loucura. O risco é demasiado grande. Se o Filho das Estrelas não se opõe, gostaria de viver um pouco mais.

— Mas imagine só: dessa maneira, de repente, estaríamos por trás do muro que separa os dois mundos, e viveríamos juntos essa aventura — disse Madru.

— Você como cavaleiro e eu como escudeiro, é claro!

— Naturalmente.

— Pois é — disse Padur, rindo. — Você bem que gostaria disso. Não. Nossa aposta não foi essa. No futuro, eu manejarei os freios, ou terá de procurar outra pessoa.

Madru nada tinha contra o fato de eles trocarem de lugar no treino seguinte. Compreendia que gostava de Padur, embora suas opiniões fossem diferentes. Padur era sensato, leal e prático, e não se importava com o fato de ele ser o Filho das Estrelas. Não media as palavras e manifestava uma independência que impunha respeito. Às vezes, um contava os sonhos para o outro.

— Você tem juizo até mesmo em sonho — dizia Madru, zombando.

— E você já está começando outra vez a perseguir quimeras. Seu olhar se tornou tão distante. . . — retrucava Padur. — Acho que já está na hora de você retornar ao celeiro.

— Não sei. . . — murmurara Madru. — Aquela menina que riu para mim. . . ela é muito simpática. Mas, recentemente, está cheirando a torresmo.

— O que você quer — disse Padur. — Agora é época de matança em toda a povoação. Assado de porco ou esterco liquefeito, sei lá! Mas isso é que é extraordinário; durante o ato sexual esquecemos de tudo!

— Mas eu não esqueço — disse Madru.

— Verdade?

— Sim. . . É como se eu ficasse me observando. Será isso o que se chama de perversão?

Padur meneou a cabeça, manifestando experiência.

— Bobagem — disse ele. É provável que você precise de amor e não de sexo.

Pouco tempo depois de eles manterem essa conversa, Madru soube que Bator havia voltado da caçada. Fez-se anunciar. O príncipe havia abatido muitos ursos e contou-lhe todas as suas aventuras de caça. Por fim, Bator percebeu que Madru estava entediado.

— Sim, é verdade — disse ele. — Descuidei-me de você. Sou seu mestre para o Caminho dos Cavaleiros. Mas nós nunca conversamos bastante sobre isso. Sabe, Madru, em última análise, tudo é muito simples. Os filhos dos príncipes sempre seguiram o Caminho dos Cavaleiros. Portanto. . . por que você não faria o mesmo?

— Ainda não tenho certeza — disse Madru.

Bator franziu o sobrecenho.

— O que se espera de quem se decide por esse caminho? — perguntou Madru.

— Em primeiro lugar, que acate a tradição.

Será que a tradição também exigia que se queimassem pessoas na fogueira? Onde estaria então o equilíbrio? O significado do compromisso?

— Vá devagar — respondeu Bator. — Esse Jammes era um fanático. Na opinião dos druidas, todos os seus adeptos deveriam ser queimados junto com ele. Entretanto, defendi a opinião de que apenas uma pessoa podia pensar dessa forma. Jammes também poderia ter sido salvo. Mas ele preferiu representar o papel de mártir. Como alguém pode ser tão obstinado?! Que diferença há em se imaginar que existe um mundo extraterrestre ou dois?

— A coisa não deve ser tão simples assim — interrompeu-o Madru.

— Reconheço isso — disse Bator, abaixando a voz tonitroante até um sussurro. — Trata-se do poder sobre a alma das pessoas.

Eu deveria ter permitido que de repente se descobrisse um quarto caminho? Como se não tivéssemos suficientes dificuldades com os três!

Madru disse-lhe que achava revoltante e intolerável que Jammes tivesse sido julgado e condenado.

Bator revidou dando de ombros, e disse que a juventude sempre sabia melhor do que qualquer velho de que modo melhorar o mundo. O que achava extraordinário é que o mundo continuasse a ser tão imperfeito. Para voltar ao assunto do Caminho dos Cavaleiros, sobre o qual ainda devia uma instrução a Madru, Bator explicou: em primeiro lugar, existiam aquelas cinco virtudes ou mandamentos, segundo os quais todos os que seguiam o Caminho dos Cavaleiros tinham de pautar suas vidas para que o bem pesasse mais na balança do que o mal. Um cavaleiro tinha de respeitar e proteger a Grande Floresta. *Ergo:* tinha de preocupar-se com o bem-estar das pessoas, dos animais e das árvores. Devia fazer triunfar a justiça, quem quer que fosse a pessoa que procurasse seus direitos. Tinha de dar asilo e apoio aos que se submetessem à sua proteção; precisava vesti-los, abrigá-los e alimentá-los, repartindo o próprio manto com eles, como estava literalmente escrito na Bula do Início do Caminho dos Cavaleiros. Ficava também com a obrigação de lutar contra a serpente de muitas cabeças: a da falta de liberdade, a da ambição de poder e a do ciúme, cada vez que uma dessas cabeças se levantasse... com coragem e com toda a força.

Madru descobriu que se tratava de um programa muito exigente para ser levado a sério. Bator fez um gesto tranqüilizador:

— Nem tudo deve ser entendido de forma tão radical — disse ele. Ninguém espera que você se deixe retalhar, supliciar ou queimar.

Isso era conseqüência da quinta e última virtude cavalheiresca: a moderação. Madru observou-se com esforço, para verificar se tinha algum dom especial para essa moderação. Não levando isso em conta, desagradava-lhe o lembrete de Bator de que tudo aquilo não devia ser levado tão a sério. Se o tivessem pressionado para decidir-se, isso teria influído mais.

— De fato — disse Madru, depois de dar um longo suspiro —, não sei como me decidir. Às vezes penso que deveria seguir todos os três caminhos, ou nenhum.

— Então é assim que estão as coisas — disse o príncipe, visivelmente aliviado por ter em mãos algo cuja responsabilidade poderia passar para terceiros. — Sim, nesse caso... terá de receber um jogo de cartas ao qual possa fazer perguntas.

— Isso é bom — continuou. Eu trouxe um escravo da caçada. O nome do homem é Kolwey e é considerado um dos melhores pintores e copistas de Norrland. Ele pertencia a um certo Jarl, que mora a uns trinta quilômetros daqui a partir da meia-noite. Antes da Festa do Solstício de Inverno, Kolwey terá de retocar as armas desenhadas nas cadeiras do grande salão da corte. Talvez lhe sobre tempo suficiente para preparar um baralho, antes de voltar ao seu senhor. Madru, você deve procurá-lo logo e dar-lhe essa incumbência, em meu nome.

Madru encontrou Kolwey na oficina atrás do celeiro, no pátio que pertencia ao príncipe. Originário do povo antigo, tinha olhos amendoados e sua pele parecia pergaminho. Quanto à estatura, chegava até a altura do cinto de Madru. Ao mesmo tempo em que respondia às perguntas habituais de um pintor, antes de iniciar um trabalho, Madru pesseava por toda a oficina, observando tudo com curiosidade. Apesar da padronização das figuras, cada baralho tem de ser diferente, já que nenhum ser humano é igual ao outro. Sobre uma mesa havia pincéis, faca de entalhar e cinzel, potes de tintas, nos quais as cores brilhavam como as folhas de outono depois da primeira geada, quando o sol incide pela última vez sobre elas. De um laço de couro, pendurado num prego de madeira, pendia algo — um medalhão de dente de cavalo-marinho. De formato oval, tinha duas árvores entalhadas, com ramos que se interligavam. Em ambos os troncos, entretanto, havia um lobo de cada lado. Os animais se esticavam, parecendo farejar gulosamente algo que se houvesse ocultado na ramagem. O ornamento atraiu o olhar de Madru. Poderia dá-lo de presente a Alissa durante a Festa do Solstício de Inverno. Quando pediu o medalhão a Kolwey, este não quis entregá-lo de forma nenhuma, o que quer que Madru oferecesse em troca. Enquanto ainda negociavam, o homenzinho aproximou-se rapidamente dele, arrancou-lhe a jóia das mãos com uma força espantosa e segurou-a com firmeza. Contou que a recebera de sua mulher. Ela fora vendida havia três anos como escrava na região das montanhas ocidentais. O medalhão era a única recordação que possuía dela. Não, Madru não seria tão mau a ponto de tirá-lo dele. Kolwey tinha pouca esperança de ainda voltar a vê-la. Por um momento, Madru ficou com pena. Então algo lhe sussurrou que aquela era a ocasião para experimentar se o bastão negro que deveria lhe dar poderes ilimitados sobre tudo e sobre todos de fato o faria. Tirou-o da cintura e tocou levemente a mão de Kolwey com ele. Imediatamente, as mãos do homem se abriram. Depressa, Madru tomou e guardou o medalhão. O escravo começou a chorar alto. Madru achou difícil ter de suportar ouvir alguém a lamentar-se de modo tão atormentador. Preferia poder anular o que fizera. Em vez disso, porém, disse:

— Quando eu for o regente da Grande Floresta, Kolwey, darei liberdade para a sua mulher.

— Se quer ser generoso, jovem — disse o pintor de escudos —, por que não o faz agora? Entre a palavra "quando" e a palavra "liberdade" muitas vezes há um caminho muito longo.

— Como? — gritou Madru. — Está querendo dizer que talvez eu não venha a reinar sobre a Grande Floresta?

— Se eu tivesse lido isso em seu rosto — respondeu Kolwey — teria me acautelado e não o revelaria. Apesar de ser um simples escravo, ainda assim gosto da vida.

— Está bem — disse Madru —, vou fazer-lhe outra proposta. Crie um lindo jogo de cartas para mim. Se eu gostar, irei até o príncipe e lhe pedirei que una você à sua mulher e que lhes dê a liberdade como presente.

Madru quis partir. Contudo, Kolwey segurou-o pela manga e perguntou-lhe: — É verdade o que se conta no povoado? O senhor é filho de uma escrava?

Madru sentiu-se enrubescer.

— Agora eu sou o Filho das Estrelas — respondeu com orgulho, e virou-se rapidamente, embora a tempo de ouvir Kolwey dizer às suas costas:

— Quero que saiba que as pessoas pobres e os escravos depositam enorme confiança no senhor.

Durante muito tempo essa frase pareceu ecoar nos ouvidos de Madru.

Capítulo IX

O jogo de figuras. Sonhos de liberdade. Por não poder manter a palavra, Madru percorre um longo caminho.

Depois de uma semana, o jogo de cartas foi entregue por um mensageiro na Casa do Conhecimento. Receber um jogo de figuras era um acontecimento tão importante para o aluno, que este era dispensado das aulas durante dois dias. Ele precisava dessa folga para poder familiarizar-se com as imagens.

Assim que Madru ficou sozinho em sua cela, a primeira coisa que fez foi espalhar todas as cartas, de 0 a 21, no chão, em seqüência. Todas tinham figuras de árvores, que eram ao mesmo tempo pessoas. Dessa forma, a bétula era um jovem viajando pelo mundo, com um cãozinho saltitando a seus pés. A faia, árvore da carta número 1, era ao mesmo tempo um mago com um capacete mágico de casca de semente de faia. Ele tinha um bastão reto nas mãos. Uma estrela de cinco pontas, o sinal do infinito, e a taça denunciavam a prática da magia. A carta número 2 era uma representação do álamo-negro e ao mesmo tempo de Bru, a regente do mundo sobrenatural. Das cartas 3 e 4, tília e pinheiro, observavam-no uma mulher maternal e um homem forte, barbudo. A quinta carta representava Bri com a mão erguida em sinal de alerta no meio de folhas de álamo. A carta de número 6 representava um par de amantes beijando-se sob brotos de rosas silvestres. O jovem era parecido com ele; no entanto, muito mais impressionante era a semelhança da moça com Alissa, de quem apresentava os traços fisionômicos.

Desta maneira, surgiu uma ciranda colorida de seres, meio árvores, meio deuses ou homens . . . até as últimas quatro cartas, que eram representações da Lua sob a meia-lua dos ramos do sabugueiro; a Mulher-Sol num arbusto de giesta; a Juíza, soerguendo-se de uma cerca viva de espinheiro-alvar; e a Senhora do Mundo, com uma maçã na mão.

Depois de observar bem as suas cartas e de guardar na memória a aura de seus significados, Madru formou filas de cartas com números pares e ímpares. Combinou as cartas correspondentes ao mundo exterior e ao mundo interior, para poder finalmente praticar com diversos oráculos, em que às vezes são usadas sete, às vezes nove cartas. Para "caminhos" complicados são usadas todas as vinte e duas cartas na adivinhação.

Madru passou um dia e uma noite sem dormir, praticando com as cartas. No segundo dia, tentou descobrir histórias com a ajuda das cartas. Para tal, agiu da seguinte maneira: escolhia uma carta ao acaso; a imagem permitia que se lembrasse de um acontecimento que daria começo à história; escolhia uma segunda carta, e essa figura servia como ponto de referência para dar continuidade à fantasia.

E aconteceu exatamente aquilo que mais tarde aconteceria ao se lidar com os jogos de cartas, posteriormente conhecidos com o nome de Tarô da Árvore. Madru adquiriu inteira confiança no jogo. Na verdade, até certo ponto, as cartas se tornaram uma parte dele mesmo. As imagens das cartas impregnavam-se cada vez mais em sua consciência, até que alcançaram o âmbito onde ficam nossos sonhos; estes estão apenas à espera de que, durante o sono, uma porta se abra para que se possam apresentar no meio da fumaça e da neblina. No entanto, nos sonhos de Madru, quando as figuras das cartas se deparavam com o reflexo de sua imagem, elas se tornavam brilhantes. À medida que Madru lidava com as cartas, elas se aproximavam, por assim dizer, brincando, da essência da sua identidade.

Na noite do segundo dia, Madru chamou Padur à sua cela, pois sentia desejo de falar com alguém sobre a emoção que sentia com o jogo.

O amigo lhe disse algo que já havia percebido: Kolwey se esmerara ao pintar as cartas e realizara uma obra de mestre.

Apesar disso tudo, Madru não se lembrou nenhuma vez da promessa que fizera ao escravo.

Depois de tanto tempo, a Lua o visitou outra vez em seu sono. Esta lhe disse:

— Está me ouvindo, Madru? Eu o estive observando e acho que devo adverti-lo de algo. Em breve, encontrará minha filha, Bru. Seria mau que alguém que ela pretenda escolher para seu cavaleiro fique diante dela com uma mancha de ferrugem na testa, como a que vejo na sua. Também não sei como essa mancha pode ter surgido no seu rosto. Se você se olhar na água, no gelo ou num espelho de vidro, não a verá, e os outros mortais, então, nem sequer a descobrirão. Mas eu e Bru... nós a vemos muito bem!

Madru acordou logo depois. Levantou-se e olhou para a janela. Era lua cheia. Observou os astros. Nada mais dava para ver do rosto da Lua. O que havia lá em cima era uma esfera branca, com sombras cinzentas na superfície. Contudo, sabia o que devia fazer. Vestiu-se e saiu para a noite clara, encaminhando-se para a casa do príncipe. A noite estava límpida e muito fria. A neve rangia sob seus passos.

Diante do portão, dois guardas da milícia montavam guarda. Pediu que eles fossem acordar o príncipe e, para que cumprissem sua ordem, mostrou-lhes o bastão preto. Encontrou-se com Bator no salão de audiências vazio. Também este era iluminado pelo luar. Bator vestira um roupão de peles de marta sob o qual aparecia a ponta de sua camisola. Atrás dele, vinha um criado tonto de sono, com uma vela. Bator ordenou que acendesse um dos lampiões e mandou-o embora. Madru foi direto ao assunto. Precisava falar-lhe sobre Kolwey.

— O quê? A esta hora? — perguntou o príncipe, mal-humorado, a bocejar. Acaso o escravo havia iniciado uma revolta? Ou teria roubado algo? Então, com os diabos, qual era o motivo de Madru tirá-lo da cama no meio da noite?

Madru ficou sabendo que Kolwey havia sido enviado de volta ao seu dono. "Será que deixou de entregar-lhe o jogo de figuras?", perguntou-se o príncipe.

— Ele pintou um maravilhoso baralho para mim — disse Madru. — Não sabia que ele já se fora. Nem sequer lhe agradeci.

— Bah! — fez Bator, com um gesto de desdém. — Um escravo faz o trabalho que lhe compete e não precisa de agradecimentos. Deve ficar satisfeito por seu trabalho não merecer pancadas.

O desprezo com que Bator se referiu ao escravo intimidou Madru, que hesitou.

— Então, o que houve?

— Peço-lhe que dê liberdade a Kolwey e à mulher dele, que foi vendida nas montanhas ocidentais.

Agora que havia pronunciado as palavras, Madru achou o que dissera muito arrojado.

Bator deu uma boa risada.

— Por que eu faria isso?

— Porque estou lhe pedindo. Porque prometi isso a Kolwey, com quem fiz um tipo de negócio. Devo-lhe ainda alguma coisa. Tirei dele uma jóia de que gostei. Por ela prometi-lhe que intercederia pela sua liberdade assim que criasse um jogo excepcionalmente bonito para mim. O jogo chegou e gostei bastante dele. Nem me lembrava mais da promessa que lhe fizera. Mas, hoje à noite, a Lua me fez lembrar outra vez.

O príncipe levantou-se, foi até a janela e olhou para fora.

— De fato, é lua cheia — murmurou e, voltando-se para Madru, disse: — Você não deve nada a esse escravo. E nenhuma Lua lhe fez pesar a consciência. *Papperlapapp.* Você teve um pesadelo. Isso acontece com muitos homens durante a Lua cheia. Há uma explicação muito simples para isso. Quando as mulheres ainda eram mais poderosas do que os homens, a Lua era o astro mais importante; era mais importante do que o Sol. A Lua parece que ainda não perdoou ao nosso sexo a preterição das mulheres. É por isso que ela nos atormenta com sonhos maus quando se apossa do céu. Não se impressione muito com isso. Use um pouco do musgo entorpecente, ele lhe fará bem.

Bator procurou um pote, que costumava guardar como um tesouro, e estendeu-o a Madru, mas este balançou a cabeça numa negativa.

— Obrigado, mas não quero.

Madru respirou fundo, como que em busca de coragem, e disse então:

— E que tal se abolíssemos de vez a escravidão?

— Valha-me Deus! — respondeu Bator, com o rosto transfigurado de desgosto. — Será que a Lua também lhe sussurrou isso?

— Não — respondeu Madru tranqüilamente —, isso me veio à cabeça. Madru pensou em sua mãe, que era escrava, e no fato de ela nunca ter-lhe pedido que mandasse buscá-la para ir morar no povoado do príncipe.

— Lá em casa, quando um trovador vinha visitar Jarl, eu nunca podia ouvir suas histórias por ser filho de uma escrava.

— Mas você ouviu assim mesmo — replicou Bator, mais que depressa.

— Como sabe disso?

— Ora, acho que já o conheço um pouco. E quanto à sua sugestão. . . — Bator passou a falar num tom irônico — vamos imaginar: no meio de uma noite de lua cheia, pouco tempo antes da Festa do Solstício do Inverno, o Filho das Estrelas mandou acordar o Príncipe da Floresta porque teve um pesadelo. Eles mantiveram um longo conselho e decidiram utilizar-se de seu ilimitado poder para dar liberdade a todos os que tinham sido escravos até então.

Bator calou-se e olhou interrogativamente para Madru.

— E o que teria de mal se, mais tarde, contassem isso sobre nós? — perguntou Madru.

— Senhor do Aquém, Senhora do Além — bradou Bator, irrido —, o que os astros escolheram para nós?! O que será que ele pretende com tanta obstinação e repúdio às conveniências e às tradições? Eliminar a escravidão! Qual será a próxima surpresa que nos reserva?

Madru ficou cabisbaixo, envergonhado. Bator andava de um lado para outro, inquieto; depois, deixou-se cair num assento e introduziu em uma das narinas mais uma dose de musgo entorpecente.

— Estou errado... inteiramente errado, não é verdade? — perguntou Madru, preocupado, desnorteado.

— Agora, ouça-me com atenção, meu rapaz. Talvez fosse honroso abolir a escravidão. Cada um de nós sonha de vez em quando em fazê-lo. Todavia, para isso, teríamos de ter um poder verdadeiro, muito poder. Vamos avaliar a verdadeira posição que alcançamos com nosso ilimitado poder. Todos os meus Jarls estão acostumados a ter escravos. Estes fazem o trabalho sujo para eles, bem como o trabalho pesado e desagradável. O que você acha que os Jarls diriam se a sua vida confortável terminasse? Pois isso é o que aconteceria. Eu lhe direi: com tal decreto, eu lhes daria um pretexto para ficarem distantes da primeira convocação de vassalos para a guerra que eu lhes fizesse. Eles me informariam o seguinte, se fosse o caso: "Gostaríamos de atender a seu pedido, mas infelizmente temos de fazer todo o trabalho que antes era feito pelos escravos, portanto..." Então, logo as notícias das divergências entre os vassalos e o Príncipe da Floresta chegariam aos ouvidos dos nossos vizinhos do sul, e com uma velocidade espantosa. Continuemos a analisar: um desses vizinhos é um tal de rei Lausbart. Um de seus cavaleiros e trinta de seus soldados foram abatidos perto da fronteira, à sombra da floresta encantada. Houve gente que soube arranjar as coisas para que os assassinos desses homens escapassem ao castigo determinado pelo oráculo, com o qual o fato seria reparado. Esse foi um acontecimento estranho. Há boatos — aos quais de fato fecho meus ouvidos, pois não costumo considerá-los importantes — que afirmam que aqueles assassinos foram avisados por pessoas que convivem diretamente com o Filho das Estrelas e uma de minhas filhas. Os boatos também dizem que houve magia envolvida no caso. Torno a insistir: não me impressiono com essas histórias da carochinha, mas há bastante gente que acredita nelas. Bem, e vamos passar um traço, fazer a soma e ver qual é o resultado. Pois bem, ao primeiro olhar, eu lhe diria: devemos nos abster de eliminar a escravidão. E, quanto aos homens assassinados, devemos agradecer à floresta se o rei Lausbart não utilizar tão bom pretexto para nos declarar guerra algum dia ou para tentar nos extrair um tributo mais pesado, que não possamos pagar, pois nesse caso transformaríamos a Grande Floresta em um inimigo.

— Mas a floresta encantada nos protege, não é?

— Talvez do lado sul. . . No ocidente há as montanhas, no norte há florestas cobertas de neve e geleiras; do lado leste há o mar. . . É o que se diz. Na verdade, do lado oriental, nosso país está vulnerável como a porta de um depósito de cereais.

— E a milícia?

— Não seria suficiente, se a nobreza se recusasse a convocar os vassalos para a guerra. Eis a situação.

— Mas você pode libertar ao menos Kolwey e a mulher dele. Eu lhe suplico. . .

— E devo pedir-lhe que não insista em comprar-lhes a liberdade; isso causaria uma péssima impressão. As pessoas se perguntariam que novos costumes serão esses. Os Jarls ficariam inquietos.

Madru sentiu outra vez receio por ter de ocupar o cargo que lhe estava destinado, o mesmo receio que sentira na ocasião em que se escondera no matagal, para fora do qual fora atraído pela música de Ase.

— Desculpe-me por tê-lo acordado — disse Madru.

— Está tudo bem — respondeu Bator. — Só que. . . quando você tiver uma outra dessas sugestões maravilhosas, talvez seja melhor raciocinar um pouco mais sobre o que elas possam significar.

— Não pensei que as coisas estivessem nesse pé — disse Madru, ainda cabisbaixo.

— Ora, também não é preciso logo abaixar a cabeça — advertiu Bator. — Há duzentos anos não ocorre à gente do sul honrar-nos com uma visita. Talvez tenhamos ainda mais duzentos anos de paz. Quem sabe? Sempre é necessário um pouco de sorte.

Madru retornou à escola, pensativo. Inquieto, não pôde dormir, agitando-se sobre o colchão de palha. Depois de certo tempo, tomou uma resolução. Pegou o medalhão e o colocou no bolso das calças; amarrou no pescoço o lenço de folhas de outono que Alissa lhe dera, acordou Padur e pediu que este se desculpasse por sua ausência nas aulas. Atônito, Padur perguntou a Madru o que ele pretendia fazer.

— Deixe-me ir — respondeu Madru —, tenho de pagar uma dívida. O caminho é longo.

Do lado de fora, ele ajeitou os sapatos para neve, pegou os bastões e iniciou a viagem. Nevava fortemente e, durante o dia, a nevasca aumentou de intensidade. Apesar dos sapatos especiais, às vezes ele afundava bastante na neve. Mantinha uma espécie de trote, que Ase ensinara aos alunos para esse tipo de clima. Marcou o caminho com pedras e com entalhes em troncos de árvore. Nessa época do ano, os dias eram curtos. Antes mesmo do pôr-do-sol, ele alcançou a fazenda do Jarl que era dono de Kolwey.

Entrou na casa pela porta dos fundos e chegou à cozinha. Kolwey estava sentado perto do fogo e entalhava um eixo. Parou de fazê-lo e apertou os olhos, balançando a cabeça, sem dizer palavra. Madru pôs a mão no bolso, retirou o medalhão, e, também sem dizer nada, devolveu-o ao escravo. Kolwey olhou para a jóia e a beijou.

— Há um longo caminho entre a palavrinha "quando" e a palavra "liberdade" — disse Madru.

Kolwey sorriu com ar ladino.

— Ouvir não é conhecer.

— Obrigado pelas cartas — disse Madru.

— Um "senhor" não deve agradecimentos a um escravo — respondeu Kolwey com reserva, quase indignado.

— Eu ainda não sou um senhor — respondeu Madru. — Você não disse que alguns de vocês têm esperança em mim? É melhor avisá-los, quando se falar novamente sobre isso, de que não há chance... a fim de que não esperem em vão.

— A esperança nunca é em vão — disse Kolwey. — Quem jogar a esperança fora, já está morto, mesmo em vida.

— Estamos quites — disse Madru.

Kolwey observou-o com um sorriso sarcástico, dizendo:

— E seu eu não quiser estar quites com um senhor como você? — E logo prosseguiu: — Espere. Uma caminhada num tempo destes merece uma recompensa.

Kolwey saiu da cozinha. Depois de certo tempo, voltou escondendo algo na mão e disse:

— Esse lenço que o senhor leva ao pescoço não tem uma força mágica muito grande. Com ele, pode-se provocar magicamente a chuva. Também se pode tornar os dançarinos alegres, quando olham para ele. É possível, além disso, provocar tal neblina que uma tropa de soldados possa nela se perder. Mas não poderá fazer muito mais do que isso. Quando tiver de caminhar pela floresta no inverno, você precisará de um outro talismã. Aqui está...

Kolwey colocou uma pata de lobo na mão de Madru, e apertou-a.

— Os lobos famintos podem ficar bastante atrevidos. Enquanto levar esta pata junto ao seu corpo, eles nada lhe farão. E se algum deles se tornar muito malcriado e quiser pular em seu pescoço, passe três vezes o dedão sobre este talismã e terá a melhor guarda pessoal que se possa desejar.

— Obrigado — agradeceu Madru. — Quero empreender imediatamente a viagem de volta.

— Agora, com esse tempo?

— Sim, claro.

— O senhor não está cansado?

— Talvez, um pouco — retrucou Madru. — Mas quero tentar, apesar do cansaço.

— O senhor é desses que exigem demais de si mesmos — disse Kolwey. — Aconselho-o a se poupar mais, ou então a arranjar uma mulher.

Madru respondeu que pensaria em seu bom conselho e foi saindo pela porta. "Ser mais amigo de mim mesmo, ou ter uma mulher", foi murmurando para si mesmo, à medida que caminhava com dificuldade na neve alta. Estava muito mais frio. A lua cheia e as estrelas brilhantes faziam o mundo parecer amplo, imenso. Depois de duas horas, à medida que avançava, cambaleante, estava pronto para admitir que sua resolução de fazer a viagem de volta sem descansar antes fora insensata.

Sentiu pontadas do lado. De repente, seus movimentos lhe pareceram inesperadamente lentos. Madru apertou o lenço sobre o coração. Aconteceu algo maravilhoso. Durante um curto espaço de tempo, o sol iluminou a paisagem coberta de neve. Em seguida, seus raios esmaeceram e já não havia calor. De nada adiantou ele apertar novamente a ponta do lenço sobre o coração. À sua volta, só havia uma penumbra cinzenta, gelada. Ouviu uma matilha de lobos uivando à distância, mas os animais não se aproximaram.

A cada passo, tinha de lutar contra a tentação de se deitar na neve. Sua respiração era ofegante. Desejava apenas dormir durante um segundo, mas sabia que isso significaria a morte. Mas talvez a morte não fosse tão pavorosa, afinal. Certa vez, ele morrera. Como fora aquilo? Não foi horroroso, não houve dor. Não sentira dificuldade para respirar como agora, que tinha a sensação de que seus pulmões estavam sendo perfurados com uma faca.

Acaso estaria deitado na neve, ou ainda andava? Teve a impressão de que os lobos estavam se aproximando. Já os sentia. Já sentia seu odor selvagem.

Nesse ponto, a neve estava tão alta que os animais tiveram dificuldade de chegar até ele. Ficou imaginando se devia confiar em Kolwey. Quem podia confiar num escravo?

— Eu! O filho de uma escrava — ouviu a própria voz a gritar. Um par de lobos já se aproximara, e começava a farejá-lo. "Comida de lobos", ele ouviu Padur dizer. "Seja amável consigo mesmo", dissera Kolwey. Ouviu outros falando, mas aquela não era uma língua humana. Tratava-se da linguagem dos lobos. Que estranho, ele entendia o que diziam! Talvez tudo fosse apenas um sonho.

"Que cabeça dura! Deitar-se aqui desse jeito!"

"Finalmente, algo para comer."

"Ele não tem muita carne."

Que loucura entender cada palavra do que os lobos diziam! Quase fazia a cabeça explodir. Então era isso o que acontecia com Alissa.

"Ele vomitou."

"O cheiro não é tão ruim..."

"Tem uma certa semelhança com Alissa... Ou será que me engano?"

"Onde será que ele arranjou esse lenço? Parece que eu já o vi com ela."

"Sim, é verdade."

"Talvez ela o tenha dado de presente para ele."

"Vamos deixar isso de lado... tratemos de devorá-lo."

Estavam prestes a fazê-lo. Então, Madru levantou-se com um pulo e mostrou-lhes a pata de lobo.

"Por que não nos disse logo, irmão?"

Teria sido tudo imaginação? Onde estava o caminho? Não dava para ver nada; a nevada era forte no lusco-fusco. Devia ter esquentado um pouco.

"O que faremos agora?", perguntou um dos animais.

— Eu estava muito cansado, precisava dormir e me perdi — disse Madru aos lobos.

"E nós perdemos um belo bocado de carne."

"Nós vamos na frente, você segue atrás."

Madru guardou a pata de lobo e esfregou uma mão cheia de neve no rosto. Não havia mais lobos. Será que estivera mesmo deitado na neve? Não tinha certeza. Talvez fosse uma espécie de profecia. "Continue andando", disse para si mesmo, e começou a marchar em passo cadenciado. "Nada de parar; continuar sempre em frente."

Quando chegou afinal diante do povoado do príncipe, pensou: "Não faz nenhuma diferença se o que me salvou era real ou não".

Gritou de alegria por estar vivo. Se alguém da periferia do reino do príncipe o encontrasse, então, tomá-lo-ia por maluco. Madru foi imediatamente fazer uma sauna. Em seguida, dormiu até a manhã seguinte.

Dois dias depois, foi chamado outra vez por Guh.

— Nós estamos preocupados com você.

— Nós quem?

— Nós, os druidas. Ficamos sabendo que dorme mal, que tem visões em época de lua cheia. E depois, essa história: devolveu ao escravo a jóia depois de a ter tirado dele. Acaso será esse o comportamento de alguém que pretende ser o governador da Grande Floresta?

— Enfim, esse foi o meu comportamento — respondeu Madru. E, dando meia-volta, retirou-se.

O dia da festa se aproximava. Todos estavam nervosos. Guh perguntou:

— Qual será o seu caminho?

Bator também lhe perguntou isso e mencionou os antepassados; Ase o interrogou.

— Maldição! — disse Madru a Padur. — Não agüento mais. Todos exigem algo de mim. Eles lhe oferecem uma caixa, pedem que você entre dentro dela, e quando está lá dentro, pregam a tampa e gritam bem alto, a fim de que todos ouçam: "Ele nos pertence". Minha vontade é ir embora e sumir.

— Você de fato fará isso com eles? — perguntou Padur. — Eles o caçariam e o aprisionariam. Não lhes restaria alternativa. Se você se extraviar, será o fim do mundo.

— Acredita nisso? — perguntou Madru, pensando numa escolta de lobos.

Padur enumerou:

— Precisaríamos de um trenó. Além disso, teríamos de ter uma parelha de cachorros para puxá-lo, ou melhor, duas. No entanto, só se obtêm cães em troca de ouro em pó, que você teria de roubar do lugar onde o príncipe guarda o tesouro. O povo das montanhas ocidentais não envia apenas peles, mas às vezes paga seus impostos com ouro em pó, que retira da água dos rios.

— Não sou ladrão — retrucou Madru. Em seguida, perguntou: — O que há do outro lado das montanhas ocidentais?

— Um país pedregoso, com baías que chegam até as montanhas rochosas. . . então o Grande Mar e, além dele, a grande ilha de grama verde, verde, também chamada de Ilha do Arco-Íris.

— Por que duas vezes verde?

— Ah, diz-se que a grama que cresce lá tem quarenta e nove tonalidades de verde. Seria um tanto difícil contá-las todas.

— E depois?

— Outra vez o mar. . . E depois, não sei. Em algum lugar, deve-se chegar por certo no limiar do mundo.

— Se eu vier a fugir — disse Madru —, prefiro ultrapassar a fronteira do mundo.

— O que pretende fazer, afinal? — indagou Padur.

— Ainda estou pensando.

— Se deseja ir embora — esclareceu Padur —, temos de partir logo. A cada dia que passa a fuga fica mais difícil. Chegar até a fazenda da minha gente não é problema. Eles não ficarão exatamente contentes quando souberem que estamos fugindo. Mas é claro que nos fornecerão provisões, e lá poderemos trocar nossos cães do trenó por outros que estejam mais descansados. Só que agora as nevadas se tornam cada vez mais freqüentes e fortes, e logo não será mais possível atravessar as passagens das montanhas do oeste; depois do Ano-Novo não dará mais para se passar para o outro lado.

— Está certo — disse Madru. — Preciso me decidir; até amanhã, saberei o que fazer.

Sentiu uma pontada no coração.

No inverno, as aulas terminavam por volta das três horas. Fora, nesse horário, começava a escurecer, e na escola, os alunos se sentavam diante do fogo, na biblioteca. Conversava-se, praticava-se violino, alguns entalhavam presentes de madeira para a Festa do Solstício de Inverno.

Madru pegou o jogo de cartas e as dispôs, perguntando se devia viajar ou não. A resposta não foi clara. Sentiu um estranho arrepio nas pernas e nos braços, o que o fez levantar-se. Era como se algo o atraísse. Ele cedeu a essa estranha atração, foi até a rua, atravessou o grande salão e chegou por fim até o gramado onde dançara com Alissa no verão.

O ar era cinzento-escuro; alguns flocos de neve caíam. Madru viu a fileira de árvores que limitavam o leito do riacho e um rochedo na margem oposta do rio. Diante dele, estava a orla da floresta. De repente, num dos álamos-negros, brilhou uma luz esbranquiçada, como se a neve começasse a arder, a queimar.

Madru esfregou os olhos, pois achou que se tratava de uma alucinação. Nos últimos dias, pensara com muita freqüência em Alissa. Ao olhar fixamente para lá, pensou em como essa luz se parecia com aquela que iluminara o grande salão durante a festa, no momento em que Mola e Alissa entraram, e sentiu que podia deixar o seu corpo e entrar no tronco de uma árvore. Um instante depois, seu corpo parecia estar no meio da cintilação de luz branca. Alguma coisa o impelia a prosseguir. Madru saiu da árvore, o álamo-negro, como se estivesse saindo por uma porta. Atravessou um amplo caminho e viu-se diante de uma grande e elegante casa de madeira que nunca vira antes. Diante da casa, havia um trenó de viagem equipado com uma matilha de cães; um cocheiro, enrolado em peles, cuidava deles. Ainda sem saber com certeza onde se encontrava e, tomado por uma extraordinária excitação, entrou num amplo vestíbulo, em que havia arcas coloridas e uma grande tapeçaria pendurada na parede. Ainda sob compulsão, teve a certeza de que deveria abrir determinada porta, e chegou a um quarto onde encontrou Alissa.

Ela estava sentada a uma mesa e tinha diante de si um monte de folhas secas de álamo-negro; pegava uma por uma, aproximava-as da chama acesa de uma vela e as queimava. Quando reconheceu Madru, interrompeu imediatamente o que estava fazendo, sorriu como quem se alegra com algo, aproximou-se dele, rodeou-lhe o pescoço com os braços e o beijou. Madru tentou dizer alguma coisa, mas não ouviu nenhum som. "Acho que se trata de um sonho", pensou, "mas nos sonhos as pessoas também falam." Estava feliz por ver Alissa. Ela mudara bastante durante os meses em que haviam estado separados. Crescera bastante. Desejou beijá-la novamente, repetidas vezes. Sentiu como desejava aqueles beijos e percebeu que ficava cada vez mais excitado. Ela correspondia, e foi quase como naquele instante em que haviam se separado um do outro e em que ele de nada mais tomara conhecimento a não ser dos beijos. Subitamente, entretanto, ela o afastou de si, fez um movimento como se estivesse se livrando de algo, pegou-o pela mão e percorreu rapidamente, arrastando-o atrás de si, três, quatro aposentos. Diante de uma porta encostada, Alissa se deteve, beijou-o mais uma vez e retirou-se em seguida. Pela fresta da porta encostada, Madru viu um salão menor. O chão estava forrado de peles e o fogo ardia na lareira.

Tornou-se consciente de que estava outra vez sozinho, que tudo se passava silenciosamente; ele não percebia nem palavras, nem sons ou quaisquer outros ruídos. Entrou na saleta e dirigiu-se a um grupo de três pessoas que estavam de pé junto ao balcão das janelas, discutindo animadamente, sem que ele entendesse nada do que diziam. Tratava-se do arquidruida, da princesa e. . . Madru assustou-se, recuou. . . de um jovem idêntico a ele mesmo até o último fio de cabelo. No primeiro momento, pareceu-lhe até que estava lá, diante da lareira ardente, e ao mesmo tempo do outro lado, entre os outros dois, perto da janela. Então tomou consciência de que se tratava de um sósia. Fazendo-se um exame mais detalhado, dava para ver que o outro era um pouco mais velho, tinha ombros mais largos; no entanto, a semelhança era surpreendente.

"O que seria aquilo?" —, pensou Madru. Ao mesmo tempo, era como se soubesse exatamente por que estava ali espionando aquelas três pessoas que tramavam seus negócios.

Como não podia ouvir o que diziam, esforçou-se por adivinhar o que ocorria, observando os gestos, as expressões e os movimentos. Primeiro, falaram o arquidruida e a princesa, tentando convencer animadamente o seu sósia. Eles pareciam estar lhe explicando alguma coisa. Em seguida, a princesa saiu do aposento. Ela passou diretamente por Madru e pareceu-lhe simplesmente ridículo que ela não o pudesse ver. Precisou rir. No entanto, o som de sua risada não era audível. A princesa voltou com duas sacolas, pequenos sacos de couro do tipo que se usa exclusivamente para guardar ouro em pó em Norrland. Ela foi até o canto onde os homens estavam, e deu um dos sacos ao sósia de Madru. Ao que parece, ele pediu também o segundo saquinho, mas ela meneou energicamente a cabeça; seus gestos, assim adivinhou Madru, significavam que o sósia só receberia o segundo saco quando tivesse feito o que dele se exigia.

Toda essa cena se passava envolta em malícia e sordidez. Madru voltou-se, repugnado. Queria rever Alissa, queria tomá-la mais uma vez nos braços e beijá-la.

Nesse exato momento, viu outra vez a rocha na outra margem do rio e a orla da floresta, diante de si.

Tão subitamente, que sentiu dor no coração, viu-se outra vez numa tarde cinzenta de inverno, de volta ao gramado... Diante dele a rocha, o riacho, a fileira de álamos-negros, dois dos quais estavam cercados por aquela luz fria e esbranquiçada. Nada mais havia. Adiante só se viam os troncos, com seus ramos nus. Pensativo, remoendo ainda o estranho acontecimento, Madru voltou para a Casa do Conhecimento.

Procurou Padur, dizendo que precisava falar-lhe em particular. Foram até a cela de Madru, e, lá, este contou ao amigo a experiência por que acabara de passar.

— Você entende o que tudo isso quer dizer?

— Entendo o seguinte — respondeu Padur. — Se encontraram um sósia para você e lhe deram um saco de ouro em pó agora, prometendo-lhe outro para depois, com certeza pretendem matá-lo.

— A mim ou a Alissa — disse Madru, com uma sensação desagradável.

— Você precisa ir embora — disse Padur. — Vai esperar que o matem?

— E Alissa?

— Por tudo o que você me contou, trata-se de você, não dela — disse Padur. — Arranjaremos cachorros em algum lugar. Quanto às provisões, eu posso falar com as criadas.

Madru meneou a cabeça.

— Vamos ficar aqui — disse ele.

— Não seja teimoso, Madru. Eles o matarão. Você não deve desprezar um aviso como esse. E se o arquidruida faz parte da trama, terá de tomar duas vezes mais cuidado. Pense só no que aconteceu com o pobre Jammes.

— Isso ainda veremos — disse Madru obstinadamente. — Obrigado, é bom saber que ainda tenho amigos. Mas agora não posso partir.

— E por que não?

Madru esfregou o queixo com a mão, fez uma careta e deu de ombros.

— Como explicar-lhe isso? Bem, talvez você compreenda, se lhe disser que tornei a me apaixonar por Alissa.

— Bem, então não posso ajudá-lo — disse Padur, balançando a cabeça.

Capítulo X

Insinua-se um infortúnio posterior. Realiza-se a Festa do Solstício de Inverno. Madru escolhe o Caminho da Floresta. Alissa escolhe Madru pela segunda vez.

A Festa do Solstício de Inverno se aproximava. Dias antes, já haviam começado os preparativos na corte do príncipe. Caçadas, pescarias, preparação de bolos e assados, medição da pista de corrida. Teve-se de providenciar ramos secos para preparar as rodas de fogo na colina.

Por tradição, na frigideira de cada um dos cidadãos assava-se um coelho no primeiro dia da festa. Em casas maiores e mais ricas, levava-se à mesa um veado inteiro. O acompanhamento consistia em pães especiais e doces feitos de várias frutas. Ervas adocicadas também eram servidas. Faziam-se pães brancos e grandes roscas, que eram oferecidos às crianças. Pescavam-se carpas e tainhas nos riachos. Era a estação da pesca. Das lagoas das montanhas ocidentais vinham salmões e trutas. Na Festa do Solstício do Inverno bebia-se hidromel e cerveja escura forte, além de uma cachaça feita da fruta do abrunheiro, que limpava a goela e enchia de lágrimas os olhos dos inexperientes. No segundo dia da festa, servia-se sopa de cerveja, à qual se acrescentava uma beberagem feita de certas ervas. Uma nuvem de vapor de cerveja cobria o povoado nessas ocasiões. A corrida de trenós era realizada no terceiro dia de festa, em que se comia e bebia outra vez de forma excessiva. Assim que escurecia observava-se as rodas de galhos às quais se ateava fogo — para mostrar que o inverno fora dominado — que rolavam até o vale.

A princesa e suas três filhas haviam retornado à habitação do príncipe para os dias de festa. Falava-se, à boca pequena, que o casal de príncipes passaria a viver junto outra vez, o que a todos alegrava. Havia muita curiosidade também em saber quem seria a eleita do Filho das Estrelas. Pairava um surdo nervosismo em toda a povoação.

Muitos convidados tinham vindo de longe, a fim de comparecer à escolha dos caminhos pelos alunos. Os preparativos para a festa corriam normalmente, como sempre, e, ainda assim, alguma coisa parecia diferente do comum. Pairava uma sombra sobre tudo, sem que se pudesse dizer a que atribuí-la.

O primeiro dia era de cerimônia. O Príncipe da Floresta entrou no grande salão acompanhado pela sua corte e uma multidão de druidas, a fim de observar a árvore abençoada que fora replantada na última festa. Era da competência do arquidruida manifestar-se sobre o estado da árvore, declarando-o muito bom ou muito mau.

Atrás da comitiva real, entraram os alunos. Um por um, eles se aproximavam da árvore petrificada e, com uma flexão de joelhos, diziam por qual dos três caminhos haviam optado.

Madru ficou indeciso por muito tempo, até que tomou sua resolução. Por fim, pareceu-lhe natural decidir-se pelo Caminho da Floresta. Seu jogo de cartas afirmara-lhe que, ao fazer essa escolha, estaria procedendo corretamente. Os colegas não se cansavam de interrogá-lo sobre sua escolha. Sempre respondia que eles podiam muito bem esperar as poucas horas que os separavam da festa.

Na última noite, Madru dormiu mal. Pela manhã, ele enfiou um raminho de pinheiro no cinto e, sem comer ou beber nada, dirigiu-se para o salão. Era costume chegar em jejum ao cerimonial, depois do que se comia e bebia muito mais do que de costume. Diante do portão do lado leste, havia-se aglomerado uma grande multidão de pessoas, que gesticulavam, parecendo perturbadas. Madru ouviu-as falar de um mau presságio, embora ninguém pudesse dizer nada de mais concreto. Com a ajuda do bastão preto, conseguiu abrir caminho para passar. O acesso ao grande portão foi assegurado pela milícia, que empunhava suas espadas na altura do cinto, formando uma barreira. Madru foi à procura de Padur.

— O que está acontecendo aqui? — perguntou, assim que avistou o amigo.

— O portão foi aberto . . . cedinho, pela manhã. Curiosos que não conseguiram esperar. Toda a pequena floresta de árvores abençoadas parece estar ressequida lá dentro.

— Isso é muito pouco provável — respondeu Madru, lembrando-se do que Bator lhe contara certa vez: quando, na véspera da festa, as árvores se mostravam abatidas, ele simplesmente mandava plantar outras, novas. Madru considerara isso uma fraude, mas

Bator tentara explicar-lhe que, em primeiro lugar, tratava-se de manter o povo tranqüilo, por questões de segurança.

— As pessoas estão tentando entrar — disse Padur — e os soldados tentam impedir que isso aconteça. Quando ocorreu uma coisa assim? E por que não deixar que o povo entre, se não há nada a ocultar?

— Talvez isso seja obra de Guh — afirmou Madru. — Talvez um mau presságio convenha aos seus planos.

— Também acho isso possível — retrucou Padur. — Sabe o que andam dizendo por aí? — Padur abaixou o tom de voz. — Eu ouvi boatos de que Guh quer assumir o poder junto com a princesa.

— Isso é bem possível.

— Será que, dadas as circunstâncias, não seria melhor fugir daqui?

— Ah, rapaz — disse Madru, que estava de bom humor —, e quem vai à corrida de trenós comigo amanhã?

— Se é que vai haver corrida amanhã — disse Padur, apontando para os soldados, que só a muito custo continham a multidão.

Um murmúrio passou entre as pessoas. O príncipe e sua comitiva estavam chegando. Bator parecia satisfeito. Por que a agitação? As pessoas deviam posicionar-se em fila. Depois da corte e dos alunos, elas poderiam entrar.

— As árvores abençoadas! — gritava o populacho.

— O que há com as árvores ? — perguntou Bator com indiferença.

— Senhor, elas estão secas!

— Secas? — Bator demonstrou certa preocupação, mas logo tornou a sorrir. — Tenham um momento mais de paciência. Logo veremos.

O cortejo começou a formar-se. Madru viu Alissa de relance. Ela estava cercada por um grupo de pessoas que, pela expressão inofensiva, constituíam apenas uma escolta. Ela acenou, gritou-lhe algo que Madru não pôde entender e foi arrastada para longe.

Madru se deteve por um momento e sorriu. Mas a idéia de que ela estava lá já o tornava feliz. Ele se alinhou entre os alunos.

A milícia deixou a entrada livre. Confiante, o Príncipe da Floresta entrou com sua comitiva no grande salão. O rosto da princesa parecia outra vez esculpido em gelo. Madru pôs-se a pensar que pouco sabia sobre ela, além do fato de que conspirava para afastá-lo do trono. As três filhas seguiam atrás do casal. Alissa fitou Madru, como se pudessem se entender com a mera troca de olhares. Em seguida, vinham Ase e o arquidruida. Este cofiava nervosamente as pontas emaranhadas do bigode. "Talvez haja mesmo uma revolução", pensou Madru. Em volta da comitiva agitava-se uma multidão de druidas. Seus longos trajes se arrastavam no pó. Onde será que eles arranjavam as nêsperas frescas que eram seus enfeites de cabeça?

Os soldados cuidavam para que nenhuma pessoa do povo entrasse junto no salão. Assim que os escolares cruzaram o limiar do portão leste, o cortejo se deteve.

— Agora vamos ouvir — sussurrou Padur para Madru. Este pôde sentir que todos retinham a respiração. "Não tenho sequer uma arma comigo", pensou. O pensamento seguinte foi o de que esta de pouco lhe valeria no caso de haver uma revolta. Conseguir abrir caminho até Alissa; protegê-la não passava de um mero desejo. Então ouviu-se a voz anasalada de Guh:

— Estamos felizes por constatar e saber que a última árvore abençoada que plantamos cresceu muito bem.

"Hipócritas também morrem", pensou Madru. A notícia logo se espalhou fora do salão, e os cidadãos passavam-na adiante: "Cresceu bem!".

Dava para perceber que ainda havia desconfiança.

— Fraude! — Madru ouviu um dos alunos dizer. — Eu vi com meus próprios olhos que todas as árvores estavam secas.

— Cuidado com a língua! — avisou outro aluno mais alto.

— Nada escapa a um bom jardineiro — disse Padur baixinho, como que para si mesmo. — Vamos dar fim a esse disparate? Qual a sua opinião, Madru?

— Estou em grande expectativa — respondeu este, pensando: "Ainda não sou o príncipe".

O cortejo reiniciou a caminhada, aproximando-se da pequena floresta. Os pinheirinhos pareciam fortes e saudáveis.

— Incrível! — disse alguém. — O que querem nos impingir mais?

"Também não é impossível que Guh esteja por trás desses escolares", pensou Madru.

Diante da árvore petrificada com as duas inscrições estavam o príncipe, o arquidruida e Ase. Madru aproximou-se. Um olhar desconfiado do arquidruida cravou-se em Madru, quando ele o viu dirigir-se a Ase, inclinar-se diante dele e dizer:

— Eu escolho o Caminho da Floresta.

De acordo com exigências do cerimonial, Ase perguntou:

— Mas você está certo e tem consciência de sua escolha?

— Sim, eu me decidi.

Depois dele, Padur inclinou-se diante de Ase e fez sua escolha pelo Caminho da Floresta. Em seguida, depois que todos os alunos haviam escolhido, permitiu-se a entrada dos cidadãos e dos escravos. Num abrir e fechar de olhos, o salão estava inteiramente repleto. A maioria só entrou a fim de verificar pessoalmente a pequena floresta. Podiam apenas manter-se a cinco passos de distância.

Uma mão pousou sobre o ombro de Madru.

— Eu o felicito, camarada teimoso! — disse alguém. Era Bator.

— Sinto muito por não ter escolhido segundo os seus desejos.

Bator deu de ombros.

— Todos têm liberdade de escolha — disse, com bom humor. — Não estou mais aborrecido com você. No entanto, até o túmulo, você fez um inimigo mortal: o arquidruida.

— O que houve com as árvores? — perguntou Madru.

— Houve alguma coisa? — Bator franziu o sobrecenho. — Agora não está tudo em ordem?

— O povo estava inquieto. As notícias eram péssimas. Um dos escolares afirmou que viu...

— Viu ou pensou ter visto? — interrompeu-o Bator. — Gostaria de saber como as pessoas conseguiram entrar no grande salão. Quem lhes abriu o portão leste?

— É verdade o que se diz?

O príncipe curvou-se para Madru e sussurrou:

— Estou diante de um enigma. Ontem, como sempre, mandei para lá meu jardineiro. Ele me certificou de que tudo estava na mais perfeita ordem. E hoje cedo? Todas, mas realmente todas as árvores estavam secas: carcaças de coníferas secas. Uma visão terrível!

Madru mostrou uma expressão aborrecida.

— Você não deve deixar que suas emoções transpareçam, — aconselhou o príncipe. — Além do mais, já que estamos conversando: deve tirar Alissa da cabeça. Procuraremos outra mulher para você.

Batendo amigavelmente nas costas de Madru, o príncipe disse, de forma a animá-lo:

— Já tenho alguém em vista. Uma beleza! E você prestaria um grande serviço ao país. O que fizer às ocultas com outras, não importará a ninguém.

— Você sabe como sou obstinado.

— Por que torna a vida tão difícil para você e para nós? O que há de tão especial na minha filha mais nova?

— É muito simples — disse Madru —, eu a amo. Será que se pode explicar o motivo por que se ama alguém?

— Pensei que você fosse mais inteligente. Pense bem, repito. Agora que escolheu o seu caminho, também precisamos resolver essa questão.

Ao dizer isso, o príncipe retirou-se. Madru saiu ao ar livre e ficou ouvindo a conversa das pessoas. O tema ainda era o das árvores ressequidas. Mas quanto mais se bebia, tanto mais festiva se tornava a multidão, que afastava para longe os pensamentos mórbidos.

— Viva a alegria! — gritavam as pessoas. — Feliz festa! — um desejava ao outro. Os violinistas tocavam. Dançava-se em meio à neve das ruas e nas praças. Se alguém entrava numa casa desconhecida, seus moradores logo a convidavam para partilhar dos comes e bebes.

Madru caminhou a esmo pela povoação. A hospitalidade de todos e sua simpatia o cativaram. À tarde, já estava um tanto embriagado e, de súbito, veio-lhe a idéia de encontrar Alissa. Ao passar diante da Casa do Conhecimento, viu que dois colegas se engalfinhavam. Um deles era o que tinha visto as árvores secas e escolhera o Caminho dos Cavaleiros; por isso, via-se na obrigação de vencer o colega que optara pelo Caminho da Floresta. Este o acusava de ter espalhado boatos mentirosos e irresponsáveis pela multidão. Ambos chamaram Madru para juiz da contenda; como este se recusasse, caíram sobre ele. Era preciso tratar de escapar do seu ataque.

Na corte do príncipe, ele tentou se informar sobre Alissa. Disseram-lhe que ela saíra com as irmãs. Madru não se cansou de percorrer durante toda a noite os salões de dança dos nobres abastados, que podiam se dar ao luxo de contratar até dois ou três violinistas particulares. Em todos esses lugares, precisou tomar também um pouco da aguardente de frutas e dançar. Só depois da meia-noite chegou à sua cela. O teto parecia girar e, com ele, as imagens do dia: rostos atormentados diante do portão leste, o riso de Alissa, o rosto bem próximo do príncipe, rostos alegres, despreocupados de pessoas nas longas mesas nos salões das casas; as bocas crispadas de homens embriagados que apenas conseguiam engrolar algumas palavras; rostos suados de mulheres nas casas em que procurara por Alissa durante toda a noite; a expressão dos dois camaradas, quando ele se recusou a tomar partido a favor de um ou de outro. . .

De repente, ficou com medo de que as árvores secas anunciassem de fato um mau presságio. Todos aqueles rostos. . . apagados pela grande catástrofe. Madru adormeceu com essa visão aterradora e acordou com dor de cabeça. O ar fresco da manhã, enquanto se dirigia rumo ao local da corrida, fez-lhe bem.

A trilha passava pela água congelada de um lago. Fora coberta com camadas grossas de neve. Para chegar ao ponto de partida, tinha-se de subir durante uma hora. Eram sempre dois companheiros que disputavam a partida. O vencedor de uma participava da seguinte. Os competidores protegiam a cabeça com capuzes feitos de pele macia de alce. Havia aberturas para a boca e os olhos. Vestidos com esses abrigos, os corredores de trenó só podiam ser reconhecidos pela voz e pela estatura.

Na segunda disputa, o condutor do trenó participava da corrida com um adversário do outro time. Quando Madru estava na linha de partida e Padur já se fora, alguém andou displicentemente na sua direção e lhe perguntou se já dispunha de um companheiro. A voz lhe pareceu extraordinariamente fraca. O olhar, através das fendas do capuz, agradou a Madru.

— Tentemos juntos — disse Madru. — Como você se chama?

Ouviu um nome, que esqueceu em seguida.

— Muita velocidade, ou não? — perguntou o outro.

— Muita — respondeu Madru.

Quando partiram, Madru teve uma sensação estranha, uma vaga suspeita de que alguma coisa estava errada com o companheiro, que tinha de brecar o trenó. "Bobagem", pensou; "estou impressionado com a possibilidade de uma desgraça."

Eles alcançaram boa velocidade e passaram com segurança pela primeira curva perigosa. A velocidade aumentou. Madru gozava uma sensação de leveza.

Madru costumava calcular o tempo do percurso desde a partida; se não se enganava, essa estava sendo uma viagem rápida demais. Os outros trenós ficaram para trás. Eles passaram por um trecho com muitas elevações e a corrida tornou-se mais lenta. Madru inclinou-se bem para trás.

— Mais depressa. . . coragem! — gritou para seu acompanhante, pois o trenó oscilava e pulava. Madru receava que isso levasse o outro a brecar. A velocidade tornou a aumentar. Madru ficou entusiasmado.

— Mais depressa!

Sua cabeça agora repousava no peito daquele que se sentara atrás dele. Tentou ver-lhe os olhos. "Em todo lugar vejo os olhos de Alissa", pensou. Foi então que descobriu que era ela. "É estranho", pensou, "não a reconheci quando ela me perguntou se podíamos correr juntos." Madru sentiu os braços dela, que enlaçavam seu peito, apertarem-no. Entregou-se a uma agradável sensação de prazer, e durante um piscar de olhos ficou desatento. Foi o que bastou. O trenó desviou-se para a esquerda. Ele tentou virar, mas usou força demais. Com grande ímpeto, os dois ultrapassaram a margem da pista. De certa forma ainda se mantiveram à margem, enquanto um dos concorrentes passou por eles. Depois houve um estalido, capotaram, e em volta deles ergueram-se nuvens de neve.

Madru caiu de costas. Viu o trenó arruinado. Alissa ficou sentada no gelo atrás dele, olhando à frente, aturdida. Ele levantou-se e tirou o capuz de corrida.

— Que azar! — disse ele, enquanto se erguia. Ficou aborrecido pelo fato de o trenó ter se quebrado.

— Sinto muito — respondeu ela —, gostaria de ter vencido com você.

— Você está realmente aqui — disse, com um trejeito de dúvida.

— Preciso falar-lhe — disse ela. — Foi mais fácil do que pensei. Esses capuzes parecem todos iguais, de fato.

Ele andou atabalhoadamente pela neve na direção da moça, e logo a tomou nos braços. Em seguida, contou-lhe como a procurara durante toda a tarde e toda a noite.

— Estive trancada — respondeu ela. — Nem sequer deixaram Mola vir ter comigo. Sem Mola, nada de feitiço. Minhas artes são insuficientes. Foi lindo vê-lo outra vez. Você entendeu do que se tratava?

— O que aconteceu com o homem que se parece comigo?

— Ele terá de matá-lo. E, em seguida, tomará o seu lugar.

— Devem ter ficado malucos — disse Madru. — Não poderiam enganar as pessoas por muito tempo.

— Se o príncipe e você forem eliminados . . . o que mais representaria algum perigo para eles?

— Você corre mais perigo do que eu — respondeu Madru.

— Ora, como você deve saber . . . filhas de príncipes não sobem ao trono.

— Mas há pouco você dirigiu como um homem —, constatou Madru, e observou-a dos pés à cabeça.

— Quer provas de que não sou um homem?

— Com aquela roupa que usou no baile não havia dúvidas de que você é uma mulher. E ainda posso me lembrar de algumas coisas. Como, afinal, tudo aquilo aconteceu . . . naquela ocasião, lá, no grande salão? Não acho que tenha entendido muito bem.

— Mola faz as pessoas perderem a noção do tempo durante meia hora.

— Sempre desejei que ela arranjasse um encontro entre nós dois. Mas ela sempre me consolava dizendo que ainda não era a hora.

— Ela tinha razão . . . Hoje eu o escolhi pela segunda vez.

— E a terceira?

— Você já está tão impaciente assim?

Madru pensou no que lhe diria.

— Vejo que está, e é assim que tem de ser, pois gosto disso.

— Mudando de assunto — disse ele —, então é verdade que o arquidruida quer investir-se do cargo de Príncipe da Floresta e casar com sua mãe?

— Os animais andam comentando isso.

— E o que mais eles lhe disseram?

— Estão inquietos. As árvores abençoadas do grande salão. . . nenhum ser humano ajudou no caso. Elas secaram por si mesmas.

— Trata-se da grande catástrofe? O mundo deve acabar, mas a floresta ficará intacta?

— Ninguém imagina algo assim. Os bichos também dizem que vou escolhê-lo pela terceira vez. Você tem aliados valiosos no clã dos lobos. Eles lhe obedecerão, se chamá-los.

Madru contou a Alissa sua experiência com Kolwey e disse, então:

— Há algo que não entendo. Por que eles não atacam a mulher do dono ou o próprio dono desses escravos? Assim os dois ficariam livres!

— Nesse caso, os lobos teriam de cravar os dentes em muitas gargantas — respondeu Alissa —, e em geral eles não interferem no destino dos seres humanos. Eles gostam de mim, pois acham muito divertido o fato de podermos nos entender. E Mola. . . há algo que você ainda precisa saber. No que se refere a Kolwey, o que acontece é que ele não pertence ao seu clã. Madru, um dos seus antepassados deve ter tido nome de lobo. . . ou então sangue de lobo. É por isso que eles intercedem por você.

— O que você sabe sobre isso?

— Só o que eles costumam tagarelar. E eles confiam em mim. São desprezados pela maioria das pessoas. Mas eu os acho muito mais simpáticos do que os que sempre afirmam que os lobos são horríveis.

— Espero que eles também a protejam.

— Não se preocupe comigo. Agora é você quem corre perigo.

— Sabe que querem que eu me case?

— Tão depressa assim?

— Sim. Ontem, seu pai fez esse tipo de observação.

— A mulher que se casar com você será esganada por minhas próprias mãos.

— Talvez seja melhor não deixarmos as coisas chegarem a esse ponto — disse Madru, sorrindo.

— Você acha que devo escolhê-lo logo pela terceira vez?

— Talvez eu escolha você — disse Madru.

— Você ainda é tímido demais — disse ela, provocando-o. — Quando nos conhecemos, fui eu que tive de tomar a iniciativa.

— Posso tomá-la agora mesmo. . . ?

— Na neve? — disse ela, reprovadoramente. — Afinal, como se saiu com a criadinha?

— Você sabe disso?

— É claro — respondeu Alissa; — já que me apaixonei pelo Filho das Estrelas, não fico totalmente indiferente ao fato de ele me trair, ou não.

— Você esperava que eu lhe fosse fiel?

— Não — afirmou ela. — Basta-me que seja honesto.

— Contudo, a honestidade às vezes pode magoar.

— Quem afirmou que a vida pode transcorrer sem dores?

Dois trenós passaram, um atrás do outro.

— Tenho de ir — disse Madru.

— Cuide-se bem.

— Eu gostaria de. . . — disse ele.

— . . . de passar um dia e uma noite inteiros apenas me amando e conversando à toa — ela o interrompeu.

— Três dias, três noites. . . Antes eu não a deixaria ir.

— Apresse-se — disse ela, rindo. Arremessou-lhe um punhado de neve no rosto.

Beijaram-se e saíram em direções opostas.

Aos juízes da prova, lá embaixo, Madru contou que haviam capotado e que seu companheiro se acidentara. A demora se deveu ao fato de ter de levá-lo de volta para casa. Ninguém duvidou de sua história. Todavia, Padur murmurou:

— Que tipo desastrado de companheiro de equipe você arranjou?

— Uma garota — respondeu Madru, fiel à verdade.

— Quer zombar de mim? Garotas não têm permissão de tomar parte nessa prova. Aliás, é provável que nem saibam dirigir um trenó. Seja como for, nunca conheci uma que soubesse fazê-lo.

— Conheço uma que sabe — respondeu Madru.

— Não entendo você; não sei como ainda pode fazer piadas a respeito disso — disse Padur, ofendido. — Essa queda nos custou a vitória. Não poderemos continuar na competição, pois o trenó se quebrou.

— Haverá outras corridas neste inverno — afirmou Madru, com indiferença.

— Mas esta é a corrida da Festa do Solstício de Inverno, e é isso o que importa! — retrucou Padur.

Na manhã seguinte, Madru foi procurado por um Padur muito

zangado. Naquele meio tempo, soubera dos reais acontecimentos e, ao que tudo indicava, era evidente que quase metade dos habitantes do povoado do príncipe estava a par dos fatos também.

— Você os enganou direitinho com as suas escapadelas — disse Padur — e o seu castigo será ter de se casar.

— E com quem, por favor... Com certeza também já está informado sobre isso...

— Estou — respondeu Padur. — Vão casá-lo com Mara, uma moça forte, filha do comerciante mais rico de Österstrand.

— Por que dizem que ela é forte?

— Talvez seja alta, esbelta. Dizem que também é muito bonita.

— Você bem que podia ficar com ela — sugeriu Madru ao amigo.

— Para a amizade há certos limites — respondeu Padur.

No terceiro dia de festa era costume que os estudantes que houvessem escolhido o Caminho da Floresta se retirassem a tempo, a fim de tecerem as gigantescas rodas de fogo que deveriam fazer rolar pelo declive perto da pista de corrida até o vale, assim que começasse a escurecer. As grandes rodas, feitas com galhos secos de pinheiro, tinham de ser amarradas com fitas de palha e embebidas em breu. Deviam lembrar às pessoas a energia do sol, que logo haveria de retornar.

Nessa tarde, enquanto os alunos estavam entretidos com o trabalho, acabou o estoque de cordas de palha. Alguém teria de voltar ao povoado. Madru foi o primeiro que se ofereceu, e, assim, foi o enviado. Ele já havia alcançado a base do morro e atravessava o vale enregelado quando, do meio de uma pequena floresta de bétulas, surgiram duas figuras que se aproximaram rapidamente dele. Madru tentou pegar sua faca, mas a havia esquecido no topo. Ficou pensando em como fugir dos atacantes. Do lado direito, ficava a floresta encantada, que lhe parecia uma muralha; do lado esquerdo, cairia num pântano. "O melhor é atacar de frente", pensou consigo mesmo.

Quando os homens se aproximaram suficientemente, Madru reconheceu o seu sósia e deu-se por perdido. Pôs a mão no bolso, pegou a pata de lobo e passou o polegar três vezes sobre as garras. Não depositava muita esperança nisso, nem contava com nenhuma ajuda. Não havia lobos à vista.

Agora os homens estavam bem próximos. O pior de tudo era o fato de o outro ter o rosto idêntico ao seu. Isso quase paralisou Madru. O sósia se deteve e mandou o outro homem na frente. Este tinha um punhal estreito na mão e aproximou-se lentamente. Com um salto súbito, Madru bateu com os joelhos dobrados no peito do atacante, evitando assim sua primeira investida. Percebeu o sósia esgueirar-se devagar por trás dele, e viu a comprida faca de bronze que ele trazia na mão.

O homem caído olhou espantado para Madru. Logo lembrou-se de sua faca e a arremessou, atingindo o braço esquerdo de Madru, onde ficou enterrada. Madru arrancou-a dali e se virou rapidamente para enfrentar o sósia com a mesma arma que este havia usado. Os dois se atracaram. O ruído da luta era enervante.

O sósia deixou a parte de cima do corpo pender para o lado. "Não posso matá-lo", pensou Madru, "seria o mesmo que me matar." Um suor frio porejou de sua testa. Era o fim. O sósia preparou-se para o ataque.

Subitamente, alguma coisa voou pelo ar à sua frente e por trás dele. Por todos os lados viam-se peles, garras e dentes afiados. Eram os lobos. Um dos animais atacou o sósia de Madru pelo lado. Esse homem devia dispor de uma força fenomenal, pois conseguiu atirar o lobo para longe. Atrás de si, Madru ouviu um grito que lhe enregelou os ossos. Ele estava cercado de lobos, que uivavam e rosnavam. Dois animais perseguiram o sósia, que fugiu para a floresta de bétulas.

Madru procurou o segundo homem. Ele estava deitado, com o rosto contra o chão. Perto do seu queixo corria sangue, que tingia a neve. Foi até lá, curvou-se e virou o corpo de lado. Assustado, afastou-se imediatamente. Uma das metades do rosto do homem nada mais era do que uma posta retalhada de carne sangrenta.

Quatro ou cinco animais esfregaram os focinhos em sua perna, como se quisessem chamar-lhe a atenção para algo. Entre estes estavam também os animais que haviam perseguido o sósia até o matagal de bétulas. Olhou para lá. Uma das árvores se quebrou, caiu com um ruído surdo ao solo e enterrou o homem, que foi atingido pelo tronco. Madru tornou a olhar para o morto a seu lado.

"O outro também está morto", disse um dos lobos.

"Canalhas. Ambicionam o ouro", disse um outro.

Capítulo XI

A viagem para a cidade à beira-mar. Uma armadilha amorosa.
Uma conversa entre os lobos e a noite iluminada.

Depois da Festa do Solstício de Inverno, na época das noites selvagens, a época intemporal entre o ano velho e o novo, o Príncipe da Floresta viajou com uma pequena comitiva para Österstrand, a cidade que ficava perto do mar.

Como proteção para o porto, havia cinco destacamentos de soldados. Quem viesse atrás de pagamento, arranjaria encrenca com os comerciantes e o príncipe. Era preciso, assim constava, manter os compradores satisfeitos e vinculálos com mais firmeza à corte do príncipe. O porto era um dos pontos estratégicos em que Norrland ficava vulnerável. Falava-se em obter uma poderosa corrente de ferro com que trancar o porto no caso de um ataque marítimo. Era preciso encomendar uma corrente desse tipo no exterior. Custava muito caro.

Ase viajou como guia até o mar. A princesa e as filhas de Bator ficaram em casa. Bator disse que essa viagem era muito difícil para as mulheres. Isso era fácil de acreditar. O arquidruida foi empossado como administrador do reino durante a ausência do príncipe. Isso se deveu à sua posição de conselheiro. Houve quem fizesse apostas de que durante a ausência de Bator ele se aproveitaria para tomar o poder. Quando Madru interrogou o príncipe sobre isso, este sorriu dubiamente e se manifestou:

— Deixe que ele tente. Apenas queimará os dedos.

Madru insistiu em que Padur fosse junto, pois estava em férias na escola. Bator falou jactanciosamente sobre ensinamentos acerca de diplomacia, que cada pretendente a governador tinha de aprender.

Madru teve a impressão de que Bator estava com a consciência pesada.

Viajavam em trenós puxados por cavalos, cobertos com peles grossas e pesadas. À frente e na retaguarda do cortejo, ia um trenó da milícia. Não se podia ter certeza de segurança durante o trajeto entre o reino do príncipe e Österstrand, pois havia bandos de salteadores na região. Viajava-se por uma rota que seguia pela margem norte da floresta encantada, durante três dias, através de bosques sombrios de pinheiros e de sorveiras bravas; a rota também passava por charnecas desertas, em que o vento assobiava, impetuoso.

Não era possível ir mais depressa, pois os dias eram curtos e dispunha-se de apenas quatro a cinco horas para viajar. Passava-se a noite nos povoados dos Jarls, quando se contavam histórias e ouviam-se os tocadores de harpa.

No início da viagem, pairavam nuvens cinzentas e ameaçadoras sobre a floresta. Quanto mais se aproximavam da costa, tanto mais o tempo clareava. O ar tinha um aroma diferente, cheirava a sal e a sargaços. No quarto dia, do alto de uma duna, Madru viu o mar pela primeira vez. Sua amplidão e as ondas que iam e vinham despertaram nele a lembrança da visão que tivera do alto das copas das árvores na floresta encantada. Mas enquanto a floresta repousava em si mesma, e oferecia a proteção que dela emanava, o mar lhe pareceu ter a força impressionante de movimento, uma força que vinha de longe, de outro lugar, do desconhecido. Como numa trama, isso se juntou ao inusitado cheiro do ar.

Chegaram a Österstrand, uma cidade cheia de muros e arcos, tão grande e majestosa como Madru jamais vira. Havia ali muitas coisas que provinham de lugares distantes, sobre os quais Madru nada sabia. Numa taberna, o hospedeiro segurava um pássaro de penas coloridas sobre um pequeno balanço; a ave podia falar como gente. Passaram por armazéns que recendiam a especiarias estranhas.

Pretendiam alojar-se, aquartelar-se na casa do príncipe; no entanto, ela estava em ruínas. A neve entrava pelo telhado. Lundquist, um comerciante proprietário de sete navios, o homem que praticamente mandava na região, ofereceu hospedagem ao príncipe e à comitiva em sua casa.

Pela manhã, Madru foi até o porto com Ase. Lá estavam os navios, cujos mastros eram mais altos do que as grandes árvores do grande salão. Encontraram um homem de pele muito escura que usava uma argola de ouro pendurada numa das orelhas.

Na casa de Lundquist, arranjaram um quarto para Padur e Madru no primeiro andar. À frente, havia um corredor, por onde também se podia olhar para um grande vestíbulo abaixo. Na cama, os travesseiros não eram de pele, mas de linho branco; em vez de peles de carneiro, havia acolchoados de pena que abrigavam do frio intenso. Um grande fogão, cujos azulejos eram pintados com figuras, impressionou sobremaneira Madru. À noite foi servido um banquete para o Príncipe da Floresta. No grande salão do andar térreo fora preparada uma grande mesa. Os homens que governavam a cidade juntamente com Lundquist, reconhecíveis por seus chapéus de castor, que não retiraram nem mesmo à mesa, davam-se ares de importância. Bator não se incomodou nem um pouco com a sua evidente arrogância. Mostrou-se jovial, até mesmo alegre. No banquete, Madru viu pela primeira vez a filha de Lundquist, a forte Mara. Tratava-se de uma criatura cujos seios pareciam duas montanhas; tinha braços roliços, uma boca sensual e bochechas redondas, rosadas, como se alguém as tivesse pintado com peônias.

Ela o saudou assim que se sentaram e logo que os cumprimentos de praxe terminaram, como se fossem velhos conhecidos. Mara usava muitas jóias, aliás em demasia, e seus movimentos eram canhestros. De vez em quando, e sem motivo aparente, dava uma risadinha feliz.

Quando Madru olhava para ela, sentia-se indisposto. Ela mostrava uma estranha mistura de sensualidade e de burrice que lhe causava repulsa.

Como entrada foram servidas ostras, que Madru desconhecia. Para não passar vergonha, esperou para ver como os outros as comiam. Aquela massa acinzentada gelatinosa, em que se pingavam umas gotas de uma fruta amarelada e depois se polvilhava com pimenta, lembrava-lhe o cheiro de maresia e a vista que tivera do alto da duna.

O pão também era diferente. Eram chapas finas, cinzentas, com a superfície ondulada. Mara mastigava com a boca aberta, fazendo um ruído que era possível ouvir do outro lado da mesa. Quando a refeição terminou, o príncipe fez um discurso ao qual Lundquist respondeu. Então foi a vez de Ase, que foi breve. A réplica partiu de um dos homens com chapéu de castor. E assim foi indo: os convivas se revezavam. Madru admirou-se com a habilidade com que todos conseguiam falar durante tanto tempo sem dizer nada importante. Como se sentisse entediado, bebeu demais do pesado vinho escuro. Não lhe escapou o fato de que a forte Mara insistia em despertar-lhe repetidas vezes a atenção. Madru não levou isso a sério; apenas devolvia-lhe o sorriso, pois não queria ser descortês e porque a leve embriaguez de que estava possuído dava-lhe uma sensação ridícula de indiferença.

Somente perto da meia-noite foi encerrada a refeição, e precisamente com um brinde.

— Agora, ergo minha taça — gritou Lundquist — pela abençoada união de nossas duas casas, que se completa esta noite. Possa ela ajudar nosso país, na medida em que houver muitos descendentes, homens corajosos e mulheres virtuosas. . .

Essa não foi a primeira frase de efeito ouvida nessa noite. Madru ergueu a taça e correspondeu ao brinde do comerciante. Admirou-se por ver que antes de beberem, Lundquist deu-lhe uma piscadela animadora. Também não deu importância ao beijo que Mara lhe arremessou com a mão por sobre a mesa. Foi para o quarto com Padur, achou o travesseiro fresco e liso, a cama de penas macia e quente, e caiu imediatamente num sono profundo e sem sonhos.

Foi acordado por ordens de comando, passos apressados e gritos de espanto. Toda a casa parecia já estar de pé. Teria irrompido algum incêndio? No primeiro momento, Madru não se lembrou de onde estava. Soergueu-se da cama. Fora dormir junto com Padur, mas a cama de Padur, do outro lado, estava vazia. Madru vestiu apressadamente as calças. A porta estava aberta. Saiu para o corredor. O que viu fê-lo petrificar-se de horror. Algumas velas ardiam, iluminando fracamente o vestíbulo. Embaixo, onde à noite estivera a mesa do banquete, havia uma grande cama de casal. Nela, nua em pêlo e rosada, e nem um pouco envergonhada de sua nudez, jazia a forte Mara e, perto dela, escondido por um lençol até o pescoço, olhando para todos os lados como quem fora surpreendido roubando maçãs, estava Padur.

Nos corrimãos das escadas, na balaustrada do corredor, debruçavam-se empregados, camareiras e criados. A maioria deles estava insuficientemente vestida. As toucas de dormir, em pontas, e longos camisolões davam-lhes a aparência de fantasmas. Em volta da cama, no entanto, estavam os soldados da casa de Lundquist, montando sentinela de espadas em riste.

Nesse momento, abriu-se uma porta e Lundquist, com um roupão de seda preta e o cabelo branco despenteado, entrou em cena, levantou alegremente os braços e gritou:

— O casamento foi consumado. Deus os abençoe, meus filhos!

Exatamente do outro lado, abriu-se outra porta da qual se precitou Bator. Ele parou, esticou a cabeça e gritou, angustiado:

— Maldição! Esse é o homem errado! Esse é Padur! Como pôde acontecer isso?

No mesmo momento, a forte Mara começou a pedir e a suplicar:

— Eu quero este homem, eu quero este homem! Ele é o certo para mim. — Depois de dizer isso oito vezes seguidas, houve uma pausa, e ela acrescentou, quase sussurrando, como se contasse um segredo: — Ele é tão bonito!

Lundquist e Bator discutiam, vermelhos de ira:

— Como isso foi acontecer?

— Sei lá! Mas não me atribua a culpa, por favor!

— Eu quero este para marido — Mara continuava a recitar. — Não é verdade que posso ficar com ele? — prosseguiu, descansando seu rosado braço roliço em volta dos ombros de Padur.

— Esse rapaz ao menos pertence a uma família da nobreza? — perguntou Lundquist a Bator, pelo visto já meio resolvido a se adaptar às novas circunstâncias.

— O pai dele é governador das montanhas ocidentais — esclareceu Bator. — Trata-se de um homem confiável.

Lundquist aproximara-se da filha, e acariciando-lhe os braços, disse-lhe tranqüilizadoramente:

— Fique calma, meu bem. Você o terá... Não está tudo perdido. Logo daremos um jeito nisso.

E, com um gesto enérgico, puxou o lençol que cobria Padur a fim de cobrir com ele a nudez que sua filha parecia exibir tão despreocupadamente. Padur continuou ali, sentado, cobrindo o sexo com as mãos.

— Um chanceler para o contrato de casamento! Todos vocês são testemunhas. Espero os senhores nos meus aposentos privados dentro de meia hora.

Enquanto se vestiam no quarto, Madru arrancou do perturbado Padur o relato do que havia acontecido. No meio da noite, este ouvira o som de sininhos. Na primeira vez, pensou estar sonhando; na segunda, também; na terceira vez, a curiosidade levou a melhor. Levantou-se, saiu para o corredor e viu Mara se contorcendo lubricamente em sua cama, iluminada por duas velas.

Primeiro vacilou, mas depois considerou o caso como uma situação de necessidade. Achou que, dados os gestos e trejeitos da moça, seria falta de cortesia desprezar uma oferta tão evidente. Desceu então as escadas, pensando numa aventura inconseqüente, como já tivera muitas e das quais se saíra muito bem. Quando alcançou a grande cama, Mara apagou as duas velas e lhe fez uma recepção sobre a qual ainda não se sentia capaz de falar.

A única coisa que o surpreendera fora o fato de que Mara sempre voltava a repetir o nome de Madru durante os seus abraços em vez de dizer o seu. Muitas vezes, assim contou Padur, ele lhe dera a entender que seu nome era outro. Primeiro ela riu dele, dizendo que não acreditava em nada do que dizia. Depois, disse que tanto fazia se seu nome era Madru ou Padur; isso não tinha a menor importância. Então Padur se sentiu ofendido. Com a desculpa de que mesmo o mais forte lutador de vez em quando precisa de um pouco de sono fez menção de se despedir. Foi então que tudo se tornou mais difícil. Mara não se cansava de tomá-lo nos braços e de lhe sussurrar que — tanto fazia o seu nome — ele era o homem da sua vida; ela se sentira magnífica, queria senti-lo novamente, pois as noites eram longas, tão maravilhosamente longas nessa época do ano... De repente — Padur confessou que enquanto vivesse ele sempre se envergonharia do fato a cada vez que se lembrasse daquele momento, — ele ficou com medo de que ela o pudesse sufocar com seus amplexos apaixonados. Foi então que, aos gritos, pediu socorro, atraindo imediatamente a atenção de toda a criadagem.

E assim Madru escapou da armadilha amorosa que lhe haviam preparado, e Padur, das montanhas ocidentais, teve de casar com a forte Mara em seu lugar.

Do ponto de vista dos contratos que o príncipe queria fechar com os comerciantes de Österstrand, o fato de o genro errado ter caído na rede foi um empecilho. Mara, entretanto, estava feliz. Suas faces estavam mais coradas do que nunca. Contudo, o pai gostaria de vê-la casada com o filho do príncipe. As negociações relativas ao pagamento dos cinco contingentes da milícia e ao custo da corrente de ferro para trancar a entrada do porto se alongavam. Os comerciantes de Österstrand conheciam a posição estratégica da sua cidade, e exigiam do Príncipe da Floresta o que representava para eles meras moedas, duas mil peles de raposas e de esquilos. Ase considerou essa exigência absurda.

Passados quinze dias da celebração das bodas, houve um acordo referente a mil peles a cada começo de ano. Foi assinado um contrato no mesmo aposento que servira de palco para a assinatura e a lacração do contrato de casamento entre Padur e Mara naquela noite turbulenta.

A viagem de volta foi feita sem Padur, pois a filha do comerciante exigira que sua recente felicidade conjugal não fosse interrompida pela separação; e, antes de visitar os sogros, ela pretendia mostrar ao marido um pouco das regiões costeiras.

Foi difícil acostumar-se outra vez à rude vida da floresta, depois da vida confortável na cidade do porto. A viagem de volta foi muito mais lenta. Bator achou conveniente visitar alguns dos Jarls, apresentá-los ao Filho das Estrelas e se certificar da lealdade de seus hospedeiros, assegurando-se da boa vontade dos cidadãos da região.

Madru foi ficando inquieto. Tinha pesadelos. Quando ficava mais dias nas cortes dos Jarls, percorria os bosques à procura de álamos-negros. Expunha-se ao frio durante horas, tentando entrar em contato telepático com Alissa por meio deles. Mas o que antes não exigia qualquer esforço ele não conseguia mais fazer. Falou com Ase sobre isso. Este o consolou dizendo que não devia esperar que essas tentativas sempre dessem certo. Para tal, Madru tinha muito pouca experiência.

Madru tentou apressar a viagem de volta de Bator, mas este foi convidado pelo Jarl que os hospedava no momento para uma caçada de ursos. Madru teve a impressão de que Bator adiava intencional e conscientemente a volta para o seu povoado.

Durante a caçada, teve a impressão de estar caçando um fantasma. Os cães farejavam e encurralavam a presa, mas sempre que os caçadores se aproximavam esta já havia desaparecido. Tratava-se de um urso muito velho, esperto e violento. Muitos diziam que estavam diante de um oponente que se vestia com peles de urso. Madru não simpatizava com ursos. Também ele se divertia nas caçadas a esses animais.

Certa manhã em que não partira com os caçadores, mal podia se agüentar de impaciência. Para tranqüilizar-se, pegou o baralho e tirou três cartas. Escolheu a rosa-dos-valados, o espinheiro-alvar e o álamo-negro. Tornou a misturar essas cartas ao baralho e tirou outras duas. Dessa vez, tirou a hera e o álamo-negro, e ficou pensando. O álamo-negro era a árvore de Bru, mas era também a árvore de Alissa. A hera indicava perturbação. Madru dirigiu-se até a porta. Não se espantou de ver lá fora, sentados em semicírculo, uns lobos olhando expectantes para ele. O guia da matilha aproximou-se com relutância. Eles se observaram. Era como se estivessem conversando. Madru pôs a mão esquerda sobre a pata do lobo.

— O que há com você? — perguntou.

Ele os ouviu confabular e o chefe da matilha dizer:

"A ocasião era oportuna. O arquidruida deu queixa de Alissa, acusando-a de feiticeira. Ela foi julgada e vai ser queimada na fogueira."

— O que me aconselha?

"Nós queremos saber se ainda nos considera seus aliados. Da última vez em que o ajudamos, tivemos a impressão de que nos desprezava."

— Não se tratava de desprezo! A violência de vocês me chocou!

"Cumpriremos as suas ordens à risca. . ."

"Mas de má vontade se nos limitar as forças", disse um dos animais do semicírculo. "Você sabe que gostamos da moça."

Madru ficou pensativo.

"Trate de falar", apressou-o o lobo-chefe, "não nos resta muito tempo. Tivemos de esperar até você voltar à Grande Floresta antes de podermos nos aproximar."

— Não quero que ninguém morra. . . nem ela nem ninguém.

"Bem. Mas poderíamos pôr a correr o arquidruida e seus carrascos."

— E eu, o que posso fazer?

"Consiga um trenó puxado por três parelhas de cães. Viaje tão depressa quanto puder até a habitação do príncipe. Mas não entre na casa, fique do lado de fora. Vá até o prado atrás do grande salão. Lá é o lugar do julgamento. Mostre seu bastão negro às pessoas. Estaremos ao seu lado."

Madru mandou atrelar um trenó. Para todos exibiu o bastão negro e isso fez milagres, pois foi voando de volta à povoação do príncipe. Ia depressa, cada vez mais depressa. A matilha cinzenta ia na frente, o que era um estímulo para os cães.

Assim que desatrelou o trenó, muitas pessoas passaram por ele; eram curiosos que queriam ir ao local do julgamento. Não era todos os dias que se via uma mulher morrer daquele jeito. E muito menos a filha mais nova do regente. Ele ouviu as pessoas dizerem:

— Ela é uma feiticeira e tem de morrer queimada.

Eram pessoas de olhares ansiosos e desejosas de ver a morte! Pessoas que pareciam tão inofensivas. . . sob cujo teto ele já dançara, comera e bebera; cuja hospitalidade e simpatia admirara durante aquela festa. Agora Madru preferia lutar contra elas. Quando viam os lobos caminhando a seu lado, elas fugiam, apesar de os animais andarem devagar e não atacarem ninguém.

Madru e os lobos chegaram ao prado onde havia sido armada a pilha de lenha. Em cima, amarrada, estava Alissa, com o cabelo solto, usando um manto de penitente. Madru reprimiu um grito de revolta. O arquidruida estava de costas para ele e para a matilha de lobos. Guh lia a sentença: "Devido à feitiçaria e à blasfêmia. . .!" Cada vez mais gente se virava para trás; ao ver os lobos, fitavam-nos medrosos e inseguros, sem saber como agir. "E, assim, eu ordeno aos carrascos que ateiem fogo à lenha. . ."

Os carrascos usavam capuzes negros na cabeça. Eles se aproximaram de um tacho cheio de brasas ardentes a fim de acender suas tochas. Nesse momento, um dos animais uivou. Guh se virou. Uma matilha de lobos o encarava.

Lentamente, Madru ergueu o bastão negro, com os olhos fixos no olhar furioso de Guh e viu como o medo se insinuou nos olhos do arquidruida. Todos esperavam que os lobos se lançassem sobre ele, que atacassem a multidão. Nada disso aconteceu. Fez-se um enorme silêncio. Ouvia-se apenas o rosnado dos animais e o crepitar do braseiro. Os carrascos não ousavam atear o fogo.

— Avante! — gritou Guh.

Os carrascos ficaram estatelados, tremendo. Madru olhou tenso para os animais. Eles rosnavam e babavam, como que à espera de um grito de ataque.

— Tratem de sair daqui! — bradou o arquidruida, que também segurava seu bastão negro. Ele tentou afugentar os lobos com um movimento dos braços.

— É melhor você se retirar, Guh — disse Madru tranqüilamente. — O seu jogo acabou.

— Isso nós veremos — respondeu o arquidruida com um riso irônico. — Venham — disse aos carrascos —, não usaremos de força.

Madru ergueu mais alto o seu bastão.

— Caros súditos, eu lhes pergunto: quem é que está abusando do poder aqui?

Ouviram-se as primeiras vozes, que condenavam o arquidruida ao cadafalso no lugar da moça. O arquidruida começou a correr. Os dois carrascos se lançaram atrás dele.

"Algumas mordidas nas canelas, isso seria divertido", Madru ouviu um dos lobos dizer.

— Não estraguem tudo agora. Quem podia imaginar que isso iria acabar assim?

"Nós!", respondeu o chefe da matilha.

As pessoas olhavam espantadas para os lobos. Apressaram-se em pegar algumas pedras e a correr atrás de Guh.

— Alto! Fiquem aqui! — ordenou Madru. — Desamarrem a moça! Aquele lá. . . — Madru apontou para Guh que fugia e que se virara para trás. — . . . deixem que ele se vá. Ou querem passar vergonha diante dos animais selvagens?

O fato de poder representar o papel de salvadores fez com que a gentalha se esquecesse de que queria ver uma execução. Voltaram logo, trazendo Alissa.

— Eu tinha certeza de que você viria — disse ela, afastando da testa uma mecha de cabelo. Dando o braço a Madru, os dois caminharam devagar parte do caminho, cercados pelos lobos. Quando haviam se acalmado um pouco, se detiveram.

— Agradeça aos lobos — disse Madru.

Alissa agachou-se, afagou cada um dos animais, chamando-os pelos nomes, falando mansamente com eles. As pessoas, que há pouco queriam vê-la morta, se aproximaram. Agora queriam convencer-se de que ela falava com os lobos, de que podia entender sua linguagem. Alissa falava baixinho com os animais, em tom apaziguador, carinhoso. Mais tarde, cogitou-se muito sobre o que ela lhes teria dito. Com certeza, o suficiente para que, logo depois, eles se retirassem tranqüilamente até a orla da floresta. Lá chegando, começaram a andar mais rápido e a uivar. Mais tarde, Alissa contou a Madru que o líder da matilha lhe dissera: "É preciso muita força para manter a calma".

Madru cuidou dos trenós e dos cães. Depois foi até sua cela na Casa do Conhecimento e deitou-se para dormir.

Na manhã seguinte, quando chegou à casa do príncipe, ouviu dizer que Bator ainda não havia regressado, mas que o arquidruida e a princesa haviam fugido para a passagem das montanhas ocidentais. O chefe da milícia perguntou se devia persegui-los. Madru percebeu que ele estava à espera de suas ordens.

— Deixe-os ir. Eles se enforcarão na corda das próprias mentiras — disse ele.

Nessa noite, alguém bateu na janela da sua cela. Era Mola, segurando uma lanterna. Madru saiu. Sabia o que aquilo queria dizer e sentiu sua excitação aumentar.

— Cuidado — advertiu Mola — para que o vento não apague a sua luz.

— Esta noite não há vento. Tudo está tranqüilo. Pode-se ouvir o canto das estrelas. Siga-me.

Alguns minutos depois, Madru e Mola entraram no grande aposento de uma casa. Na lareira ardia um fogo acolhedor. A velha se retirou assim que chegaram ao limiar da porta, desaparecendo outra vez na noite.

No canto perto da lareira havia uma cama confortável, coberta com peles de carneiro. No chão, uma porção de velas acesas emitiam um leve chiado.

A moça estava nua, com as pernas cruzadas, sob a luz das inúmeras velas.

Alissa disse:

— Eu o escolhi pela terceira vez!

Sem pressa, Madru tirou a roupa, tomou-a nos braços e levou-a até a cama.

Capítulo XII

A época na região inóspita. O homem de couro. Descoberta da existência dos anões.

Imperturbáveis, desde essa noite Madru e Alissa passaram a viver como marido e mulher, e se alegravam com seu amor. O príncipe, que finalmente voltara de sua caçada aos ursos, pareceu aliviado com o rumo que os acontecimentos haviam tomado durante a sua ausência. Não chorou a perda da mulher e, quanto à fuga de Guh, manifestou-se da seguinte forma a Madru: essa fuga isentava-o de fazer uma queixa contra ele, como traidor, e evitava que precisasse executá-lo.

Foi escolhido um novo arquidruida, o abade da academia, um sábio silencioso, que se interessava mais pela etimologia das línguas do verão e do inverno do que pela política e pela cabala da corte.

Bator casou suas duas filhas mais velhas: uma com um comerciante de Österstrand — talvez para realizar o sonho da ligação desses comerciantes com o principado e conseguir, indiretamente, que a grossa corrente que fechava o porto resistisse melhor em casos de emergência; a outra foi dada em casamento a um governador do Alto Norte, o que equivalia, se dermos ouvidos às más línguas, a um eterno desterro. Quando as filhas saíram da casa, Bator arranjou uma amante quinze anos mais jovem do que ele.

Bator continuava a recusar-se a abençoar o casamento entre Madru e Alissa, mas mostrou-se orgulhoso e comovido quando Madru lhe contou que Alissa estava grávida e que tinha decidido casar-se com a criança nos braços. Havia um costume em Norrland, tão velho como a escolha tríplice da mulher por um homem: para o casal que aparecesse no grande salão com um filho nos braços e dissesse diante dos grandes álamos que viveriam juntos como uma família, nenhum obstáculo mais poderia existir. Qualquer empecilho ao casamento seria considerado nulo e sem valor.

— Pois bem — disse Bator, quando ouviu que sua filha mais jovem o faria avô —, então festejaremos no próximo solstício de inverno um casamento e um batizado ao mesmo tempo. Nesse dia, o Filho das Estrelas também será declarado Príncipe da Floresta.

Madru terminara seus estudos na Casa do Conhecimento. Logo teria de partir para a região inóspita. O tempo de solidão em Norrland significava para um jovem da nobreza o limiar entre a juventude e a idade adulta. Antes de exercer sua profissão e de constituir família, ele teria a oportunidade de pensar mais uma vez sobre si mesmo; teria de manter silêncio e jejuar; deixaria em casa o seu baralho; teria de refletir sem qualquer ajuda ou distração; teria de se certificar de sua independência, de ser capaz de sobreviver às próprias custas. Como sinal visível de ter-se mantido e conservado vivo naquela região inóspita, deveria trazer do "tempo solitário" um machado.

Por certo, havia em Norrland, há bastante tempo, instrumentos para a guerra e ferramentas de bronze fabricados por alguns artesãos. A fabricação de um machado de pedra tinha, portanto, um valor simbólico. Mostrava que o jovem havia crescido, que podia sustentar mulher e filhos com o trabalho das próprias mãos. Em quase todas as casas de Norrland podiam-se ver esses machados de pedra pendurados nas galerias ou nos vestíbulos, e quando se falava deles, contavam-se histórias sobre a sua fabricação e como foram feitos nos anos de juventude.

Assim que o machado de pedra estivesse pronto, mandava a tradição que se "ouvisse" na região inóspita uma árvore que pedisse para ser abatida. "Ouvir", nesse contexto, era a palavra acertada, pois indubitavelmente essas árvores clamavam por alguém que as derrubasse. E ninguém esquecia de trazer algumas farpas da madeira da árvore, pois eram consideradas amuletos de sorte.

A criança que crescia em Alissa já havia se mexido quando Madru preparou sua partida para a região inóspita da floresta. Nos últimos dias, Alissa tivera muitos pesadelos. Ela também lhe contou que ouvira rumores assustadores dos animais, mas quando Madru lhe pediu para ser mais explícita, ela meneou a cabeça e disse que não desejava que levasse consigo pensamentos preocupantes para o seu retiro na solidão.

Nos dias que antecederam a partida de Madru, houve horas

de conversas e de troca de carinhos, nada de extraordinário em si, pois todos os casais que se amam agem assim, e as pessoas mais idosas tratavam os mais jovens com respeito.

— Ah! — dizia-se, quando um dos dois relaxava no trabalho. — Deixem os dois em paz: o moço vai para a região inóspita. — Madru se entregava à ilusão de que nenhum par de jovens enamorados se amara mais profundamente do que ele e Alissa. Tinha medo da solidão, mas achava pouco viril perder tempo em confessá-lo. Quanto a isso, ele se parecia com tantos outros jovens que também duvidavam se seriam ou não capazes de suportar a dura prova de sobrevivência que teriam de enfrentar.

Enfim, chegou o dia de Madru partir. A maioria das mulheres acompanhavam seus homens durante um trecho do caminho, através da campina, até a orla da floresta encantada. Madru pediu a Alissa que não o fizesse. Pareceu-lhe mais fácil despedir-se dela na linda casa que ela havia comprado com a herança da mãe e na qual pensavam morar depois da sua volta.

— Prometa-me — disse ela a Madru — que não se preocupará comigo. Pode estar seguro do meu amor, aconteça o que acontecer. Mola me fará companhia. O que são três meses? Depois, teremos uma vida inteira.

Todo jovem que partia para a floresta encantada tinha um padrinho mais velho e experiente que o levava até lá e que providenciava para que tivesse o necessário, mas nada mais além do necessário. Mais tarde, esse homem o traria de volta. O padrinho de Madru era Ase. Ele o levou a um lugar denominado Ängratörn.

Dessa vez, não foram pelo caminho traçado sobre a copa das árvores, mas abriram-no no chão da floresta encantada. Esse era um empreendimento cansativo que requeria muito esforço, pois era muito fácil extraviar-se e, com isso, perder a vida. Enquanto o povoado do príncipe se banhava à luz alegre de um dia de verão, no bosque de carvalhos que estavam atravessando havia uma escuridão que cheirava a mofo, um ar pesado que oprimia o peito. Precisaram escalar velhas árvores caídas naquele matagal de carvalhos, sob o qual se misturavam ramos rasteiros, amoras e peras silvestres. Acima deles, erguia-se a floresta mais alta de pinheiros.

Embora Madru tivesse aprendido muita coisa sobre a floresta, suas árvores e seus habitantes durante os últimos três meses, logo se tornou consciente de que, sem a grande experiência de Ase, inevitavelmente teria se perdido. O gigantesco labirinto da floresta encantada, a força que ela concentrava e irradiava de si tornaram-se realmente evidentes. Para Madru, era como se essa floresta fosse um único ser, com mil corpos, mãos e pés. Finalmente, um pouco antes de alcançarem Ängratörn, o escuro e sombrio bosque de carvalhos deu lugar a outro cheio de álamos. Madru e Ase aproximaram-se da clareira, dessa vez pela margem oposta do rio. Mas era a mesma clareira a que haviam chegado quando desceram do caminho no alto da copa das árvores. Ali, ao longo de um riacho que desembocava no rio, cresciam, ao lado de álamos altaneiros, bétulas cobertas de musgo, e uma espécie de espadana da altura de um homem. Touceira de aveleiras cresciam nas partes secas. O chão estava coberto por um tapete de aizoáceas.

A grande cabana com a chaminé e a casa da sauna ainda estavam lá, além do lugar para a fogueira, onde, da outra vez, se processara a purificação dos vapores das almas dos mortos. Diante da pequena cabana corria um riacho.

À sua margem, coberta de pedregulhos cinzentos e avermelhados que brilhavam quando a água os lambia e o sol se espelhava neles, havia um bote a remo. Redes de pescar e anzóis estavam à disposição, além de armadilhas, pás de corte, machado e martelo, um alicate, um arco de caça, um espeto e baldes de madeira, além de lenha para queimar, feita com os galhos derrubados pelas tempestades da primavera, em quantidade suficiente. Uma fonte de água limpa corria perto da cabana.

Ase tirou três sacos de sua mochila. Num, havia frutas secas, maçãs e pedaços de peras, ameixas e frutas adocicadas. No segundo, carne seca ao sol, cortada em fatias, e, no terceiro, farinha e uma espécie de torta para assar. Quando esses víveres acabassem, Madru teria de se abastecer sozinho.

Havia um provérbio: "A floresta dá tudo de presente. Basta procurar". Essa fora uma das primeiras lições que Ase lhe ensinara.

Ao despedir-se, Ase desejou-lhe boa sorte e coragem e explicou-lhe que, passados os dois ou três primeiros dias, o pior da empreitada teria ficado para trás. Depois de noventa dias, ele voltaria para buscá-lo e gostaria de encontrá-lo saudável e muito experiente. Depois disso, partiu na direção noroeste.

Madru correu atrás dele e conseguiu alcançá-lo justamente no momento em que Ase chegava à árvore com os galhos para escalar. Ase perguntou-lhe rispidamente:

— O que há de tão importante?

— Não se esqueça de dizer a Alissa que eu a amo.

— Isso é tudo? — perguntou Ase visivelmente zangado, e, como Madru balançasse a cabeça afirmativamente, ele resmungou: — Amor de bezerros —, e em seguida galgou rapidamente os primeiros galhos da árvore.

No primeiro dia, Madru sentiu-se infeliz. Não suportava bem

a solidão. Recordações que lhe infundiam medo começaram a voltar-lhe à memória, ameaçando-o. Mais tarde, descobriu que os banhos diários de sauna contribuíam decisivamente para a sua posterior tranqüilização, para a melhora do seu estado de ânimo.

Então seguiu-se um período de bem-estar, que ele aproveitou para fabricar o machado de pedra. Para isso, ele cavou um buraco e deitou longas achas de carvalho em volta de um bloco de rocha irregular. Cobriu a cova com uma camada de terra argilosa, mas de modo que ainda recebesse suficiente ar fresco, a fim de manter aceso o fogo. Com a alta temperatura, a pedra rachou em vários lugares, formando lascas de bordas agudas dentre as quais se escolhia uma para ser afiada. Para prender a lâmina de pedra afiada ao cabo, era necessário procurar por certa árvore, cujo tronco em forma de bastão era o único adequado para isso. Finalmente, chegou o dia em que o machado de Madru ficou pronto e ele devia certificar-se de que de fato servia como ferramenta. Madru nunca conseguira imaginar o que as pessoas queriam dizer quando contavam que uma árvore pedia para ser abatida. Agora comprovava que, conforme soprava o vento, cada uma delas emitia um som especial. Com certa prática, dava para perceber se a árvore estava sadia ou doente. Madru ficou pensando que essa extraordinária linguagem talvez se destinasse a dizer que se tratava de derrubar certa árvore doente, mas o maior objetivo era o de aguçar os sentidos.

Madru derrubou a árvore e a dividiu em nove achas, cada uma do comprimento do braço esticado de um homem. Ele as colocou sobre uma armação para que secassem; serviriam para o próximo jovem que tivesse de fazer ali seu retiro na região inóspita de Ängratörn. Ele poderia usá-las como combustível para o buraco que cavasse a fim de fabricar o seu machado.

Também guardou alguns cavacos como amuletos, e quando terminou todas essas tarefas, deu por terminado o jejum. Na noite desse dia, preparou uma refeição com o conteúdo dos saquinhos; estava saborosa; há muito não provava nada igual. Apesar da grande economia, logo seus mantimentos acabaram e ele precisou sustentar-se pescando, montando armadilhas e comendo certas ervas que juntava no mato.

Do lado de fora da cabana, Madru tinha pendurado uma lousa de ardósia que descobrira em suas andanças por Ängratörn. Já havia sessenta e três riscos nessa lousa. De bom humor, não se preocupava mais com a solidão e achava que quem não passasse algum tempo sozinho na floresta perdia uma experiência decisiva na vida.

Nessa manhã, pescara um bom peixe, cujo ventre brilhava em tons esbranquiçados e avermelhados. De repente, viu um estranho diante de si. Muitas vezes desejara alguém com quem conversar; agora, no entanto, a presença dessa criatura colocava-o num estado de súbita repulsa, que só com esforço conseguiu esconder.

Talvez isso se devesse à estranha aparência do estrangeiro. Estava trajado, da cabeça aos pés, de couro marrom; usava botas de um tipo que Madru nunca vira em Norrland, um traje e um capuz do mesmo material, com um cordão amarrado embaixo do queixo; desse modo, o capuz grudava na cabeça e só o rosto ficava de fora. Parecia que todo o couro que ele vestia tornara-se uma segunda pele, a ponto de dar a impressão de que o tal sujeito fosse inteirinho de couro.

O forasteiro inclinou-se levemente diante do jovem, tirou um papel dobrado e selado de dentro do cano da bota e o entregou a Madru.

— Quem é o senhor? — perguntou Madru.

O homem de couro sacudiu a cabeça.

— De onde vem? Fale, homem!

O homem apontou para a copa das árvores. Madru entendeu que talvez ele fosse mudo.

— Tem de esperar uma resposta?

O emissário sacudiu afirmativamente a cabeça.

— Mas o senhor deve estar com fome. Sente-se por um instante. Estou justamente prestes a fritar um peixe. Há bastante para dois.

O emissário fez um movimento ridículo: levantou cada uma das pernas até quase o queixo; depois virou-se abruptamente e correu na direção da árvore com a escada de galhos.

Madru balançou a cabeça, perturbado, e olhou com ceticismo para o papel que o sujeito lhe entregara. Não era costume escrever-se cartas em Norrland. As notícias em geral eram transmitidas oralmente. O papel, que era encomendado no estrangeiro através do porto de Österstrand, servia para escrever trovas, leis ou contratos importantes, e não recados para um homem jovem, em retiro na solidão da floresta.

Madru observou o lacre. Pertencia ao príncipe. Rompeu-o e leu:

"Caro senhor!

Se quiser saber com quem a mulher que ama o trai vergonhosamente venha imediatamente ao povoado. Use o caminho do alto das árvores.

No fim do caminho, encontrará alguém à sua espera.

Alguém que tem boas intenções".

A carta estava escrita na língua da primavera do mundo do além. A primeira reação de Madru foi um acesso de cólera. Ele amassou a folha e quis jogá-la ao fogo que ardia para fritar o peixe, mas teve uma idéia. O emissário não deveria estar muito longe. Bastava segui-lo sem que ele o percebesse, e a criatura de couro o levaria até o patife que escrevera o bilhete. Madru se levantou e tomou novo susto.

Diante dele estava um homenzinho que lhe chegava à altura dos joelhos. Usava uma touca de ponta vermelha, como se espera que os anões usem, uma jaqueta verde e calças com suspensórios de couro de veado. Seu rosto tinha uma aparência muito idosa. Ele estava ligeiramente vergado para a frente e se apoiava num bastão com empunhadura de prata que tinha a forma de uma sílfide, semelhante a uma esguia libélula de asas abertas.

— Vamos devagar — disse o anão. — Ainda precisamos ter uma conversinha, usando a nossa linguagem.

— Quem é o senhor?

— Deixemos isso para depois... Adiemos as apresentações. Permita que lhe faça primeiro uma pergunta: você tem alguma dúvida sobre a lealdade da mulher que ama? Seja honesto.

— Não — disse Madru com decisão.

— O senhor é jovem e está muito apaixonado — constatou o anão com firmeza.

— Isso é verdade.

— Dois: então, tudo isso está evidente. Trata-se de uma difamação, de uma mentira.

Madru anuiu.

— E trata-se de uma mentira bastante grosseira — disse Allwiss. — E onde o senhor ia com tanta pressa, se é que posso perguntar?

— Atacar o tratante que escreveu isso pelas costas e torcer-lhe o pescoço.

— E se ele houvesse premeditado que o senhor seguiria o emissário? E se no fim do caminho das alturas fosse perseguido pelos assassinos e, dessa vez, não houvesse uma matilha de lobos por perto?

— O senhor acha que isso poderia acontecer?

— Não acho nada, eu *sei.* Primeiro, sei que não vai acreditar em mim, mesmo se eu lhe disser que *sei* tudo.

Madru encarou o anão dos pés à cabeça.

— Sim — disse o homenzinho e fez uma inclinação —, sou Allwiss, o sabe-tudo. Sou aquele Allwiss... Bem, você já sabe.

O anão fez uma pausa para dar a Madru tempo de se recuperar do espanto e continuou:

— Com este encontro tão prematuro as coisas aconteceram de modo diferente do previsto, do que sempre se ouviu dizer. Naquela ocasião, eu não tinha certeza quanto a tomar uma decisão. Achei que se dissesse às pessoas tudo o que sei, talvez não acontecesse o pior. Eu achei que, ao dizer-lhes, elas tomariam cuidado. . . teriam a possibilidade de decidir de forma diferente. Mas isso foi um erro.

— Como um erro?

— Porque tudo é um sonho que já foi sonhado. Um longo sonho, infinitamente intricado, complicado, do tempo. Entenda o que digo: a Lua é um sonho, Bri e Bru são sonhos, sua vida é um sonho e as pessoas, um sonho. E, certa noite, o sonho será diferente, e também conheço o seu conteúdo. Isso me deixa muito melancólico: saber tanto e não poder mudar nada. Mas que idéia a minha, encher seus ouvidos dessa maneira. O senhor tem outras preocupações.

— Não — disse Madru. — O que me diz me parece mais importante.

— Está me entendendo?

— Mais ou menos. Mas, se tudo já está decidido, seria loucura cada um tentar fazer algo por si mesmo.

— Em linhas gerais, o destino está decidido. E o que quer saber é se a vida do indivíduo influi muito no resultado final, não é?

— O ser humano isolado — disse Madru, zangado — será "insignificante"?

— Deixemos disso — respondeu Allwiss. — Nesses assuntos, sempre brigo com as pessoas. Isso pelo menos está previsto: como tudo foi criado e determinado por meio de um sonho, sonhar é algo sagrado. Pode-se dizer que quem aprender a sonhar bem estará perto dos deuses. Alguém já lhe disse que tem grande aptidão para isso? Não? Bem, então agora ficou sabendo. Bru me mandou até aqui. Ela quer servir-se da sua aptidão para sonhar *bem*. Mandou saudá-lo e assegurrar-lhe a sua simpatia e mercê.

— Isso quer dizer que o senhor veio do outro mundo para cá?

— Isso mesmo.

— E vai voltar para lá?

— Na verdade, ela pediu que me apressasse; logo precisará de mim para outra missão.

— Então sabe como se pode ir deste mundo ao mundo do além?

— Lembre-se de que, infelizmente, eu sei tudo.

— E a passagem para lá? — perguntou Madru, ansioso. —

Trata-se de um buraco no chão ou pode-se escalar o muro em determinado ponto? Há um rombo em algum lugar?

— Nada disso — respondeu o anão. — Isso são conceitos que os druidas inculcaram nos mortais a fim de se tornarem importantes. De fato, as aparências são bem diferentes. Você logo fará essa experiência. E agora, passe bem, meu jovem amigo. Logo nos veremos outra vez. Nessa ocasião, já estará cheio de dúvidas; portanto, concederei que formule um desejo que prometo atender desde já. . . algo que lhe dê prazer.

— O senhor é um homem extraordinário — disse Madru, meneando a cabeça. — Por que me concede um desejo, sem mais nem menos?

— Foi idéia de Bru, e a vontade de minha senhora é uma ordem. Talvez deva lembrá-lo de que ela gosta do senhor. — Com essas palavras, o anão virou-se e partiu depressa. Madru ficou a observá-lo. Em certo momento, uma árvore encobriu o anão. Um trecho depois, Madru deveria avistá-lo outra vez, mas ele desaparecera.

Madru correu até a árvore. Nada havia de especial para ver. Nenhum buraco nas raízes, nenhuma toca de coelho. Mas, à distância de um arremesso de pedra, viu uma touceira de avelãs. As folhas de vários ramos estavam caídas, formando uma espécie de cortina verde. Madru imaginou que a carta do eremita do baralho era, ao mesmo tempo, a carta das aveleiras. Teve então certeza: o anão sumira do outro lado desse arbusto!

Capítulo XIII

Cavalgando para um mundo diferente. As mulheres da neblina transformam o dia em noite.

Algo consternador aconteceu. Madru perdeu o poder da memória. Alissa, Ase, o Príncipe da Floresta: primeiro, todos se tornaram sombras; depois, simples fragmentos. Quando tentava lembrar-se, vinham-lhe à memória a metade de um rosto, uma mão, um quadril, o sorriso que costuma brincar no canto de uma boca; e mais nada.

Era como se estivesse possuído por um poder desconhecido que apagava suas lembranças e certos sentimentos.

Certa vez, deu com os olhos na lousa, onde — até a ocasião da visita do emissário e do anão — vinha marcando cada dia que passava na floresta encantada. Que sensações se teriam relacionado alguma vez com essas marcas? Sabia vagamente que deviam ter sido importantes para ele; mas a razão dessa importância não lhe ocorria à lembrança.

Era muito bom que tivesse determinadas tarefas diárias a cumprir, a fim de se alimentar. Pescava, verificava se algum coelhinho ficara preso na armadilha. Certa vez, ficou parado olhando para as nuvens e pensou: "Alguém sonhou que as nuvens viajam. Sim, e por que não?" Madru aquecia a cabana da sauna com achas de carvalho; nadava no rio, quando lhe ocorreu outra idéia: "alguém sonhou que eu estou nadando no rio". Preparava seu jantar e buscava água na fonte. Dormia e sonhava; sonhava apenas que um sonhador havia sonhado este mundo.

Dias se passaram. Madru ajuntava ervas para uma salada, que preparava para o almoço; ervas para preparar o chá que bebia pela manhã e pensava no que Allwiss lhe dissera. "Se os sonhos têm tanta força", pensou, "quero aprender a sonhar eu mesmo o mundo."

Lembrou-se do baralho. Não se recordava de onde o havia deixado. "Afinal", pensou, "as cartas não passam de um livro de estudos para sonhadores. Se o mundo acabar, se a floresta acabar e a gente antes tiver um sonho poderoso... isso será a salvação. Um sonho em que todos possam fugir, um sonho que não conheça catástrofes."

Então uma pressa extraordinária tomou conta dele. Foi outra vez até a aveleira e examinou mais uma vez, com todo o cuidado, o local onde sumira o anão, procurando por uma saída para o outro mundo. Além de um ridículo buraco de rato, nada mais encontrou. Começou a matutar onde ficaria a entrada para o outro mundo. Árvores ocas, regiões em que as flores silvestres desenhavam padrões exóticos, elevações sob as quais poderiam ocultar-se túmulos antiquíssimos, talvez a nascente da fonte de onde via surgirem as águas? Uma margem, um matagal, o fundo do rio no qual havia um reflexo dourado, avermelhado de luz? Ele dava voltas, observava, escalava, mergulhava no rio. Tinha a sensação de ser um cão perdigueiro e sabia, ao mesmo tempo, que tudo era em vão. À noite, despertava com uma pergunta: onde deveria procurar, no dia seguinte? Acabou ficando num estado de quase demência. Não comia mais. Certa vez viu seu reflexo na água do rio e constatou que lhe nascera uma barba emaranhada.

Por fim, sentou-se na margem do rio, encolhido, de cócoras, com o queixo apoiado nos joelhos, olhando para o espelho d'água. Pequenas ondas vinham se quebrar na margem. Certa vez, imaginou ter captado em seu reflexo o acesso para o mundo do além. Quando houve uma tempestade, esta carregou algas para a margem. Aqueles fios e montes de algas ressequidos... esconderiam alguma informação, trariam uma notícia? Sentia-se vazio e esgotado. Fez um último esforço frustrado para recuperar a memória. Agora, nem sequer sabia onde nascera; todas as imagens de sua infância haviam desaparecido. Sentia-se como alguém que sente o chão escapar lentamente sob os pés. Madru teve a sensação de que logo se precipitaria para o nada.

Algo o fez levantar os olhos. A noite estava clara; a silhueta das árvores em volta do rio tinha contornos escuros e destacados. No céu sem nuvens, cor de turquesa, via-se uma fatia estreita da lua, que tinha algo de horrendo em si. Do outro lado do rio, vinha se aproximando uma nuvem cerrada de neblina. Isso acontecia com freqüência nessa época do ano. Bastava que soprasse uma lufada de vento e a neblina se desfazia. Agora, no entanto, a neblina estava se tornando cada vez mais densa; e logo nada mais pôde ver da paisagem ao redor; até o bote que estava tão perto, tão perto que poderia acertar nele uma pedra, desapareceu.

A brancura, macia como algodão, permaneceu. Madru ouviu relinchos e bufos de raiva. Então no ar se destacaram, primeiro vagamente, depois em contornos bem nítidos, as silhuetas de duas amazonas, montadas em seus cavalos. Uma delas puxava por uma corda a um terceiro cavalo, sem arreios.

Ambas as mulheres tinham o cabelo curto, cuja cor preto-azulada lembrava as asas de um corvo, ao passo que os braços nus e os rostos pareciam ter sido lambuzados com lodo esbranquiçado.

— Lá está ele, sentado! — gritou uma das duas, apontando para Madru. Ambas conduziram os cavalos até o chão. Quando os cascos dos animais pisaram na areia da margem do rio, alguns pedregulhos voaram pelo ar, mas não houve qualquer ruído. As mulheres libertaram suas montarias. Um dos cavalos sacudiu a cabeça como se quisesse livrar-se de algo. Logo depois, os três cavalos haviam desaparecido na névoa.

Madru olhou para as mulheres que se aproximavam devagar, como se algo detivesse a marcha do tempo.

Uma era alta e esguia; do meio do seu lábio inferior destacava-se um enorme dente verde. A outra parecia mais roliça e compacta. Ambas usavam longas saias cinzentas de teias de aranha e blusas tecidas com folhas de papoulas.

— Que rapaz bonito! — disse a gorducha. — Ela não tem mau gosto quando se trata de escolher um cavaleiro.

— Lembre-se, querida irmã — disse a magrinha — do que ela nos ordenou: temos de levá-lo até ela, tão depressa quanto possível, sem rodeios ou pausas.

— Ele nos deve o salário. E eu penso em cobrá-lo. Seja como for, não conseguiremos fazer essa viagem numa noite — disse a gorda. — Portanto, vamos cavalgar até nossa casa e descansar lá durante o dia. — E riu sensualmente.

— Ainda não está decidido se ele vai dormir na sua cama, Peg!

— Isso é o que veremos, Jenny Grünzahn. Ele mesmo fará a escolha.

— Aposto que você se sairá mal, irmã. Durante este inverno, você ficou obesa. Bebeu *Schlehenfeuer* demais!

— Há homens que não gostam de esbarrar durante todo o tempo em ossos!

— Que tema inesgotável! — retrucou Jenny, dando de ombros. — Tratemos de colocá-lo na sela e de nos pormos a caminho.

— Ei, você! — ela tocou no ombro de Madru com o dedo ossudo. Madru teve a impressão de ter sido tocado por um caramelo. — Precisamos partir. Não tenha medo do animal. Ele parece selvagem mas é tão manso como um cavalo de brinquedo.

Ela fez surgir um pequeno apito de prata. Ouviu-se um som estridente e imediatamente os três cavalos surgiram a galope.

— O que quer dizer tudo isso? — perguntou Madru, aborrecido.

— Ah, mais um daqueles que quer saber tudo com detalhes! — disse Peg, amuada. — Conheço esse tipo.

— Ele não é desses — disse Jenny Grünzahn. — Ele não consegue lembrar-se de nada.

— Hurra! — bradou Peg. — Então vai ser divertido.

— Comporte-se — zangou-se Jenny, atingindo-a com seu cotovelo pontudo. Em seguida, acrescentou reprovadoramente: — Há gente que de fato só pensa numa coisa!

— Como? — zombou Peg. — Você finge que não sente prazer!

— Sempre senti prazer — respondeu Jenny. — Portanto, jovem, quando recebemos a incumbência de levar alguém para o outro lado, é porque esse alguém deve tê-lo desejado muito. Essa é a condição. Por certo, Bru fez você de tolo. Se for assim, você pode aproveitar bastante conosco. Ela pediu que não demorássemos. Trata-se de uma pessoa muito apressada. Preste muita atenção. Nós apenas somos suas algozes. É um ofício pesado. Nem sempre é possível desempenhá-lo de um modo refinado. Então, vamos!

Madru não teve tempo de se decidir ou de fazer mais perguntas. Elas o ergueram para cima do cavalo, já que por si próprio talvez não tivesse êxito em subir ao lombo do animal, e num piscar de olhos as duas também estavam montadas. Jenny Grünzahn gritou: "Hussa!", e Peg, "Yerrah!" No mesmo instante, os cavalos se ergueram dando um salto vigoroso no ar.

Madru apenas teve tempo de agarrar-se à crina de sua montaria, segurando-se com toda a força. Logo depois, haviam alcançado uma altura vertiginosa.

Acima da floresta, que ficava atrás do rio e cobria uma grande extensão, mas que devido à altura parecia cada vez menor, erguia-se um arco-íris.

Algo tiniu, tilintou e se despedaçou. Pedacinhos minúsculos de cristal, em que brilhavam todas as cores do arco-íris, voavam junto dos ouvidos de Madru. Então ele compreendeu que não havia um muro separando os dois mundos, como sempre ouvira dizer, mas sim uma parede alta de cristal. Ao que parecia, eles haviam atravessado intencionalmente essa barreira com os cavalos. Um puxão, um pulo e, com isso, haviam chegado do lado de lá.

Madru virou-se na sela, curioso, sem contudo largar a crina do animal.

No lugar em que a parede de cristal estava intacta, ainda dava para ver a floresta, embora indistintamente; pela fenda, enxergava-se o mundo terrestre com nitidez. E agora já voavam por outras paisagens bem diferentes: uma campina de cor violácea, marrom-acinzentada. O cavalo de Jenny Grünzahn ergueu-se nas patas traseiras. Ele bufou e de suas narinas saía uma baba cor de enxofre. Com as rédeas, Jenny obrigou o animal a obedecer-lhe e o orientou, batendo a mão em seu traseiro. Agora galopavam não mais paralelamente ao chão, mas na vertical, como se quisessem alcançar o céu com suas cavalgaduras, onde já começavam a despontar as primeiras estrelas. Jenny mexeu numa bolsa fixa à sela e tirou algo dali. Um raio esparramou fogo frio sobre a parede de cristal e a rachadura tornou a se fechar.

As mulheres cavalgavam na dianteira e mostravam o caminho. Madru nem mais se dava ao trabalho de conduzir o animal. Ele parecia obedecer como por encanto. Logo os animais tornaram a descer, e quando os cascos tocaram o solo, a velocidade do galope aumentou.

Primeiro, Madru teve a impressão de que a paisagem do campo era solitária e descuidada, mas depois de certo tempo viu que a noite estava cheia de viajantes. Eram divisões inteiras, fileiras, grupos, todos obviamente à procura de determinada meta. À medida que passavam por eles, muitas pessoas paravam e acenavam, cumprimentando, enquanto outras nem tomavam conhecimento de sua passagem e continuavam a caminhada. Apesar da lua minguante, a claridade era suficiente para Madru reconhecer os detalhes. No início, ele ficou perturbado com a aparência estranha de figuras e não soube por quem tomá-las, até que suas acompanhantes esclareceram que se tratava das entidades que moravam nas diversas árvores e arbustos; também lhe contaram os nomes com que eram conhecidas no além.

Havia as essências dos pinheiros, que tinham faces brancas e olhos vermelhos. Usavam capacetes de ramos de cipreste e nas mãos levavam espetos de madeira muito compridos. Os anões do espinheiro-alvar podiam ser reconhecidos pelo nariz comprido como um longo espinho. Tinham orelhas finas, compridas, corpos esguios como troncos e capuzes pontudos que pareciam costurados com pele de cogumelos e dos quais caía um fio de cabelo comprido, em forma de espiral, como uma raiz. Os espíritos dos freixos eram antipáticos e sombrios. Eles se apoiavam sobre bastões em lugar das raízes, onde moravam habitualmente. De rosto redondo e cabelos grisalhos, vinham os bondosos sabugueiros. Tinham tecido aventais de folhas de couve onde guardavam as frutas azul-escuras de seus ramos.

Os pinos das aveleiras, se comparados com o tamanho do corpo humano, tinham rosto de fuinha e dentes de tubarão. Seguravam estilingues nas mãos minúsculas, nodosas. Com a cabeça descoberta, os rostos malhados de branco e preto, arrastavam-se as entidades das bétulas, desarmadas. Ao passar por elas, as mulheres apontaram para as unhas desmesuradamente compridas da mão esquerda e contaram que, quando tocavam em alguém com elas, o cabelo parava de nascer. Ficava apenas uma cicatriz branca e a vítima perdia o juízo.

As moças das maçãs andavam armadas com tridentes e garfos de madeira. Eram atarracadas, de faces coradas e barrigas da perna fortes, aparecendo sob meias verdes de lã.

Os carrascos dos carvalhos mantinham uma formação cerrada. Quando se olhava para eles, sem querer levava-se um susto e se recuava para trás, pois não se viam olhos, boca ou nariz; apenas uma pele lisa, sobre a qual haviam pintado cruzes de cinzas. Da testa crescia um gigantesco chifre. Em vez de mãos tinham garras, como as aves de rapina, e do queixo se destacavam presas iguais às do javali.

Madru achou os entes dos salgueiros parecidos com burros, cujas crinas verde-claras ficavam em pé, como cabelos. Eles tinham quatro pernas e dois braços e carregavam aos ombros pesadas clavas.

Na dianteira do longo cortejo, marchavam as amazonas das roseiras-bravas, jovens de busto nu, cuja pele era coberta de finos espinhos. Entre os dentes, levavam perigosas lanças brilhantes, em formato de foice.

Madru perguntou às suas acompanhantes o lugar para onde iam todas aquelas entidades das árvores e por que a maioria delas estava armada. Mas, quanto a esse assunto, as duas evitaram dar qualquer informação, e disseram que logo ele descobriria o motivo, assim que chegassem perto da rainha Bru.

Durante toda a noite galoparam por uma paisagem que pouco se modificou. Um indício de claridade tornou-se perceptível na linha do horizonte; surgiu, então, uma curiosa construção isolada no meio do prado. Parecia-se com uma grande torre quadrada sobre a qual se havia colocado uma cabana com telhado de palha. No lugar em que as duas construções se tocavam, havia uma grande faixa de neblina pairando no ar. A parte inferior, em forma de torre, era um estábulo onde foram acomodados os imensos animais com os quais haviam viajado durante toda a noite.

Uma escada de marfim em caracol conduzia até uma porta levadiça por onde se entrava na moradia. No saguão brilhavam tochas. Madru viu que as paredes não eram de pedra e argamassa, mas de um entrelaçamento de algumas plantas. Enquanto ainda olhava ao redor, admirado com o tipo de construção, apareceu Jenny Grünzahn, que estivera ocupada na cozinha. Carregava uma jarra e uma tigela e dizia à medida que enchia a tigela para Madru: "Beba isso; assim passará bem a noite", ao mesmo tempo em que observava Madru com os olhos enviesados, malcriados, desafiadores.

Embora suspeitasse que lhe estavam dando um sonífero qualquer, Madru bebeu-o assim mesmo. O líquido pareceu-lhe uma mistura de vinho, gema de ovo, cravo e açúcar. Mal acabara de beber, ocorreu uma mudança com as mulheres. Se até então elas lhe haviam parecido velhas bruxas desmazeladas, agora estavam à sua frente duas jovens nuas, uma mais magra, com seios pequenos e pontudos, e longas pernas esguias; a outra, de seios fartos, quadris largos e um traseiro convidativo. Os cabelos não eram mais pretos, mas loiros. A cabeleira da moça esguia caía-lhe como uma cascata sobre os ombros e um cacho rodeava-lhe o seio. A roliça tinha o cabelo preso, coroando a cabeça como um novelo de cobras.

— Agora escolha — disseram ambas a uma só voz —, com qual de nós gostaria de partilhar sua cama.

— E se eu respondesse que não quero nenhuma? — perguntou Madru, sorrindo.

— Nem pense nisso! Nossa recompensa consiste em passar uma noite com os homens que vamos buscar...

— Que prático! — disse Madru. — Na verdade, eu gosto das duas.

— Ótimo! — bradou Peg.

— Como você é inteligente! — disse Jenny.

— Só resta uma questão — disse Peg.

— E do que se trata?

— Uma de nós duas deve agradar-lhe um pouco mais do que a outra. Nós costumamos apostar.

— Minhas queridas — disse Madru, enlaçando as duas pelos quadris —, não poderei responder a essa pergunta quando o dia amanhecer?

— Quando anoitecer de novo, você quer dizer — disse uma delas, empurrando a mão dele mais para baixo, de modo a tocar no amplo traseiro.

As tochas se apagaram e eles foram para um aposento que não tinha janelas. Havia castiçais com velas acesas. A cama era enorme, coberta com um dossel. O bordado continha alguns versos. Madru, que sempre procurava descobrir mais coisas sobre magia, ainda lia, e já as duas beldades se aboletavam na cama, estendendo convidativamente os braços e as pernas. Os versos diziam:

"Ah! Vento do leste! Diga-me, quando soprará
Para trazer um pouquinho de chuva?
Ah! se meu amado estivesse de volta do mar,
e comigo na cama e nós
distantes de todo o mundo!"[1]

Tentou decorar os versos, mas elas apagaram rapidamente as velas e o chamaram, impacientes:

— Trate de vir logo! Nós lhe ensinaremos rimas melhores.

— Agora você terá de escolher!

Sorrindo, Madru fechou os olhos, deixou-se cair na cama e disse:

— Vou escolher às cegas!

Madru teve a impressão de que aquele seria um dia excepcionalmente longo. Mas como muitas das brincadeiras amorosas que suas parceiras inventavam-lhe fossem desconhecidas, e ele sentisse prazer a ponto de perder a noção da audição e da visão, continuou a brincar sempre com elas. As duas mulheres acharam que há muito tempo não eram tão bem pagas. Finalmente, porém, todos os três adormeceram, e ninguém se lembrou de pedir a opinião de Madru sobre qual das duas era a melhor.

Madru dormiu um sono sem sonhos, profundo, até que um miado lamentoso o acordou. Seguindo o som, saiu do quarto, chegou até a cozinha e olhou pela janela. Lá fora, começava a escurecer.

Um gato de três cores esfregava o focinho na vidraça. Madru abriu a janela e o felino entrou, ainda miando. Madru pegou uma tigela com leite e deu de beber ao gato. O animal ficou se roçando em suas pernas nuas. Madru olhou para a porta do alçapão e pôs-se à escuta. Pareceu-lhe estranho não ouvir o som dos cavalos. Abriu a porta e avistou um grande salão alto, todo revestido de mármore escuro.

A escada em caracol continuava no mesmo lugar. Desceu cuidadosamente e viu que no salão havia três mesas de mármore branco. Sobre cada uma delas havia uma vassoura e uma rama de escambroeiro. Madru teve um mau pressentimento. Quis sair pela porta

---

[1] *Ach, Westwind sag, wann blasest du,/ das der kleine Regen fällt?/ ach, wär' mein Liebster heim von See,/ und ich mit ihm zu Bett/ und fern von aller Welt. Em alemão. (N. do E.)*

do estábulo, mas não havia porta. Em vez dela, um espelho pendurado sob um tosão de ovelha. Furioso, arrancou-o. O que viu então diante de si não foi a própria imagem, mas o seguinte:

Capítulo XIV

No estábulo dos cavalos mágicos. O que Madru viu debaixo do tosão de ovelha.

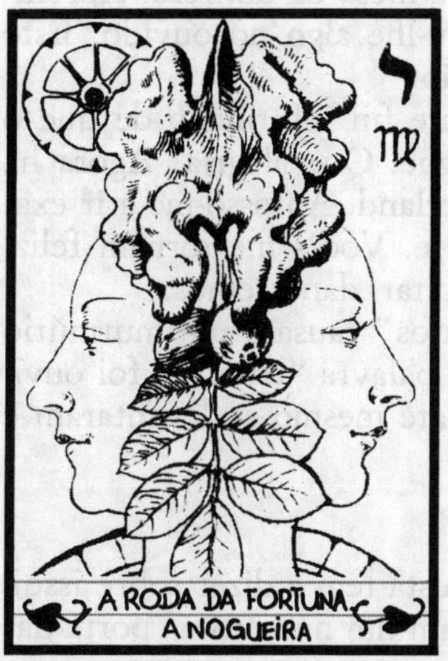

Não havia dúvida. Era o grande salão. Madru reconheceu os possantes troncos dos álamos. Viu as árvores abençoadas, sadias e fortes. Seu olhar se voltou para o tronco da árvore petrificada no qual se liam as duas inscrições. Como daquela vez, durante a entronização, os cidadãos sentavam-se em fila junto às grandes mesas. Como daquela vez, o estrado mais alto da nobreza ficava do lado da parede oeste.

Madru reconheceu o príncipe, Ase, as duas filhas mais velhas do príncipe e seus maridos. No entanto, perto deles e no lugar de honra sentava-se um homem que nunca vira antes. Parecia pequeno, baixinho, e usava para a festa que evidentemente estava acontecendo uma armadura negra incrustada de ouro. A incrustação era de um navio à vela. Na sua frente, em cima da mesa, estavam uma comprida espada de ferro e um punhal. O homem era calvo e usava um longo e fino cavanhaque, que ele puxava constantemente, embora não constasse de mais do que seis ou sete fios. Como que por intuição, Madru soube que se tratava do rei Lausbart. Então ele viera. Para cobrar um tributo ou para se vingar? A seu lado direito, sentava-se Alissa, vestida com uma túnica branca, com o rosto um pouco pálido e encovado. Em seguida vinha Mola, franzindo a testa com ar de pouco caso, como se desejasse protestar contra o fato de ter de estar presente. No momento em que se fitara no espelho, Madru recuperara a memória. Então sentiu saudades de Alissa. Lembrou-se outra vez do ambiente do quarto em que ela dormia, sentiu-lhe o perfume, ouviu o timbre de sua voz. Lembrou-se também do lugar em sua cela onde deixara o jogo de cartas. Pelo espelho, Madru pôde ver que um homem entrada no salão por uma pequena brecha do grande portão. Vestia-se de couro, da mesma forma que o emissário que o procurara em Ängratörn: couro dos pés à cabeça. Ele atravessou o salão, passando pelas longas mesas onde os convidados atacavam os manjares e as bebidas. Já havia sido servido o musgo entorpecente. Um fato despertou a atenção de Madru: entre os cidadãos havia um número extraordinário de violinistas.

Lembrou-se do homem de couro com a carta. A raiva subiu-lhe à cabeça. Sentiu-se envergonhado pelo fato de em algum lugar bem remoto de sua consciência ter havido lugar para uma pontinha de dúvida. O homem de couro dirigiu-se para a mesa da nobreza. Aproximou-se de Lausbart por trás e cochichou-lhe algo no ouvido. Este anuiu, ergueu a mão e bradou para o salão:

— Amigos e súditos! Neste instante fui informado de que o tributo de quatro mil peles já foi entregue. Que alegria! Agora há outra vez paz e amizade entre Svea e Norrland. Apresso-me a ir examinar as peles que me deram de presente. Vocês me tornam feliz, meus súditos. Preparem-se. Quando eu voltar, dançaremos.

A simples menção da palavra "súditos" causara um murmúrio de desgosto pelo grande salão. Quando a palavra "tributo" foi ouvida, muitos cerraram os punhos. Alguns até mesmo se levantaram e gritaram:

— Ele escarnece de nós!

— Não devia fazer isso, Lausbart!

— O que é que o Príncipe da Floresta tem a dizer sobre isso?

Madru viu mensageiros que escreviam um número na porta das casas. Viu homens e mulheres que liam esses números com expressão procurada. Quarenta, cinqüenta homens que serviam como equipe de guias, andando pela floresta, ruidosamente, batendo com bastões em cada arbusto, em cada ramagem. Viu a multidão de esquilos que fugia, além de doninhas, martas, texugos, arminhos, linces, castores. Milhares de patinhas e patas maiores a correr cada vez mais depressa. Os homens passavam o rastelo. Os bichos transformavam-se em sombras. Algo esticava-lhes os corpos, transformava-os em pêlos, em peles, em algo morto. Essas peles só tinham aparência de vida quando eram agitadas pelo vento. Alguém as empilhou. Eram enroladas em feixes de dez. Alguém apagava o número escrito com giz na porta das casas.

Um homem disse a um criado:

— Mais uma dessas buscas e não haverá mais peles na Grande Floresta. O que tentarão nos extorquir então?

Neblina. No pavimento de um quintal, um esquilo morto. Agora eram dez, centenas, cem vezes cem, um turbilhão. As peles voavam pelos ares. No chão da floresta agitavam-se os espíritos dos animais mortos. Esqueletos brancos. Sem pele. Sem pêlo. Já não era necessário continuar a passar o rastelo.

Havia muitos cidadãos, sentados então às longas mesas que deviam tê-los visto na última noite de lua cheia. A neblina se dispersou. O luar transformou-se em luz do dia. Madru viu no espelho como Lausbart, seguindo o homem de couro, andava pelo corredor do meio. Os cantos de sua boca tremiam com os insultos que ouvia. Lausbart não franzia a testa de raiva; antes, parecia sorrir satanicamente.

Na mesa da nobreza, o Príncipe da Floresta dirigiu a palavra a Ase:

— Ouviu isso? Já fomos destronados. Eles são os *seus* súditos queridos. Extorquir-nos! Dar uma festa que teremos de pagar! Usar o meu cargo! Utilizar-se do meu sinete! Guh está em sua comitiva. Também a princesa. O que pode nos acontecer ainda, Ase? O que dizem as árvores? Responda! Posso suportar uma verdade dita por você.

— Temos de nos manter tranqüilos, meu príncipe. Ele tem de ir embora. Essa é a primeira coisa. Caso contrário, teríamos entregado a ele todas aquelas peles? A viagem de volta que ele tem de enfrentar é longa; portanto, não pode ficar aqui para sempre. Assim que ele se for, deve mandar construir um castelo na passagem para as montanhas ocidentais. Precisamos também de mais soldados, e, além disso, Österstrand precisa de uma corrente de ferro. Se quisermos ir à forra, por tudo o que ele nos fez, é bom armarmos uma emboscada naquele local por onde ele descerá do caminho do alto — exatamente no lugar em que os filhos do tocador de tambor mágico roubaram as cotas de ferro e as armaduras dos seus soldados.

— Aquele cavaleiro, Jessach?

— É desse mesmo que estou falando.

— Devíamos ter castigado os assassinos.

— Devíamos associar-nos a eles.

— Agora é tarde demais — disse o príncipe. — Também, quem poderia imaginar que Lausbart se atreveria a atravessar as montanhas ocidentais? Logo esse caminho tão difícil!

— Ele pretendia extorquir-nos algo. Se, entretanto, não soubesse o quê, Guh com certeza o informaria sobre o que temos.

Bator fez uma careta, tomou um gole reforçado da taça dourada que estava à sua frente e passou as costas da mão sobre os lábios.

— Como terminará isto? — disse, apontando para as duas grandes árvores.

— Elas sabem de tudo; elas deveriam gritar seu conhecimento para o mundo! Eu também gostaria de conhecer a minha situação.

— Senhor, ainda tenho esperanças.

— Tem certeza? E se acontecer aquilo a que ninguém quer se referir, Ase?! Gostaria apenas que tudo fosse bem rápido. Não tolero muito bem a dor.

Do lado de fora do salão, Lausbart era esperado por um grupo de cavaleiros, de onde, para grande espanto de Madru, uma silhueta conhecida se destacou e encaminhou-se para o rei. Era Guh, o arquidruida, com a vestimenta da ordem monástica, usando uma coroa de galhos de visco no cabelo: vestimenta de festa.

O rei Lausbart esticou enfaticamente os braços.

— São de fato quatro mil peles?

— Sim, senhor, de primeiríssima qualidade, todas perfeitas. Alcançarão preços altíssimos.

— O dinheiro dará para formar uma armada — disse Lausbart, com muita calma, olhando com menosprezo para seu ajudante com a evidente intenção de diminuí-lo. — Primeiro tenho de terminar meus negócios aqui. No início do próximo ano atravessarei então o mar Pequeno. Que acham da idéia, senhores?

— Morte para todos os inimigos de Svea! Viva o nosso poderoso rei! — gritaram todos os cavaleiros a uma só voz. O som assemelhava-se ao de uma litania. Habitualmente, a cerimônia deveria ser mais longa, mas Lausbart fez um sinal de interrupção e disse:

— Concedido! — Voltou-se outra vez na direção de Guh. Queria saber se as peles estavam a uma boa distância do grande salão. — Devido ao perigo das faíscas de fogo — disse ele.

— Da forma como ordenou, já estão empacotadas em cima dos carros, senhor — respondeu Guh, solícito. — Mas gostaria de lembrá-lo dos lobos.

— Você está falando sério? Eles podem atacar? Algo assim só acontece no pior período do inverno. Agora, no entanto. . .

— Se quiser ter a gentileza de recordar, senhor — disse Guh com sua voz fanhosa —, o cavaleiro Jessach. . . Ele também sempre dizia que essas coisas não acontecem. Sabemos o fim que teve.

— Está bem — respondeu Lausbart com maus modos. — Senhores, eis as minhas ordens: três fileiras dos nossos homens ao redor do salão. Na primeira fila, os besteiros com dardos ardentes. Atrás deles, os guardas de uniforme de couro com facas de arremesso e espadas. Na terceira fileira, junto à orla da floresta, nossos melhores arqueiros com seus escudos. Os lanceiros formarão uma espécie de ouriço com suas lanças. Se os concentrarmos em volta do salão em oito pontos estratégicos, quero ver que matilha de lobos será capaz de romper essa barreira.

Um dos cavaleiros foi cumprir as ordens de Lausbart enquanto o rei andava de um lado para outro, cantarolando feliz uma canção.

— A morte dançará com eles — disse, assim que perdeu o compasso da canção.

Guh pigarreou. Precisou pigarrear várias vezes até conseguir despertar Lausbart de suas fantasias.

— Com os diabos, o que está acontecendo?

Voz rouca. Um Guh amedrontado. Devoto. Palavras que saíam como o pisar macio de patinhas de veludo. Tratava-se das duas grandes árvores do salão. Deveriam ter o cuidado de não permitir que pegassem fogo junto com o resto. Caso contrário, provocariam a ira eterna da Grande Floresta, e ele não sabia qual seria a reação num caso assim, nem como abrandá-la.

— Abrandar a Grande Floresta! — gritou Lausbart. — Isso me provoca risos! — Que importava a Grande Floresta? O que ele queria eram peles, pois estas rendiam bom dinheiro. As quatro mil que havia recebido eram só o começo. No local onde se puderam arranjar tão depressa quatro mil, seria bem possível obter mais. No futuro, ele organizaria melhor a captura e os ataques. Há alguns dias já ordenara abrir uma picada na floresta encantada. Abriria um caminho nesse lugar. Uma rua de verdade, uma estrada que fosse diretamente até o sul.

— Não pode estar falando sério — disse Guh que, de tão assustado, esqueceu-se de falar com voz fanhosa. Como acontecia sempre que ficava excitado, seu rosto tomou um tom amarelado.

— Terrivelmente sério! — Lausbart riu. — Homem, mas o que é que você tem?

— Senhor, por favor, retire essa ordem. Se for cumprida, todos nós estaremos arruinados.

— Então, primeiro vamos ver como os outros se arruínam — disse o rei.

— Guh, venha comigo, ou terá de oferecer algum sacrifício para a sua Grande Floresta irada?

— Majestade, peço-lhe mais uma vez. Poupe as duas grandes árvores.

Guh andava ao lado do rei, torcendo as mãos.

— Está se tornando importuno. Acaso não percebe? Saia da minha frente.

— Senhor, eu lhe suplico. . .

— Será que ainda precisamos dele? — A pergunta de Lausbart foi feita ao grupo que o acompanhava. O homem a quem o rei se dirigiu deu de ombros e continuou a olhar fixamente para a frente.

— Você cumpriu minhas ordens no que se refere à princesa? — perguntou o rei, dirigindo-se a Guh.

— Ainda não, senhor. Ainda não tive oportunidade.

— Ora, o senhor se gabou de ser um *expert* em venenos mortais.

— Ainda não se apresentou a oportunidade favorável. E, além do mais, trata-se da princesa.

— Ouvi dizer que ela foi sua amante. O senhor a está protegendo. Não está acatando minhas ordens, Guh.

— Vossa Majestade disse que não poderia haver a mais leve suspeita.

— Não se pode confiar em você.

— Sou seu mais humilde servidor, senhor. Acontecerá ainda hoje. Eu lhe prometo.

O rei se deteve. Franziu os olhos, observou Guh e, ao mesmo tempo, ficou brincando com os ralos fios da barba.

— Matem-no — disse em seguida. — E já. Afinal ele também pertence a esse bando de nativos. Trata-se de um dos nossos objetivos definitivos o de exterminar os homens da floresta. Comecemos logo com este.

Os cavaleiros entreolharam-se, indecisos. Guh ficara ali parado, petrificado numa pose ridícula. Sua cabeça quase tocava o chão. Seu traseiro erguia-se para as nuvens.

— O senhor está procurando sapos aí embaixo? — perguntou o rei. E, para os cavaleiros: — O que esperam?

— Mas trata-se de um homem desarmado e indefeso — atreveu-se a responder um deles.

— Animais nocivos! — disse Lausbart quase com suavidade. Com um movimento rápido, puxou da espada. Um som sibilante cortou o ar. A lâmina separou a cabeça de Guh do tronco. O sangue esguichou como se fosse uma fonte. O tronco sem cabeça ainda deu um passo e depois precipitou-se na grama.

Lausbart limpou a lâmina da espada, tornou a embainhá-la e disse:

— Vamos. — Junto com dois cavaleiros, ele subiu a uma armação que tinha sido montada a certa distância do grande salão. Ouviu-se um som de trompa.

Nesse momento, Madru lembrou-se de Alissa, que viu na memória e não no espelho, que mostrava outras imagens. Recordou-a da maneira como a tinha visto no momento em que se haviam apaixonado. Madru sentiu o amor dela por ele e, ao mesmo tempo, tomou conhecimento da impossibilidade de salvá-la. Queria gritar, quebrar o espelho, destruir as imagens que vira nele, mas não conseguiu mover os braços. Seus gritos não tinham som.

Agora, no espelho, via-se como os soldados marchavam e cercavam o grande salão. Arqueiros com cotas de ferro, cavaleiros com armaduras brilhantes, guardas que empunhavam espadas reluzentes. Homens armados com lanças formaram um círculo que fazia lembrar um ouriço com os espinhos à mostra. Um pouco de lado, havia um grupo à espera, montado em cavalos baixos de pêlo emaranhado. Foi erguida uma pilha de lenha. Madru intuiu que ela serviria para queimar os cadáveres.

Um novo toque, de corneta. Os arqueiros começaram a atirar as flechas com pontas de fogo. Logo dava para ver as primeiras labaredas lambendo o telhado. Eram ainda pequenas, pálidas à luz do sol. Então ergueu-se uma parede de fogo. Duas bandeiras tremularam violentamente: as duas árvores gigantescas.

Perto das paredes externas colocaram grandes fardos que foram acesos. As primeiras pessoas já se precipitavam para fora do salão. Os arqueiros miraram com precisão. Os fugitivos caíam. Onde ainda se visse uma perna ou um braço mexer, os cavaleiros aproximavam-se e enterravam suas espadas nos infelizes.

Para o pessoal de Lausbart tudo foi tão fácil como uma brincadeira. Nenhum dos cidadãos, violinistas ou Jarls que estavam lá dentro esperando pelo início das danças, estava armado.

Os poucos soldados da milícia que se mantinham no povoado do príncipe montavam guarda ao carro de campanha com as peles. Dez cavaleiros deram conta deles. Eles ofereceram resistência... mas não por muito tempo.

Quando as pessoas que se encontravam no grande salão conseguiram finalmente abrir os portões do leste, houve pânico. Quem se arriscava a sair fatalmente ia de encontro à ponta das lanças. Alabardas surgiam, rasgavam ventres, atravessavam peitos, dividiam cérebros ao meio. Feridos e cadáveres caíam uns sobre os outros. Alguns retrocederam. Tiveram tempo de ver como o fogo se insinuava por uma parede do salão.

A mesa da nobreza havia caído ao chão. As iguarias esparramavam-se pelo piso da sala. Havia poças de vinho. As taças já não eram importantes, e sim as espadas. Ase e o príncipe tinham armas. Ase perguntou:

— Alteza, o senhor quer que abra caminho com a minha espada no meio da nossa própria gente? Farei isso, mas não por gosto.

— Que a Grande Floresta tenha pena de nós!

— Agora só adianta rezar com a espada — respondeu Ase.

— Devíamos tentar abrir uma brecha na parede do lado leste — disse o príncipe.

— Mas se é justamente isso que estão esperando! Lá fora seremos alvos de seus dardos. Não, se fugirmos, nesse caso terá de ser por um lugar que não esperam. É a nossa única chance. Levaremos as mulheres conosco.

— Mas veja — disse o príncipe, consternado. — O tronco do grande álamo pegou fogo. Agora tudo está perdido. A árvore de Bri está ardendo. Isso representa o fim. Agora tudo será em vão, será o fim do mundo.

— O mundo será destruído, mas a floresta permanecerá — murmurou Ase. — Agora sabemos qual a inscrição correta. — Mola estava ao lado dos dois homens, murmurando fórmulas mágicas em voz baixa; molhou o dedo indicador com saliva e desenhou um círculo no chão à sua volta, no qual também incluiu Alissa.

— Magia fraca — revelou. — Mas a gente faz o que pode. Não olhe para as chamas. Se olhar, o filho que traz no ventre terá um sinal de nascença. Você ainda tem a pata de lobo que Madru deixou? Dê-a para mim, tentarei chamar nossos amigos. Eles são a nossa única esperança.

No espelho, surgiram dois lobos que andavam pela floresta.

"Aconteceu alguma coisa?", perguntou um deles.

"Estou com coceira nas patas. Logo ouvirei algo. Sim, agora. . . Mola e Alissa correm enorme perigo no grande salão, no meio dos que Lausbart mandou queimar."

"Há tempos nós a avisamos sobre Lausbart. O grande açougueiro vem vindo, nós lhes dissemos. Agora ele está lá fazendo a matança."

"Primeiro os esquilos, as raposas, as martas e as doninhas. . . depois nós."

"O que nos interessam os esquilos?"

"Interessam muito. Foi falta de visão não fazermos nada quando os exterminaram às centenas."

"As martas são camaradas altivas e invejosas."

"Os matadores são inimigos de todos nós. Quando se trata de enfrentá-los, devemos esquecer nossas rixas pessoais ou nenhum de nós sobreviverá. O que será de Mola e de Alissa?"

"Na verdade, a proteção de Alissa seria um problema de Madru. Onde será que ele anda metido?"

"Em Ängratörn. . . longe demais."

"Portanto, dependerá outra vez de nós, lobos. O que estamos esperando?"

"Nossas chances não são muito favoráveis..."

"Mesmo assim, vamos tentar. Eu gostaria de agarrar a garganta desse tal de Lausbart."

"Quem sabe você pode pedir-lhe uma audiência particular!"

Mais e mais animais se associaram aos dois lobos. Logo a matilha tinha um tamanho considerável.

Agora os lobos saíam da floresta. O grande salão ardia, tomado por grandes labaredas. Alguns dos animais vacilaram.

"Cara, pequena, acompanhe-me!", ordenou o chefe da matilha, Yarduk. "Ainda estamos vivos. Quem deixa os amigos na mão? Vamos para o grande salão. Ouço a voz de Mola na direção da parede do lado leste."

Os animais começaram a trotar novamente. Então Yarduk pôde reconhecer o círculo de lanceiros, por trás dos quais ficavam os escudeiros, com seus escudos protetores.

"Não ataquem", ordenou Yarduk. "Passaremos no meio deles. E você, Cara, dê meia-volta... Diga às outras matilhas o que está acontecendo por aqui, sem refutar minhas ordens."

"Por que sempre eu?", rosnou Cara.

"Porque ainda são as lobas que atraem os jovens lobos", esclareceu Yarduk. "Agora vá, depressa. Quando voltar, nós atacaremos; e, se cairmos, os outros lobos devem nos vingar."

"Sempre vingança, vingança", disse Cara. "Você faz de mim uma mensageira da vingança."

"Você não precisa me obedecer", disse Yarduk, "mas agora não podemos perder tempo com brigas. Vá!"

Por um momento, pareceu que a matilha ia conseguir chegar até o salão. Aproximava-se cada vez mais, aos saltos. Então, ouviram-se os primeiros uivos de dor daqueles que eram feridos pelos dardos. Yarduk deteve-se de repente para tomar pé da situação, correndo no meio de dois círculos de arqueiros. Os batentes da porta ainda estavam a razoável distância. Os lobos não ofereciam alvo imóvel. Contudo, depois de o primeiro lobo ser ferido, outros se seguiram. Mesmo assim, Yarduk ainda teve tempo de olhar para Cara. Será que já atingira a orla da floresta? Viu quando a loba desapareceu no meios dos troncos. Ela não corria mais perigo.

Yarduk foi atingido por trás. Era isso, então. O dardo atravessou-lhe os pulmões. Ele caiu. Sentiu a golfada de sangue subir-lhe pela goela. Era como um rio, que subia e subia, e ele continuava sentado ali, sem poder se mexer, até que ondas de sangue o afogaram.

Estava muito quente no salão. As setas zuniam e os dardos entravam por frestas abertas pelo fogo nas paredes laterais do salão. Pareciam-se com revoadas de pássaros saídos das gaiolas. Ouviam-se gritos, orações e maldições.

Mola estava de pé, resmungando, parecendo desvairada, esfregando a pata de lobo, o talismã de Madru, no círculo que desenhara com saliva. De repente, estremeceu, deixou a pata cair, gritou e abraçou Alissa.

— Yarduk, o meu amado — queixou-se —, ele está morto! Todos estão mortos. . . menos. . . sim, Cara. Meu lindo amigo lobo! Como eu o amei!

— Sim, ele era bonito, selvagem e corajoso — disse Alissa, acariciando o rosto de Mola. Mola repeliu-a e se ergueu. O incêndio se aproximava cada vez mais.

— Todos devem saber — gritou ela. — Eu amei Yarduk. Vocês todos ouviram? Eu, uma mortal, amei um lobo. Yarduk, meu belo, meu corajoso, meu fiel, meu querido. Ele está morto! Agora, que venham as chamas, que venham os dardos, para que minha alma logo possa encontrar-se com a dele.

— Que loucura, chamar a morte assim dessa maneira — repreendeu-a o príncipe, pegando Alissa pelo braço e tentando tirá-la dali. Bator agitou a espada e mostrou a direção pela qual pretendia fugir. Atrás das nuvens de fumaça que enchiam o salão, avistara uma nesga de céu azul. Naquela direção as flechas também não caíam com tanta freqüência como nos outros lugares.

— Fique aqui, menina — disse Mola, novamente tranqüila, e puxou Alissa para junto de si. — Faço-lhe uma promessa; aqui dentro deste círculo mágico a morte não nos atingirá. Mais do que isso não posso fazer por você.

Nesse exato instante, a tempestade de fogo que ardia no madeiramento intensificou-se com um som silvestre, sobrepujado somente por um estalo agudo. Com estardalhaço e esparramando grande quantidade de fagulhas, o resto do telhado ruiu, soterrando os humanos sob seus escombros. O destino foi misericordioso com quem estava lá dentro. Os que alcançaram o ar livre caíram alvejados pelas setas dos arqueiros e dos besteiros, ou foram espetados pelos punhais dos guardas. Alguns chegaram mais longe — tochas humanas com o cabelo e as vestes ardendo. Fagulhas vivas. Arremessavam-se na grama, tentando apagar as chamas. Quando isso acontecia, os cavaleiros se aproximavam galopando, atirando-lhes os laços. Felizes dos que logo eram estrangulados pela corda que lhes enlaçava o pescoço! Pois, mortos ou vivos, eram arrastados até a fogueira, lugar em que os homens de vestes de couro soltavam a corda, pegavam as vítimas pelos braços e pernas e arremessavam os fardos estrebuchantes às chamas.

Só depois desses acontecimentos é que Lausbart se dignou descer de seu estrado. Seus subordinados se aproximaram com o rosto ensangüentado e manchado de fuligem.

— Jessach foi vingado, meus senhores! — disse o rei. Os cavaleiros mal olharam para ele. Todos apenas viam sangue, corpos destroçados, ouviam os gritos dos moribundos, os gemidos, a incrível choradeira.

— Hoje o trabalho foi duro, hem? — disse o rei. — Houve baixas?

Pelo que se sabia, haviam perdido dois guardas vestidos de couro. Um deles fora estrangulado por uma mulher de Norrland com as mãos nuas. O outro fora atingido pelo breu que corria do telhado.

— O cronista deve relatar que *não se perdeu nenhum homem* — ordenou o rei. — Dessa forma, o relato fica mais impressionante. Não houve baixas.

Foi dada a ordem de retirada. Uma hora depois do massacre, a armada de Svea se pôs em marcha para o lugar onde estavam os cem outros homens que abriam uma picada na floresta encantada.

Armaram-se tendas à noite na parte plana de um outeiro. Se houvesse um pouco mais de claridade, se alguém tivesse olhado para lá, teria percebido que no grande arbusto que formava uma cerca viva de espinheiro-alvar em plena floração, escondiam-se três criaturas.

Havia muitas tendas. Mas somente na frente de uma delas estava uma dupla de sentinelas. Um homem idoso com aparência de estrangeiro, inclinado para a frente, apoiando-se num bastão, aproximou-se. Os guardas cruzaram as lanças impedindo-lhe a passagem.

— Senha?

— Morte aos nativos da floresta — disse o homem, acentuando bem cada uma das palavras. Ele afastou as lanças cruzadas com um gesto de mão, como se elas fossem algo ridículo.

— Sou o médico — disse ele em voz baixa. — Lausbart mandou me buscar.

A barreira se abriu. O velho entrou na tenda. Lá dentro, o rei dormia. O velho curvou-se sobre ele e cortou-lhe alguns fios da barba. Depois disso, aproximou-se da cama e sussurou alguma coisa nos ouvidos do homem adormecido. Este começou a movimentar-se, inquieto, de um lado para o outro. O velho acenou satisfeito com a cabeça e saiu da tenda.

— Ele já está melhor — murmurou para si mesmo. Era-lhe indiferente se os guardas haviam compreendido o que dissera ou não. Mas estes não deixaram de ver que, à medida que o homem velho caminhava pela rua onde estavam as tendas, diminuía de tamanho. Quando ele próprio percebeu o que estava acontecendo, simplesmente virou-se para a esquerda.

— Eu apostaria que se trata de um anão — disse um dos guardas para o outro.

— O homem... anões!

— Dizem que há alguns por aqui.

— Será mesmo? Afora isso, você tem alguma outra preocupação?

Ofegante, Allwiss chegou ao espinheiro-alvar e sumiu sob suas raízes. Duas ninfas das árvores estavam ali à sua espera. Uma delas segurava uma ampulheta.

— Tempo esgotado — disse ela, reprovadoramente. — E, depois disso, ainda contei até vinte.

— Tudo em ordem — respondeu o anão. — Ele aparecerá como ela deseja. Afinal, não sou mais tão jovem — desculpou-se.

"Quem está aí? O que há? O que significa tudo isto?"

"Não! Esta barba não fica bem em mim." Subitamente Madru se viu diante do seu reflexo no espelho. Havia terminado a representação. "Como será que elas fazem isso? Talvez tudo isso nem seja verdade. Ilusão. São os maus espíritos que querem me assustar e meter medo." — Alissa está... Alissa está morta! — Madru disse essa frase em voz alta. Não compreendeu como sua voz se tornara audível. Ocorreu-lhe um pensamento, a que se aferrou em sua angústia. "Se for verdade que ela está morta, vou procurá-la. Vou até o reino dos mortos. Juro. Juro pela Lua. Eu aqui... dormindo com essas duas mundanas... e Alissa morta. Eu juro, eu juro."

— Fique quieto. Ela não vai ressuscitar por isso.

Quem dissera aquilo?

Madru ouviu o gato miar alto e as vozes das duas mulheres da neblina. Era muito mais tarde do que haviam pensado. Hora de ir embora, mas depressinha. Disse rapidamente:

— Onde está o nosso homem?

Madru subiu a escada. Jenny Grünzahn foi ao seu encontro no limiar da porta. Ela retomara a aparência de uma pessoa velha, gasta.

— Precisamos estar lá à meia-noite. Agora, apresse-se. Já são onze e meia — disse ela, agitada, às costas de sua irmã. O gato de três cores espreitava no balaústre da escada e rosnou como se também ainda tivesse algo a dizer. Jenny olhou para ele e disse:

— Pelo cu do marinheiro! Este não é o nosso gato. Aposto que é Bru. Ela veio para nos apressar.

— De que diabos está falando? — perguntou Peg, aparecendo no limiar da porta do quarto sem janelas, arrumando o cabelo. — Boa noite, boa noite — disse ela —, sinto-me maravilhosamente bem. Que dia! Mas é falta de educação apressar-nos tanto agora! Nada é mais belo ao acordar do que fazer as coisas devagar.

— Estamos atrasadas. Bru tem suas razões — disse Jenny, acariciando o gato. — Ainda temos um pouco daquele ótimo remédio para depois?

Pôs a mão na cabeça e ficou pensando onde deveria procurá-lo.

— É claro — respondeu Peg, e passou perto da irmã. — Só que... nos últimos tempos andamos esbanjando muito. Acaba por prejudicar a saúde, você não acha?

Madru não manifestou sua opinião.

Na cozinha, Peg abriu uma gaveta, pegou o pote de cravos-da-índia e voltou com três flores de dedaleira brancas e vermelhas.

— Pegue esta — disse para Madru — e coloque-a sobre a cabeça.

— O que acontecerá, então?

— Você sobreviverá — disse ela, com impertinência.

Como as duas mulheres também colocassem as flores sobre a cabeça, considerou que não devia haver grande risco se as imitasse. Assim que retirou a mão, a flor foi se tornando maior, cada vez maior, até que cobriu toda a sua cabeça, como um curioso capacete em forma de campânula. Simultaneamente, um calafrio esquisito perpassou pelo seu corpo. Sentiu-se arder e depois enregelar. Alguma coisa vibrava em suas veias. Madru estava prestes a dizer: "Jenny Grünzahn, este chapeuzinho não lhe cai nada mal!", quando sentiu que começava a se movimentar. Não cavalgava um cavalo de brinquedo. Não era carregado por uma vassoura mágica. Era como se tivesse se transformado num pião que girasse cada vez mais depressa e que ao mesmo tempo começasse a zunir. Por um rápido movimento, não soube onde era em cima e onde ficava embaixo. Então viu-se num campo. Nas proximidades, dava para ver um círculo de pedras. O ar tinha um cheiro forte de feno. Havia muitas pessoas presentes. Estavam paradas, aos grupos, como que à espera de alguma coisa.

— O que pretendia dizer-me há pouco, quando começamos a rodopiar, queridinho? — ouviu Peg perguntar.

— Que esse tipo de touca fica muito bem em Jenny.

— Gostou mais dela do que de mim. Não se pode fazer nada — lamentou-se Peg, olhando ofendida para ele.

— Ganhei a aposta! — gritou Jenny, e deu dois beijos estalados em Madru. — Você é um tesouro! Mas agora vamos falar de outra coisa. Lá vem a rainha. . . Majestade. . .!

Jenny fez uma exagerada reverência.

— Por favor, eu lhe peço — disse Bru —, levante-se. Quantas vezes terei de lhe dizer que detesto essas reverências formais?

Capítulo XV

Lausbart é julgado pelo tribunal das fadas. Madru se compromete a ser um cavaleiro da Grande Floresta.

À rainha veio se aproximando com uma pose altiva e orgulhosa. Parecia-se com um grande veleiro, como os que Madru vira no mar, navegando a toda a velocidade. Mas também havia algo nela que lhe lembrava uma planície florida de verão, que o fazia recordar-se de campos de trigo em montanhas e vales. Lembrava-lhe também uma floresta de bétulas com troncos eretos e verdejantes, através dos quais se filtrava a luz do sol; lembrava-lhe flores e plantas bem desenvolvidas e belos frutos que costumam crescer à margem dos regatos.

À medida que Bru se aproximava deles, dava para ver que de fato se trajara para uma ocasião especial. Por certo, vestia-se de acordo com sua função. Na cabeça, usava uma coroa das mais variadas espécies de cereais. Entre as espigas havia ramos de espinheiro-alvar e de centáureas entrelaçadas. Sua testa estava coberta por uma meia-máscara levantada sobre um crânio de lince. Em volta do pescoço havia um colar de flores de giestas e de cardos. O vestido era de folhas de todas aquelas árvores e arbustos representados no jogo de cartas de Madru. O cinto era de pequenas penas de gaios brancas e azuis e seu fecho tinha a forma de de uma libélula... aquelas libélulas que Madru vira no castão da bengala de Allwiss. Bru calçava botas altas de couro cinzento, cor de rato; usava também meias cuja cor era vermelho-salmão na parte da frente e verde-musgo brilhante na de trás.

Madru beijou-lhe a mão. Sentiu o aroma de animais selvagens e de flores do campo.

— Bem-vindo ao Conselho da Meia-Noite! — disse ela, acrescentando, com um piscar de olhos: — Ouvi dizer que foi obrigado a se atrasar.

Ela falava a língua *brusinisch,* e tratava-se da língua do verão. Antes que Madru tivesse tempo de responder, ela completou:

— As duas às vezes se comportam um pouco mal, mas não são das piores. Ou será que houve motivos para queixas?

— Oh, não, de forma alguma... Pelo contrário! — respondeu Madru, na língua do verão.

— Entre nós, os costumes são mais livres — disse Bru —, nós ainda não nos *civilizamos.* — Deu um acento irônico a essa palavra. — Às vezes, quando as paixões se tornam um tanto desenfreadas, tenho de interferir. Mas, no geral, sobrevivemos muito bem sem moral. Muito obrigada, irmãzinhas. Agora tenho de lhes roubar o parceiro de brincadeiras.

— Um golpe do destino a que estamos acostumadas — respondeu Peg — e ainda dói um pouco. Quando nos mandará um companheiro que fique morando eternamente conosco?

— Minhas intenções com vocês são boas — disse Bru. — Do jeito que está agora, são poupadas das meias sujas e do mau humor dos cavaleiros. E o que é melhor do que despedir-se no melhor da festa? Portanto, até depois, minhas queridas. Madru, é permitido beijá-las na minha presença.

Ele acatou essa sugestão com alegria. Em seguida, Bru pegou-o pelo braço, arrastou-o consigo e disse:

— Terminemos o quanto antes com as formalidades. Quer ser meu cavaleiro e cavaleiro da Grande Floresta, lutando pela minha honra e pela honra da sua dama?

— Alissa está morta, ou fui iludido por aquilo que vi no espelho?

— Todos estão mortos. Estou triste e zangada. O sacrilégio cometido por Lausbart é terrível. Ele armou bem a sua armadilha. Todos os Jarls, todos os governadores, todos os cidadãos estavam na festa do grande salão. O rei destruiu todo um povo. Nós os levaremos a julgamento.

— A julgamento! — disse Madru, admirado. — Mas para isso ele primeiro teria de ser apanhado.

— Não — contestou Bru —, o réu já se encontra presente. Agora esperamos que reconheça a sua culpa. Não deve haver mais derramamento de sangue.

— E se ele se recusar?

— Então será condenado. Meus jurados são nove ninfas das árvores. Nesse caso, teríamos de contar também com a sua ajuda.

— Que ajuda?

— Por enquanto, não quero mais falar sobre isso. Além disso, temos de nos apressar. Está em cima da hora.

Há pouco, Bru observara o céu, como se medisse o tempo pelo movimento das constelações e pelo estado da lua minguante.

Em seguida, levou Madru para longe do círculo de pedras, subindo uma ladeira por uma encosta destituída de vegetação. Ao chegar em cima, Madru ficou petrificado com o que viu.

Embora houvesse subido uma colina, encontravam-se num grande anfiteatro, cujas filas estavam ocupadas lado a lado por todos aqueles seres das árvores que Madru ultrapassara galopando no meio da neblina, montado em um cavalo mágico, com as mulheres que o foram buscar em Ängratörn.

Deviam ser milhares. O barulho que vinha das fileiras, os estalos, os ruídos semelhantes a zumbidos deram-lhe a impressão de que seria esmagado no chão por todo aquele povo. Nesse instante, ouviu-se um arauto. Foi o sinal para que se fizesse um silêncio tumular, e todos prestassem atenção em Bru, rainha e deusa das fadas. Todos passaram a olhar, tensos, para o palco.

As integrantes do júri já estavam em seus lugares: a duquesa álamo, a libertina tília, a amazona rosa-dos-valados, a donzela aveleira, a moça flor-de-cerejeira, a emancipada sabugueiro, a senhorita giesta, a grosseirona maçã e a coquete espinheiro-alvar.

Bru apontou o banquinho de carvalho destinado a Madru. Do outro lado do palco, preso num triângulo de bétulas entrelaçadas, encontrava-se o rei Lausbart, com os olhos pesados de sono, observando o que se passava.

Era guardado por quatro guardas-porcos, criaturas mescla de gente e de javali, com presas perigosas que se curvavam para cima perto dos focinhos; tinham a cabeça pontuda, e a mantinham obstinadamente abaixada. Sua constituição física era atlética, do tipo que se vê nos lutadores.

— Cavalgo neles até Beltaine e Samain; são criaturas mansas, com quem se pode lidar, apesar da aparência que têm agora, parados ali; no entanto, são assim. — Bru fez um aceno encorajador para Madru e pisou, em seguida, no cerco. Falou com o réu na língua do verão, que, como era de se esperar, Lausbart não entendia. Allwiss foi chamado. Ao avistar Madru, piscou-lhe um olho. Madru prometeu a si mesmo não se esquecer de que tinha direito a um desejo, como lhe asseverara o anão. Teve início a audiência. Nós a apresentaremos aqui; de fato, trata-se de uma tradução, mas da forma como foi protocolada por um dos guardas-porcos.

REI *(bocejando, esfregando os olhos e puxando uma porção de vezes os escassos fios de barba)*

Onde estou?

BRU

Está diante do Conselho da Meia-Noite no mundo do além.

REI

Estou acordado ou dormindo?

BRU

Pode partir da premissa de que está dormindo.

REI

O que toda essa ralé quer de mim? Por que estão me olhando desse jeito, como se eu fosse um bezerro com duas cabeças? Deixe-me continuar a dormir.

BRU *(tentando se controlar)*

Diga o seu nome.

REI

Lausbart de Svea, rei por profissão.

BRU

Rei Lausbart, diga-nos o que o levou a atrair inocentes mortais para um grande salão e, em seguida, atear-lhes fogo? Também gostaríamos de saber se está ciente de que, devido à sua extorsiva exigência de tributos, matará totalmente todos os animais da Grande Floresta em curto prazo. E quer nos esclarecer, finalmente, se é que tem coragem, como se atreveu a usar machados contra as raízes e os troncos das árvores da floresta encantada?

REI

Não me envergonho de nenhuma de minhas ações, pois se destinam ao bem do meu povo.

BRU

Responda às minhas perguntas.

(Apartes vindos da audiência.)

Nada de delongas no processo. . .
Enforquem-no! Ah, um tronco é pouco para ele.
Assassino, canalha! Deve ser queimado como suas vítimas!

(Os funcionários do tribunal pedem calma, em tom ameaçador, porém educado.)

BRU

Está certo de que exigiu de Norrland um aumento de mil para quatro mil peles como tributo?

REI

Há mais desses animais na floresta.

BRU

Estou certa quando digo que com o dinheiro que apurasse com a venda das peles pretendia mandar construir uma frota de navios de guerra, a fim de conquistar seus vizinhos do outro lado do mar Pequeno?

REI

Admito isso com prazer. Nesses lugares há o que buscar. Conheço bem a política do poder. Todo o resto não passa de palavreado vão sobre a humanidade. Acaso não estarei certo?

BRU

O senhor deve ter visto seus cavaleiros matando as pessoas. Os mortos e os feridos foram jogados à fogueira pelos homens vestidos de couro. Foi assim ou não? Nega isso?

REI

Deveríamos tê-los deixado lá para as aves de rapina ou como comida para os lobos?

BRU

Majestade, acho que não está bem ciente da seriedade de sua situação. Foi apresentado como réu diante deste tribunal, sob a acusação de ter exterminado todo um povo, queimando-o no grande salão.

REI *(interrompendo)*

Guerra é guerra. Onde se plaina, cai limalha. Um aviso do que pretendia fazer não chegaria em tempo. Não sei como as coisas se passam no seu mundo. No nosso, essas coisas acontecem assim em todos os cantos e lugares, nas montanhas e vales. Ninguém faz tanto alarde disso.

BRU

Muito obrigada pelo ensinamento, rei Lausbart!

REI

Qual é a sentença? O que mais quer ouvir? Está claro, me parece: só cabe me libertarem.

BRU

Não se pode nem falar numa sentença que o liberte.

REI

Ah, bem. . . aqui acontece como nos outros lugares? O que vocês querem? Podem dizer o seu preço. Atualmente fala-se abertamente dessas coisas.

BRU

Pelo visto, nós não conseguimos nos entender mesmo.

REI

Quero o meu julgamento final. Quero ver tudo resolvido. Não tenho tanto tempo assim. Preciso do meu sono tranqüilo. E nada de truques, por favor. Não se esqueça de que tenho sangue azul. Minha nobreza provém de gerações de antepassados.

BRU

. . . isso não é importante para nós.

REI

O que quer dizer com isso? Essa é uma lógica tipicamente feminina. Afinal, só há mulheres neste júri? Exijo ser julgado pelos meus pares. Recuso este tribunal por ser preconceituoso.

BRU

Está preparado para assinar uma confissão de culpa que já preparamos, ou não?

REI

O que me levaria a fazer tal coisa? Isso está se tornando cada vez mais bonito. . .

BRU

Agora chega! Lausbart teve sua chance. Isso ninguém contestará. Ele é ambicioso, irresponsável, insolente e assassino. Tirem-no depressa da minha frente. Depressa. . .

Fim do protocolo

Três dos guardas-porcos conseguiram erguer Lausbart para o lombo de um quarto porco. Ele foi amarrado e, em seguida, o animal se pôs a caminho da tenda terrestre onde Lausbart dormia.

— Cuidado com os homens vestidos de couro! — gritou Bru atrás dos guardas-porcos.

A decisão dos jurados não demorou muito. Bru subiu ao palco pela rampa logo em frente, e disse com voz clara e nítida:

— Como o rei Lausbart representa uma ameaça tanto para os terrestres como para os seres do mundo do além; como durante o interrogatório não demonstrou nenhum remorso, mas é temível, como demonstraram suas manifestações no estado sonhador, e como trará infelicidade para os moradores da Terra e para os habitantes do outro mundo com sua cobiça e crueldade, eu os convoco a todos para ajudar a dar fim às suas ações criminosas e assassinas. É meu desejo que sua horda seja atacada e eliminada amanhã ao romper do dia. Bem sabemos que isso custará a vida de muitos dos nossos, e lamentamos exigir esse sacrifício de vocês. Mas a periculosidade de nosso inimigo e a sua inconsciência não nos deixam outra escolha. Como líder de nossas corajosas tropas, nomearei um mortal, pois todos sabem que eu mesma não posso pisar na terra do aquém; um líder digno de toda a nossa confiança. Ordeno, portanto, a todos vocês, serem obedientes ao nosso marechal, na medida em que ele não lhes pedir nada que signifique desonra. Mesmo que seja doce e heróico morrer num campo de batalha, pedimos que nos ajudem a ganhar a guerra obtendo a vitória!

As palavras de Bru foram aplaudidas calorosamente e ouviram-se palavras de apoio e gritos dos seres das árvores que manifestavam sua vontade de lutar. Logo em seguida, Madru viu-se rodeado de pinhas, sementes de espinheiro-alvar, bolotas de aveleira, sementes de sabugueiros, caroços de maçã, bolotas de carvalho, e de freixos, de flores do campo e de rosas-do-valado. Todos queriam apertar-lhe a mão ou então dar-lhe pancadinhas animadoras nos ombros.

— Amanhã atacaremos Lausbart!

— Esperamos as suas ordens, general!

— Vamos mostrar-lhe o que são os freixos!

— Só pelo fato de ter deixado incendiarem-se os grandes álamos ele mereceu a morte, esse bárbaro. Com alegria, vou enfiar-lhe meus espinhos no meio das costelas.

Assim eles conversaram, e alguns até pediram que lhes desse a conhecer o seu plano de batalha.

— Socorro — disse Madru pegando a mão de Bru, que se aproximara, como quem se agarra a uma tábua de salvação.

— Um marechal, um general... tudo o que eu não queria ser! Não era isso o que eu tinha em mente quando lhe prometi ser seu cavaleiro.

— Meu pobre herói — disse ela, franzindo a testa. — Mas é que precisamos de um marechal.

— Por que não dirige pessoalmente sua tropa?

— Acaso não sabe que não posso nem amar nem matar do lado de lá? Nem sequer posso ir até lá. Só me insinuo em seu meio em casos de extrema necessidade. Esse caso é extremamente importante, e preciso da ajuda de um ser mortal. Foi assim que minha mãe determinou há muito tempo atrás. Eu lhe peço, Madru, não me deixe... não nos abandone agora.

— O que aconteceu de fato com Bri?

— Ainda não sabe? — perguntou Bru, espantada. — Na verdade, ele estará ao nosso lado, mas também não pode comandar nenhuma horda.

— E por que não?

— Além do fato de ser a Grande Floresta, Bri não tem forma. Ele é uma força. Você o encontrará na resina, na visão da Grande Floresta, no musgo entorpecente, nas raízes, nos ramos das árvores.

— Senhor de campo, marechal! — disse Madru, ainda bastante perturbado. — Não posso me convencer de que sirvo para isso.

— Pense em Alissa. . . no que lhe fizeram.

— Sim — disse Madru —, estou triste, estou profundamente triste, mas vingar-me. . . Isso tornará as coisas ainda piores. O que fará enquanto durar a batalha?

— Ficarei aqui — disse Bru. — Protegendo-os à minha maneira. Eu lhe darei, bem como a todas as entidades que participarem dessa matança, a energia de que precisarem.

— E se formos vencidos?

— Isso não pode acontecer.

— Mas muitos terão de morrer — lembrou Madru.

— Por mim — disse Bru, irada —, morrerão todos os nossos inimigos.

Capítulo XVI

A matança das árvores e o encanto do silêncio.

A matança das árvores, segundo relato feito na *Crônica da época do principado,* começou com o primeiro raio de luz matinal e acabou quando o sol se pôs. Num outro manuscrito, no entanto, se diz que ela aconteceu no lapso de tempo que se leva para piscar os olhos.

Quem se interessar em saber se todos os acontecimentos aqui descritos de fato ocorreram num piscar de olhos, deve levar em conta que o tempo transcorre de forma diferente no aquém e no além. Enquanto, de fato, no mundo dos mortais já havia transcorrido um mês desde o incêndio do grande salão, no mundo do além, mal estava por terminar aquela noite que se seguiu ao massacre. Dessa forma, dá para entender que as citações acima mencionadas provavelmente foram elaboradas por uma entidade extraterrestre. As hipóteses aventadas cada vez com maior freqüência, segundo pesquisas científicas, apontam para algum daqueles guardas-porcos, aos quais também devemos o protocolo sobre o julgamento noturno do rei Lausbart na corte de Bru.

Aconteceu naquela noite, quando ainda estava escuro mas já se percebia que logo o dia despontaria. A última troca da guarda fora feita há mais ou menos uma hora. Havia alguns homens espalhados pelos corredores, a fim de montar guarda; vestiam amplos mantos de couro sobre os uniformes com os quais Madru os conhecera. Levavam as espadas de ferro, das quais se orgulhavam de modo especial, presas aos cintos, e nos canos das botas carregavam facas de arremesso.

O homem que montava guarda do lado sudoeste do cume do outeiro estava pensando no fato de que não teria possibilidade de rever a sua família antes do inverno.

Os trabalhos da picada que estava sendo aberta no meio da floresta encantada, a fim de permitir a passagem das carruagens, ainda levariam, no mínimo, três ou quatro meses para ficarem prontos. Outros por sua vez, falavam em três anos. A sentinela de guarda na ocasião havia estado naquele lugar na noite anterior, no exato local onde agora uma centena de homens destruía a floresta com machados e serras. Tratava-se de um trabalho pesado. Os homens que trabalhavam ali eram substituídos a cada semana. Tinham a impressão de que o trecho que haviam limpado até o momento era ridiculamente pequeno. Pareceu-lhes que, andando por cima das árvores, a demora para se alcançar a fronteira seria de dois ou três dias. Antes de a picada ser inteiramente aberta e os troncos das árvores terem sido afastados, antes de haver um planejamento da região, não poderia passar nenhum carro dos que transportariam as peles, e eles não poderiam empreender a marcha para o sul.

A grande cerca viva de espinheiro-alvar do lado sudoeste da colina em que estava montado o acampamento do rei Lausbart florescia devagar. Era a mesma cerca viva através da qual Allwiss e as duas ninfas das árvores haviam transposto o limiar para o mundo terreno, quando Allwiss levou a alma de Lausbart ao Conselho da Meia-Noite, seguindo ordens de Bru. Bem embaixo do espinheiro havia, no entanto, uma outra gruta de concreções calcárias, uma daquelas zonas em que os seres humanos e os do além se tocam diretamente, sem que os separe nenhuma parede de cristal.

Nessa gruta, que também lhe servia de residência de verão, Bru reunira nove daquelas mulheres que haviam feito parte do corpo de jurados no Conselho da Meia-Noite. Elas haviam tomado seus lugares, sentando-se em cadeiras de encosto alto, entalhadas em diversas espécies de madeira. Sentavam-se ali muito eretas e concentradas, de olhos fechados, e inalavam os vapores de enxofre que subiam das profundezas e se espalhavam através das brechas. Consta que depois de certo tempo de concentração desse tipo elas caíam num espécie de transe, entre o sono e a vigília, em que podiam deixar os pensamentos divagar entre os reinos humano e sobrenatural, a fim de influírem de forma significativa no destino dos dois mundos.

A sentinela passara por essa cerca várias vezes, na última hora, sem que notasse nada de anormal. Primeiro, a sebe estivera oculta pela neblina noturna. Mais tarde, seus contornos se tornaram mais nítidos. Quando o guarda passou outra vez por ali, ouviram-se os primeiros trinados ainda hesitantes dos passarinhos. A sentinela tornou a passar pela cerca viva e não quis acreditar no que seus olhos viam. Da sebe, crescia todo um enorme feixe de grandes troncos de árvore, de uma forma que não podia ser ignorada. Esses troncos traziam uma coroa de folhagens bem verdes e do meio dessas folhas ele era observado pelo rosto de um gigante. A fisionomia já era assustadora por seu aspecto incomum e seu olhar era sombrio, ameaçador, e sugeria até um pouco de desprezo.

A copa da árvore parecia atingir o céu. A folhagem cercava o rosto do homem como se fosse uma cabeleira desgrenhada que crescera imperturbada, sem sofrer cortes. Contudo, quando o desnorteado guarda tornou a olhar, entre medroso e curioso, descobriu que da densa vegetação de folhas também sobressaíam ramos menores, desfolhados, que causavam uma desagradável impressão de garras. O guarda não conseguira mover-se do lugar desde que vira pela primeira vez o gigante da árvore. Tentou afastar-se, na esperança de que essa imagem desaparecesse. Mas a coisa mais extraordinária era o fato de, apesar de seu aspecto aterrador, ela ter também certa beleza. Se o gigante ao menos não o olhasse com aqueles olhos! Aquele olhar, que lhe parecia um feixe de fogo verde, era difícil de suportar e enregelava-lhe o sangue nas veias. Sentiu os braços e as pernas paralisados de frio. Quis gritar. O grito morreu-lhe na garganta como se ele tivesse se engasgado com algo: ficou sem ar.

Queria correr e alertar os outros. Então ouviu os estalos e rangidos dos ramos que se aproximavam. Eles pegaram o homem pelos ombros, enrodilharam-no e jogaram-no ao solo, onde ficou deitado de costas. Os ramos, de crescimento ultra-rápido, enroscaram-se em seus antebraços. O guarda ficou como que amarrado ao chão. O gigante da árvore nem sequer se movera. Entretanto, seu olhar fixou-se outra vez em cheio no guarda. Esse olhar sombrio e repleto de desprezo parecia dizer-lhe: "Você sabe o motivo disso".

Dos galhos que o prendiam ao terreno, cada vez surgiam novos ramos semelhantes a mãos que, por sua vez, desenvolviam novas ramificações menores. Os galhos tatearam-lhe o pescoço: eram os dedos nodosos de uma mão, de onde cresciam centenas de dedinhos menores. Esses dedinhos apertavam-lhe a garganta, enterravam-se em sua pele. Em seguida, sua vista foi perfurada por uma luz de cor muito viva de folhas novas de tílias. Foi assim que morreu.

O rosto gigantesco que surgira na árvore olhou para o acampamento. Madru, que sonhava, transformara-se nesse gigante, assustado com o rumo que a força da imaginação e as correntes de sonho que Bru e suas ninfas das árvores lhe mandavam, a partir da gruta, estavam tomando.

Do norte, sob suas ordens, aproximavam-se as linhas de combatentes: os carrascos dos carvalhos. Tinham a aparência dos galhos escuros, de um cinzento esverdeado, característica dos galhos nodosos dos carvalhos que cresciam na floresta encantada. Seus rostos eram raízes semelhantes a tubérculos, sem narizes, orelhas, bocas ou olhos. Apenas havia o desenho de uma cruz feita com cinzas, que brilhava à distância. No colo, seguravam lanças destinadas ao aumento de sua força letal. Essas lanças se cravaram nas tendas de campanha, em que dormiam os soldados e os cavaleiros. Na crônica lê-se que cinqüenta homens que dormiam numa dessas tendas foram mortos por uma dessas setas. Nunca mais acordaram no mundo terreno.

Do lado ocidental, vinham marchando três tropas: as moças das macieiras, seres demoníacos com faces rosadas, febris, e pele enrugada, que cavalgavam macieiras desfolhadas. Levavam lanças nas mãos, em forma de tridentes. A seu lado, marchavam os freixos, carregando machados aos ombros. O cabo era de madeira, mas a lâmina era de pedra cinzenta, pesada, retirada do leito do rio; esmagaria qualquer crânio em que tocasse. Na retaguarda, marchavam os anõezinhos do espinheiro; eram pequenos camaradas robustos, que usavam capacetes espinhudos, negros, nos quais também tremulavam penachos de flores brancas. De seis em seis, traziam lanças pontiagudas, além de carregarem machados de lâmina dupla nos cintos.

No sul, surgiram da floresta encantada os regimentos mistos, compostos de vassalos-sabugueiros e de lanceiros-aveleiras. Estes já empunhavam as atiradeiras. Atiravam nozes, que se transformavam em cascalho — pedregulhos tão grandes como os da praia de Ängratörn, só que estes não eram arredondados, mas tinham arestas pontudas. Os sabugueiros espalhavam centenas e centenas de pequenas bolas pretas de seus aventais, frutinhas que costumavam ficar presas aos seus galhos. Essas bolinhas transformavam-se numa chuva de grãos de chumbo. Os locais atingidos ficavam rescendendo à essência inebriante que exalavam.

Também do sul vieram os pinheiros. Sua estrutura e altura corporal eram ainda maiores do que as dos carrascos-carvalhos, mas suas armas consistiam em finas e compridas varas. Diz-se que elas atingiam o inimigo bem no centro do coração.

As amazonas da roseira-brava, os guerreiros das bétulas e as umbelíferas-do-prado ainda se mantinham na retaguarda, mas lentamente o cerco se fechou em volta do acampamento do rei Lausbart. Não raras vezes maiores do que os homens, e, no que se referia aos seus corpos, de substância mais dura e resistente do que a dos humanos, esses seres das árvores eram adversários perigosos e infundiam medo em qualquer inimigo.

Os primeiros a se recuperar do susto foram os guardas de uniforme de couro, que brandiram suas espadas destruindo muitas cercas vivas de espinheiro-alvar, que já cercavam bem de perto o acampamento do inimigo. As moças das macieiras também não tiveram sorte, montadas em seus cavalos de árvores, que eram atingidos pelas facas de arremesso. Muitas caíram de suas montarias de galhos.

Enquanto isso, os cavalheiros, que acordaram assustados em suas tendas e que formavam uma barreira protetora em volta do rei, tornaram a se encorajar. A estratégia de emergência desses cavaleiros visava o sul. Lá, os sabugueiros-vassalos e os lanceiros-aveleiras, já haviam matado uma porção de lanceiros de Svea.

No entanto, assim que a munição acabara, eles olhavam para o gigante da árvore em busca de socorro, pois os cavaleiros enviaram uma centena dos homens que trabalhavam na picada naquela direção. As lâminas brilhantes dos lenhadores faziam grandes estragos nos regimentos sulistas. Muitos sabugueiros e aveleiras foram literalmente retalhados. Não poucos arremessadores de machado caíram feridos pelas lanças dos pinheiros, mas o fiel da balança quanto à sorte na guerra parecia pender para o rei Lausbart, nessa região.

Nesse momento, o rosto gigantesco enviou as amazonas da roseira-brava para a batalha. Elas usavam apenas um aventalzinho de pele, que lhes cobria as partes pudendas e o busto, mas deixava-lhes livres as costas brancas brilhantes e os roliços braços rosados. Curiosos, os lenhadores se detiveram por um instante. Sensualmente, seus olhares se fixaram na pele nua. Ainda zombaram pelo fato de o inimigo enviar mulheres contra eles; nesse momento, em forma de laço, fileiras de espinhos que floresciam da ponta dos dedos das beldades se cravaram em seus machados e mãos, de modo a transformar cada homem num pacote semelhante a uma múmia — um enigma para os arqueólogos, séculos mais tarde.

Os cavaleiros haviam ficado atrás dos lenhadores e tinham a esperança de que estes conseguiriam abrir um caminho, talvez até uma picada, nem que fosse por cima dos galhos das árvores.

As amazonas da roseira-brava se densificaram até se tornarem um emaranhado de espinhos; enrolaram os lenhadores e seus machados como múmias, continuando a crescer e a invadir, arranhando, estrangulando e enrodilhando tudo o que atravessasse seu caminho. Esse monstro aproximou-se dos cavaleiros, entre os quais marchava o rei Lausbart. Assustados, eles retrocederam e quiseram voltar na direção da qual tinham vindo. Contudo, com a coragem que o desespero empresta, um dos guerreiros enfrentou o monstro.

Observou-o alastrar-se enquanto crescia. Quando este o alcançou, ele levantou e golpeou com toda a força os ramos, até parecer que a roseira-brava estava enfraquecendo e sua força desaparecendo. O cavaleiro ficou espantado. Ergueu a espada no ar, no intuito de estimular a coragem de seus companheiros para atacar. Mas exatamente nesse instante uma horda de bétulas atacou pelos lados. Era uma horda desarmada. Certo de vencer, o cavaleiro as enfrentou, atacando a que estava mais próxima com sua espada. Num êxtase de vitória, achou que podia derrubar a gigantesca bétula de um só golpe. Mas, mesmo ferida, ela ainda conseguiu esticar seus dedos de galhos até o capacete do cavaleiro. Ouviu-se um bufo e um silvo, viu-se um caldo cáustico correr sobre o metal, uma nuvem de vapor subir; e, quando esta se dissipou, lá estava o cavaleiro sem capacete, com uma tonsura no crânio. Ele revirou os olhos, deu um grito desesperado, tentou uns passos cambaleantes e caiu morto.

Todos os outros guerreiros foram caindo, um a um, atingidos pelos dedos venenosos das bétulas.

Durante esse combate, o rei se afastara um pouco. Contudo, as roseiras-bravas se aproximaram dele. Ele abraçou uma das amazonas pela cintura como se quisesse dançar com ela. De repente, não havia mais as duas pequenas lâminas entre os dentes das roseiras, que brilhavam como diamantes. No entanto, elas estavam no meio dos seus dedos, nas mãos cerradas em punho. Sem piedade, as minúsculas lâminas riscaram todo o rosto do rei, em todas as direções, deixando traços vermelhos em forma de X. Em seguida, a amazona da roseira-brava debruçou-se sobre ele para um beijo mortal. Depois disso, Lausbart ficou cor de cera; subitamente, parecia um homem terrivelmente velho, até que se transformou em cinzas.

A matança continuou. Nesse meio tempo, os cavaleiros e os guardas, os lanceiros, os besteiros e os escudeiros haviam conseguido adaptar-se ao modo de luta dos seres das árvores. Em todos os lugares havia amargas batalhas particulares em andamento. As árvores poderiam estar perdendo a guerra.

No momento em que o gigante viu tudo isso, sentiu medo e suas raízes ficaram frias. As macieiras tinham sido quase inteiramente destruídas por um pelotão mais aguerrido, composto de cavaleiros e de besteiros que recebiam constantes reforços. Além disso, os cavalos de galhos das macieiras já haviam sido derrotados. Os carrascos dos carvalhos e algumas cercas vivas de espinheiro-alvar ainda ofereciam resistência. Mas a vantagem dos cavaleiros e besteiros tornava-se cada vez mais visível.

Nesse instante, ouviram-se gritos de vitória no campo de batalha: o uivo de lobos e o latido das raposas. Nem mesmo o empenho de Cara pôde mobilizá-los. Receberam ordens de Bru, ordens que eles não puderam ignorar. Chegaram à floresta encantada, atacando ferozmente os combatentes do mundo terreno. Alguns foram derrubados pelos lanceiros e pelos besteiros. Mas, dessa vez, não se tratava apenas de uma matilha — eram centenas de matilhas —, e mesmo que os homens atingissem seis ou sete animais, eram atacados por quatro ou cinco lobos que os mantinham no solo, até que os carrascos de carvalho e os sabugueiros se incumbissem de matá-los. Pelo outro lado também vieram as umbelíferas-do-prado, derrubando os inimigos que restavam, atacando, espetando, erguendo ou furando.

Então surgiram os primeiros raios de sol no horizonte. Por um momento, eles cegaram o gigante da árvore, que sentiu-se encolher. Um momento apenas — o sol estava no céu e Madru reassumiu sua verdadeira personalidade. Estava diante da roseira-brava e ouviu um distante som de trompas, proveniente do fundo da terra. Já não conseguia abarcar com a vista o amplo campo de batalha. O dia prometia ser ensolarado e claro. Madru sentiu-se cansado. Foi acometido por uma sensação de luto e de mal-estar.

Viu então uma longa procissão se aproximar. Eram lobos e raposas. Seguiam-se as entidades das árvores, fileiras após fileiras. Entre as que passavam diante dele, muitas estavam feridas. A terra havia se aberto. Atraiu-o a melodia de uma flauta. Soou um clamor de tambores. Por uma larga fenda, todos entraram na gruta. Madru caminhava no meio dos lobos, que choravam seus mortos com uivos lamentosos.

No local que as chamas das tochas tornavam claro, Bru estava em pé, perto de um grande caldeirão de prata, cuja parte exterior era toda trabalhada em relevos. Madru reconheceu seres humanos, montados em peixes, animais de fábula, um homem sonhador que tinha chifres na cabeça, um bastão numa das mãos e na outra uma serpente domesticada.

Uma cavalgada de umbelíferas-do-prado aproximou-se trazendo trouxas de peles nas costas. Também os guardas-porcos estavam outra vez presentes e se mostravam úteis. Cada uma das nove ninfas das árvores carregava um balde de madeira cheio de água e o esvaziava no caldeirão.

Bru ergueu a mão, pedindo calma.

— Nós vencemos! — bradou ela. — O preço em vítimas foi alto. Custou-nos enviar todas essas forças para uma batalha. Queremos a paz. Com um mergulho na água sagrada da Fonte de Modrigul, e graças à minha posição de rainha de todas as criaturas do além, e como deusa das árvores e dos animais selvagens, agora despertarei todos aqueles que foram assassinados pela ganância dos seres humanos para a vida. Rezem pela alma de nossos guerreiros caídos, mas também pela alma de nossos inimigos mortos. Porém, como a Grande Floresta por duas vezes foi palco de tantos acontecimentos trágicos, e como o equilíbrio entre nascimento, crescimento e morte foi tão perigosamente ameaçado, determino que de agora até daqui a milhares de anos, pela conta de tempo dos mortais, mais nenhum ser pise na Grande Floresta.

Bru mergulhou a mão esquerda no recipiente e desenhou um sinal de bênção no ar. Em seguida, foram desenrolados todos os pacotes de peles, um por um, e jogados no caldeirão: no mesmo instante, as peles se transformaram outra vez em animais vivos. Eles surgiam do outro lado do recipiente, saíam da água e emitiam gritos de prazer e alegria. Da borda do caldeirão saltavam para o chão da gruta e corriam apressados, fugindo dali na direção da Grande Floresta.

Quando a Grande Floresta recebeu de volta sua riqueza em animais peludos, e os homens já haviam sido banidos de lá há bastante tempo, Bru mandou sementes de freixos para a picada aberta pela centena de lenhadores na floresta encantada e ordenou-lhes que crescessem ali. Contudo, para que não se entediassem, e, principalmente, para que não tivessem de renunciar ao amor, permitiu que algumas amazonas de roseiras-bravas, um par de sabugueiros e um par de moças das macieiras fossem junto com eles.

— E você, o que fará? — perguntou a Madru, quando tudo isso estava organizado.

— Eu gostaria de um descanso — respondeu ele.

— Para onde quer ir?

— Desejo procurar minha bem-amada, que a morte me arrebatou.

— Ela está no reino dos mortos, que não pode ser visitado por nenhum mortal enquanto ele ainda estiver vivo — disse Bru.

— Se ela está lá, quero e preciso ir também. E se não estiver, desejo ir para onde ela respira e vive, quer isso seja no reino do mal ou lá em cima, perto das estrelas.

— Percebo — disse Bru. — Não poderei convencê-lo de que sua idéia não tem sentido. Vou dar-lhe o descanso que pediu. No entanto, se a Grande Floresta precisar da sua ajuda, ordeno que volte imediatamente ao meu reino.

— Quem nos faz sonhar que a proteja e à Grande Floresta!

— Hoje pela manhã você sonhou. Gostou do sonho?

— Não posso dizer que gostei — respondeu Madru —, mas eu o suportei.

— Agradeço-lhe, meu obediente cavaleiro — disse Bru, com certo sarcasmo na voz.

Madru procurou Allwiss no meio das fadas. Contou-lhe que pedira para descansar, e que o repouso lhe fora concedido. O anão perguntou a Madru como ele se sentia.

— Estou triste, mal-humorado — respondeu Madru. — Não fui feito para a guerra. Será que ainda tenho direito ao meu desejo? O que você sabe sobre o reino do Príncipe Negro?

O anão respondeu-lhe que não queria contar-lhe nada sobre o reino das trevas; sua língua estava amarrada.

— Então descreva-me ao menos qual o caminho que tenho de tomar para alcançar a fronteira do reino dos mortos.

— Venha — disse Allwiss. — Tenho de lhe conceder esse desejo, não me resta alternativa.

O anão levou-o para cima, de volta ao campo de batalha, onde os carrascos de carvalho ainda estavam ocupados em enterrar os mortos. Eles se aproximaram de uma cova em que já havia uma porção de guardas com uniformes de couro. Cada vez mais cadáveres eram jogados ali, junto com os outros. Então Allwiss deteve dois carrascos que carregavam um morto. Tratava-se de um jovem com mais ou menos a idade de Madru. Allwiss mexeu no bolso da calça do morto e tirou algo lá de dentro.

— Reconhece isto? — perguntou, entregando o pacotinho a Madru.

— Como? O meu jogo de cartas!

— Sim, tem razão — respondeu Allwiss. — Ele o encontrou na sua cela, quando saquearam a escola e a destruíram. Encontraram pouca coisa que os atraísse lá. Mas essas figuras coloridas atraem todas as pessoas. Assim, ele trouxe o jogo; ele pode mostrar-lhe o caminho para o reino dos mortos.

Allwiss fez um sinal para os dois carvalhos. Agora eles podiam enterrar o homem junto com os outros.

— Até logo, Madru — saudou Allwiss. — Tenho a certeza de que ainda nos encontraremos.

— Cadáveres. . . cadáveres demais! — Madru ouviu-o resmungar, à medida que se afastava, apoiado em seu bastão, na direção da sebe de espinheiro-alvar.

— O mundo dos homens é um pesadelo!

Capítulo XVII

A peregrinação até o grande muro. A Árvore da Vida do Filho das Estrelas é plantada. O porquê de Madru não chegar ao reino dos mortos e, sim, ao país do mal.

Madru postou-se em cima de uma pedra, que se destacava num lugar qualquer do campo de batalha. Embaralhou as cartas, tirou uma do monte e deixou-a cair no chão. A carta ficou pendurada entre dois talos de capim. Tratava-se da sexta carta do baralho: A ROSEIRA-BRAVA. Ele a olhou. Concentrou-se nela e sentiu como se tornava parte integrante da figura. Então viu-se levantar e se dirigir à cerca viva de roseiras-bravas.

Chegou ao mundo do além sem qualquer dificuldade. Bastava seguir o som dos risos e da música. Assim, chegou a uma festa em homenagem à vitória das entidades das árvores. Na verdade, apenas pretendia passar pelo meio das pessoas que dançavam, sem se incomodar com elas.

Seu único objetivo era encontrar Alissa. Então uma jovem, cujos olhos tristonhos chamaram a sua atenção, aproximou-se dele. A música era tão atraente! Ela lhe lembrava algo que ficara muito para trás, mas não conseguia lembrar-se do quê.

Começou a dançar com a mulher. Ela tinha um longo cabelo louro e usava um vestido branco muito simples, com um cinto de folhas do campo na cintura. À medida que rodopiavam e se tornavam leves como duas penas com as quais o vento brinca, seu olhar caiu sobre os músicos e, no meio deles, Madru viu um que se parecia com Ase. "Sim", pensou, quando deram outro giro e pôde tornar a observá-los; "deve ser Ase." Contudo, quando tornou a olhar, o homem havia desaparecido. Madru interrompeu a dança e balançou a cabeça.

— Mas o que é que você tem? — perguntou a jovem. — Não gosta do meu modo de dançar?

— Sim — respondeu ele. — É bom dançar com você; sinto-me muito leve. Mas preciso prosseguir. Devo ir até o reino dos mortos. Conhece, por acaso, o caminho para se chegar lá?

A jovem balançou a cabeça.

— Pense bem. Você deve saber algo, caso contrário, eu não teria tirado essa carta.

— Quando a água corre, ela murmura tantos segredos. . . — respondeu a moça.

— Trate de se lembrar! — ordenou-lhe Madru.

— Eu não sei — respondeu-lhe ela, com um sorriso malicioso — se deve ir hoje ou apenas amanhã. Isso não tornará o caminho nem mais longo nem mais curto. Gosto de você. Venha comigo; poderá ouvir pessoalmente o que conversam nas águas.

— Quem é que conversa nas águas? — perguntou Madru, com severidade.

— Os afogados. Na maioria, mulheres infelizes.

Sem querer, Madru meneou a cabeça, como se não acreditasse nela, mas mesmo assim seguiu-a. Enquanto dançavam, ele tivera a impressão de que os olhos dela se pareciam com os de Alissa. Quando atravessavam o salão, encontraram Bru, que vinha acompanhada por um grande séquito. Ela usava um vestido de seda e sapatos do mesmo material, de cor verde. Levava um leque na mão, com o qual brincava vaidosamente. Riu e disse:

— Talvez o meu cavaleiro não tenha ido descansar, afinal. Acaso não acha que as mulheres da minha corte são invulgarmente belas e atraentes? Até mais tarde, Madru.

A jovem mulher com quem havia dançado pegou-o novamente pela mão e o levou para fora da gruta, até uma nascente de rio. Como manchas de neve, o luar brilhava nos arbustos e na grama. Em algum lugar ouviram o murmúrio de água corrente. Foram nessa direção. A moça encostou-se a um tronco torto de salgueiro e sorriu. Ergueu a saia. Estava nua por baixo da roupa. Madru colocou a mão nos seios da moça e os dois se beijaram.

— Ouviu-as murmurar? — perguntou ela.

— Ouvi algo, mas vinha de muito longe.

— Eu lhe disse que seria assim — respondeu a moça. Puxou-o bem para perto e suas mãos acariciaram-lhe as costas sob a camisa.

— Como você é lindo! — disse ela, excitada. — Mas aqui perto do rio é sempre tão frio e úmido. . .

Madru pensou que devia perguntar-lhe o nome, mas esqueceu-se de fazê-lo. Mergulhou no redemoinho do doce esquecimento. Mas quando o prazer terminou, ouviu um ruído: deviam ser as vozes que ela mencionara. Viu corpos boiando na água, com os vestidos inflados. Tinham algas marinhas no meio de grandes seios brancos, desagradáveis de se olhar; os rostos estavam carcomidos pelos ratos. Levavam pedras nos bolsos e um punhal cravado no peito. Passou um recém-nascido. Depois dois príncipes, que haviam sido afogados num barril de vinho e jogados no rio. E todos eles murmuravam insistentemente o mesmo par de palavras. Faziam-no tão depressa, tão baixinho, que Madru não conseguia compreender o que diziam. Pareceu-lhe que precisaria mergulhar e ir buscar as palavras lá no fundo. Prendeu a respiração e saltou na água. Lá embaixo, viu uma bola dourada e, quando a tocou, ouviu finalmente, junto com as batidas aceleradas do seu coração, aquilo que todos os afogados murmuravam: "O Abismo do Esquecimento".

A jovem e ele se desvencilharam. A moça alisou o vestido com as mãos.

— Obrigado — disse Madru.

— Você ouviu as palavras — disse ela. — Agora irá embora.

— Não há pressa... Não há mais pressa. Como você se chama?

— Não tenho nome — respondeu ela. — Que tal me presentear com um? Sou uma das mulheres-salgueiro que consolam os soldados depois da matança.

— Bem — disse Madru —, então deve chamar-se Melancolia.

— Como chegou a essa conclusão?

— É um nome bonito. Combina com você. Contém tudo o que vivi com você. Ou será que preferia chamar-se Mélanie? Mélanie nada tem de extraordinário. Mas uma mulher com o nome de Melancolia não será esquecida por ninguém.

Depois disso, despediram-se. Assim que deu mais alguns passos, Madru tirou uma segunda carta. Era a carta número zero do baralho: A BÉTULA.

Madru estava numa montanha elevada, em meio a altos desfiladeiros e espigões desnudos e rochosos cobertos de neve. Um caminho estreito curvava-se até uma passagem. Madru ultrapassou um rapaz que levava um bastão comprido numa das mãos e uma mochila nas costas. Um cachorro branco e pequenino saltitava a seus pés.

— Bom dia, camarada — disse Madru.

— Que o dia seja feliz também para você e que as pedras do caminho nunca machuquem os seus pés — respondeu, amavelmente, o jovem.

— O seu passo é vigoroso — constatou Madru, que sentia dificuldade em manter o ritmo.

— Isso é compreensível — respondeu o jovem. — Estou cumprindo um *gesa*. E, se vocês de Norrland não sabem o que é isso, vou esclarecê-lo. Trata-se de uma ordem a que é necessário obedecer rigorosamente; trata-se de uma missão. Estou a caminho da fonte da qual flui a água da vida e, se não voltar dentro de cem anos, minha amada se casará com um alfaiate. E isso não pode acontecer.

— Também tenho os meus problemas — disse Madru. — Procuro o caminho para o país dos mortos.

— Não há nada mais fácil do que chegar lá — contestou o jovem. — Olhe lá para baixo. Aquele é o Abismo do Esquecimento. Basta descer até lá. Quem passar pelo abismo, viaja imediatamente com bagagem leve, e isso é importante quando se quer ir para o país dos mortos.

— Mas não tenho bagagem.

— É o que você acha, mas tem muito mais do que imagina — respondeu o viajante.

— E como faço para descer até ele?

— Basta arremessar-se lá para baixo. Terá mesmo de morrer algum dia.

— Está falando de suicídio? — perguntou Madru, espantado.

— Acaso não será capaz de se suicidar?

— Eu tenho medo — confessou Madru.

— De que tem medo?

— Da aparência que teria quando chegasse lá embaixo — respondeu Madru, balançando a cabeça. Enquanto isso, haviam se aproximado do abismo.

— Talvez eu tenha de ajudá-lo um pouquinho — disse o viajante, e, sem esperar resposta, deu um vigoroso empurrão em Madru, que despencou pelo abismo. Primeiro, este pensou ter morrido somente do susto. Mas como depois de uns instantes ainda pudesse respirar, teve certeza de que ao menos até então ainda permanecia vivo.

Um momento depois, tomou consciência de que não caía depressa, mas lentamente, como uma folha que tivesse sido arrancada de uma árvore. Por fim, atingiu o solo de uma forma bem suave e sem um arranhão sequer. Caiu num relvado que cobria o chão do desfiladeiro. Imediatamente, dois indivíduos, usando couraças e elmos de formato extravagante, e armaduras, aproximaram-se dele. No lugar onde habitualmente fica o coração, eles tinham um cadeado. A estrutura física desses homens era enorme e eles não tiveram nenhuma dificuldade em erguer Madru pelas pernas, carregando-o diante deles. Um bateu com a mão nas costas e no traseiro de Madru e, com isso, tudo o que ele levava no bolso das calças caiu no chão:

coisas de cuja existência nem suspeitava e outras que supunha perdidas.

O primeiro dos gigantes colocou-o outra vez de pé, juntou tudo o que caíra de seus bolsos — além do que lhe caíra do nariz, dos ouvidos e da boca — com muito cuidado, colocou tudo isso sobre uma toalha e depois a amarrou com um nó. Em seguida, disse ao outro guarda de plantão:

— Então, vamos levá-lo para baixo!

Levaram-no entre eles até uma pinguela de madeira construída à margem do rio. Não demorou muito, apareceu uma balsa descendo a corrente; estava ocupada por sujeitos barbudos com ar selvagem. Todos usavam chapéus pretos pontudos, casacos de veludo negro com grandes botões de madrepérola e, numa das orelhas, uma estreita argola dourada. Atracaram e, ao que tudo indicava, isso estava combinado de antemão; teriam de levar todos os que chegassem ali junto com eles.

Também receberam algumas moedas dos sujeitos grandalhões, mas assim que estas chegaram às mãos do coletor, tornaram-se hóstias, que foram distribuídas para todos.

Chegando no meio do rio com a balsa, um dos homens fez surgir um tarô. Perguntou a Madru se não gostaria de participar do jogo. Madru respondeu que desconhecia as regras. O homem lhe disse que eram simples. A cada um caberiam cinco cartas; os reis eram os trunfos maiores. O jogador que cantasse o jogo receberia duas cartas adicionais. Madru teve a impressão de que estava sendo enganado quanto a uma regra importante do jogo, ou que lhe estavam ocultando alguma; mas mesmo assim resolveu participar. Na primeira oportunidade que se apresentou de marcar um ponto, mostrou o rei. Mas o que estava na carta que os outros descartaram não era um dos quatro reis, mas sim a quarta carta do jogo: O PINHEIRO.

Imediatamente os jogadores começaram a gritar. Dois deles chegaram a puxar suas facas. Madru gritou:

— Vamos, matem-me! Assim, ao menos, estarei morto e encontrarei o caminho para o reino dos mortos!

Ficou sabendo então que aquele era o destino de todos eles; que se tratava de lenhadores que haviam sido abatidos pelas árvores que caíam. Por isso é que haviam tomado como uma provocação o fato de ele ter se utilizado justamente daquela carta para lavrar um tento.

O principal, disseram ainda, é que não se podia usar reis como trunfos; isso dava azar. Madru gostaria de lembrá-los de que no início do jogo lhe haviam dito coisa diferente, mas não teve coragem, pois sabia que estavam a caminho do reino dos mortos e que precisaria ficar na companhia deles se quisesse chegar lá.

Porém, como que por encanto, jogou outra vez o rei quando chegou a oportunidade seguinte de fazer um ponto. Os homens disseram então que bastava, arremessando as cartas que ainda tinham nas mãos sobre aquela que ele havia descartado. Um deles pegou um martelo e um prego enferrujado. Outros o seguraram pelas pernas e pelos braços e a carta com o rei foi pregada na sua testa.

Em seguida, o barco atracou e Madru teve de descer do bote. Nesse meio tempo, haviam saído do desfiladeiro. O rio agora desenhava meandros por um deserto poeirento em que tudo parecia ter-se ressecado. Em todos os lugares pastavam cabras, que chamavam a atenção pela magreza, já que os campos eram áridos. Ao empreender o caminho que se afastava do rio, Madru viu aparecer à distância uma cidade cheia de torres. Ficava num lugar mais alto e estava cercada por muralhas. No portão de entrada, as sentinelas o detiveram e lhe pediram o passe. Não possuía nenhum, mas apontou para a carta pregada em sua testa: acaso ela serviria? Nesse momento, o guarda tornou-se muito amável. Um oficial aproximou-se. Os dois murmuraram alguma coisa que Madru não compreendeu, até que ouviu ambos dizerem, com evidente prazer:

— Até que enfim você chegou!

Uma mulher se aproximou e disse:

— Vamos levá-lo ao rei. É tempo de acabarmos com isso. — Tocou cuidadosamente na testa de Madru, puxou o prego e, no momento em que ele mesmo tocou no prego, este transformou-se numa faca. A mulher jogou a carta fora. Em seguida, aproximou-se outra vez de Madru e disse:

— Com essa faca você deve matar o rei. Ao abraçá-lo para a saudação, espete-a nas costas dele. Desse modo, ao menos o seu sofrimento será menor!

— Mas por que tenho de matá-lo? — perguntou Madru, consternado pela sugestão.

— Será bom para você e será bom para nós. Ele já governou por sete anos e há necessidade de um novo rei. Você é o nosso novo rei.

Madru negou com a cabeça e disse que queria ir até o reino dos mortos.

— Primeiro terá de matar o velho rei, a fim de que se tire o encantamento dos seres humanos e dos animais — respondeu a mulher. — Em seguida, veremos.

Logo Madru se pôs a caminho à frente de um enorme cortejo de pessoas e de cabras que se dirigiram para o castelo. . . As cabras caminhavam sempre junto dele, como se esse direito lhes pertencesse. Eles subiram as amplas escadarias e entraram num grande salão que estava inteiramente vazio, a não ser pelo trono real, no qual se sentava o rei, olhando carrancudo para os que se aproximavam. Todas as janelas estavam com as cortinas cerradas.

— Que bom que chegou, rapaz! — disse o rei, assim que Madru se aproximou das escadas que levavam ao trono. — Eu já não suportaria isto por muito mais tempo. Você mesmo viu como meu povo sofre. Os campos já não produzem frutos, as cabras não se reproduzem, os homens já não conseguem gerar filhos em suas mulheres. Todos lhe agradecemos por ter vindo me matar.

O rei levantou-se a fim de que Madru pudesse abraçá-lo, e, com um impulso que contrariava sua própria vontade, Madru enfiou a faca nas costas do rei, que caiu morto. O povo e as cabras festejaram com gritos de alegria; sim, até as cabras, cuja alegria se traduzia por altos balidos. Homens com gaitas de fole, clarinetas e violinos chegaram ao castelo marchando. Tocavam seus instrumentos, e todos dançavam, inclusive as cabras, e, às vezes, até mesmo um bode dançava com uma mulher.

Madru sentou-se no trono e ficou pensando, enquanto observava aquela inconseqüente agitação: "Eu poderia tornar-me rei. Não seria tão mau assim. É claro que a cidade inteira fede a cabras, mas posso me acostumar a isso com o tempo. Esperar sete anos até que um novo rei venha a ocupar o trono e eles me condenem à morte. . . isso é tempo demais para mim. Não, não devo abandonar minha meta. Deve haver uma possibilidade de eu chegar mais depressa ao reino dos mortos".

Olhou atentamente para a multidão que dançava. Eles nem perceberiam se houvesse alguém sentado no trono ou não. Portanto, levantou-se com muito cuidado e esgueirou-se na ponta dos pés para fora do salão, até a escadaria. E o que viu?

Embaixo, na rua, acabara de estacionar uma carruagem de vidro. Quatro criados de camisa e elmo pretos, gola vermelha e bota da mesma cor carregavam cuidadosamente um esquife de vidro, no qual levavam o rei morto. Madru pulou com agilidade para trás de uma coluna e, à medida que os servos foram passando solene e compassadamente com o caixão, viu que em vez de rostos exibiam caveiras. "Bem", pensou ele, "esses devem pertencer, por certo, ao reino dos mortos." E, quando a carruagem começou a se mover, Madru desceu rapidamente as escadarias e pulou na carruagem, segurando-se na parte de trás. Na viagem, era como se estivessem competindo em velocidade com o vento. Madru sentiu um alívio no coração. Já se via alcançando seu objetivo. Enquanto os cavalos pretos que puxavam a carruagem galopavam a toda a velocidade, ele se segurou somente com uma das mãos e deixou o polegar da outra passar de leve em seu jogo de cartas. Uma delas caiu e ficou lá, no calçamento da estrada; e, apesar de o carro estar correndo tanto, ainda assim Madru conseguiu ver qual era, exatamente, a carta 15 do jogo: A SORVEIRA.

Sabemos como Madru gostava do seu baralho. Achou que era impossível abandonar aquela carta na poeira. Portanto, saltou do coche e retrocedeu parte do caminho, pensando, ao mesmo tempo, com desgosto: "Quem sabe a que distância me encontro do meu objetivo agora? Talvez seja mesmo impossível que alguém ainda vivo possa entrar no reino dos mortos. Todos disseram isso, mas eu não quis acreditar". Por fim, chegou ao lugar em que deixara a carta cair. Pegou-a do chão e juntou-a às outras. Teve a impressão de ouvir o murmúrio de um regato nas proximidades. Desviou-se da estrada para procurá-lo, pois de repente sentiu muita sede. A água jorrava de uma ladeira, no meio de pedras cobertas de musgo e de pedregulhos cor de enxofre. Ajoelhou-se e bebeu até matar a sede. Justamente quando pensava que não havia nada de mais precioso do que água fresca da fonte, viu uma sorveira cheia de frutos. No meio da folhagem verde e das frutas vermelhas viu um animal de incrível feiúra que olhava para ele. Tinha a cabeça semelhante à da lagartixa, um bico de ave de rapina e grandes asas iguais às de morcego.

"Às vezes, para trás é melhor do que para a frente", disse o animal em voz alta, com desembaraço.

— Quem é você? — perguntou Madru, piscando os olhos.

"Meu nome corresponde à minha aparência — Widerling[1]", respondeu o pequeno diabrete, "e lhe direi apenas três coisas. Seguindo em frente, nunca chegará à meta."

— E qual é a terceira sentença? — perguntou Madru.

"A terceira sentença", disse Widerling,"diz o seguinte: 'A porta é o tronco, e dá para voltar como que através da noite'."

— Mas que tolice — disse Madru. — O que posso fazer com essa informação? — e fez cara de aborrecido.

Widerling sumira. Madru continuou onde estava, exposto ao calor do meio-dia.

— A porta é o tronco — murmurou — e dá para voltar como que através da noite. — Tratava-se de uma frase intrigante, que ficou ecoando em seus ouvidos. Na sorveira não encontrou nenhuma porta. Ocorreu-lhe então a frase anterior de Widerling: "Às vezes, para trás é melhor do que para a frente".

---

[1] *'Antipatia", em alemão. (N. do E.)*

Assim sendo, voltou para a estrada. Depois de certo tempo, chegou a uma encruzilhada. O primeiro caminho seguia reto; o segundo era cheio de curvas e de meandros.

— Preciso ir pelo segundo — disse Madru para si mesmo. — Perdão por ter pensado tão mal de você, Widerling.

O caminho passava pela montanha e pelo vale, através de pântanos e de atoleiros, por paus e pedras. Madru seguiu-o durante um dia inteiro e mediu todas as suas curvas e examinou todos os recantos. No final do dia, porém, quando o sol se pôs, viu-se diante de um grande muro que se alongava para o norte; ele estava bem certo de que esse devia ser o muro que separava o mundo do aquém do mundo do além.

Não havia porta nem fenda, nem mesmo um buraco de ratos no chão, nem sinal de uma árvore que pudesse conter uma porta. Parado diante do muro, Madru teve a impressão de que ele era tão alto que ultrapassava as nuvens e as estrelas.

Madru andou ao longo do muro, pensando: "Será que devo retroceder? Não, primeiro dormirei um pouco. Se Bru me usou como um sonhador, talvez eu não seja muito mau nisso; pode acontecer de eu sonhar com uma saída para o reino dos mortos". Deitou-se de bruço no chão e, à guisa de travesseiro, colocou as mãos sob o rosto. No sonho, que afinal se tratava de um sonho dentro de outro sonho, se quisermos pôr as coisas nos devidos lugares, ele ouviu primeiro um ruído de estalo, depois um rufar de asas e, por fim, um cicio.

"Há tempos que se esqueceu de nós", disse o sapo, à medida que se aproximava, pulando.

"Até agora, os lobos sempre o auxiliaram", manifestou sua opinião a pega, "o que fez com que ficássemos à distância."

"Contudo, somos os animais do seu sonho", disse o texugo, fazendo biquinho, "e ele vai ver o que ainda receberá dos lobos."

"Não se comporte assim", advertiu-o o sapo. "Tenho a impressão de que está com ciúmes."

"Qual o quê", respondeu o texugo, fanfarrão, "estamos além do bem e do mal. Mas eles me perseguiram e não foi nada fácil salvar minha pele. Isso também precisa ser dito."

"Calma, está bem", acalmou-o o sapo. "Mas agora há paz na Grande Floresta. Não estamos aqui para nos acusarmos mutuamente, mas por causa do rapaz."

"Chorar as mágoas pode ser muito bom", retrucou o texugo.

"Calma, por favor", ordenou a pega, "e vamos ao que interessa. O jovem pôs na cabeça que é necessário fazer uma visita ao reino dos mortos. Devemos estar de acordo, no caso de querermos ajudar o rapaz."

"Por mim, ele pode ir", disse o texugo, ainda um tanto carrancudo.

"Por que é dessa opinião?", perguntou a pega insistentemente. "Não seja tão parco de palavras."

"Bem, acho que ele tem o direito de fazer a experiência", respondeu o texugo num tom afetado.

"Sou da mesma opinião", manifestou-se o sapo. "Contudo, o além não deixa de ter seus perigos."

"Além disso, o reino do mal fica logo ao virar-se a esquina!", aduziu a pega.

"Também não acho que ele esteja suficientemente maduro", resmungou o texugo.

"Como se você fosse muito adulto", disse o sapo ironicamente. "Por que, afinal, o seu irmão urso não está presente?"

"Pode esquecer o mano urso. Ele tem algo contra nós e algo contra o rapaz. Fiquem contentes por não avistá-lo. Bem, eu não tenho nada contra o fato de plantarmos agora a Árvore da Vida de Madru. Em que tipo de árvore vocês pensaram?"

"Pensei numa árvore milenar", esclareceu o sapo. "Elas ficam muito altas e consideravelmente velhas."

"Pois bem, então", disse o texugo, "está tudo acertado? Recentemente eu fui convidado pelos meus parentes para participar de uma corrida de barcos. . ." O texugo queria despedir-se logo.

"Fique aqui", decidiu o sapo. "Em primeiro lugar, vamos terminar a tarefa, devemos ser três, se é que a vida dele tem de ser feliz."

"Por favor", disse a pega, "compenetrem-se do significado que terá a nossa decisão de plantar uma árvore milenar. Madru viverá por tanto tempo quanto viver essa árvore, e isso não significa que sua vida será eterna, mas que ele terá uma vida longa. Viver por tanto tempo pode não ser divertido."

"Ora, bem. . .", disse o sapo, "mas também pode ser muito interessante."

"Se ninguém quiser dar mais qualquer aparte, passemos ao trabalho", disse a pega, deixando ao mesmo tempo cair as sementes da grande árvore no solo, perto do muro. O sapo murmurou um versinho. O texugo acumulou bastante saliva e cuspiu no lugar da plantação.

"Até a próxima vez, meus senhores", disse ele, e foi-se embora.

O sapo e a pega ainda permaneceram ali durante algumas horas. Ficaram até a plantinha crescer e chegar à altura dos joelhos de um homem. Mas, assim que se afastaram, aproximou-se o urso, rosnando, zangado.

"Ah... podem esquecer o mano urso... Fiquem contentes por não avistá-lo", ele arremedou a fala do texugo. "Isso pode servir-lhes. Também sou um dos animais do sonho." E, ao dizer estas palavras, arrancou a arvorezinha com um cuidado que ninguém seria capaz de imaginar; afastou-se um bom trecho dali e plantou-a novamente no solo. Em seguida, acenou satisfeito.

"Um mortal vivo e no mundo extraterrestre", disse consigo mesmo, "tão longe assim foram os fatos. Sim, que ele faça a experiência. Mas vai admirar-se de onde vai parar quando atravessar a porta dessa árvore."

O urso rosnou, contente, e afastou-se gingando.

Capítulo XVIII

Na Ponte do Espírito Mau. Madru conquista três fórmulas mágicas, mas não a quarta. As transformações de Alissa. Diante do senhor das altas torres. Madru abandona Alissa mais uma vez.

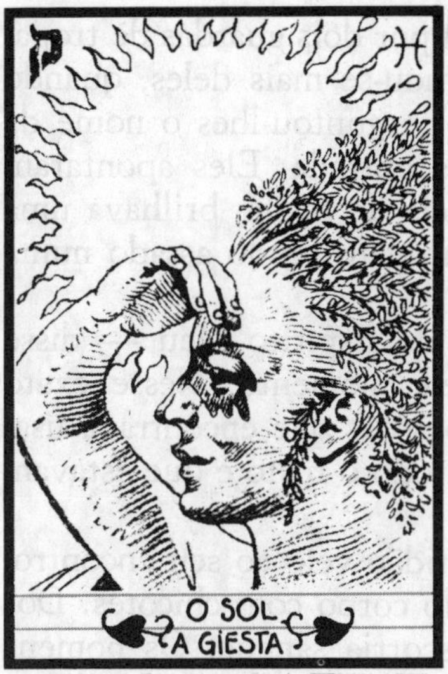

Quando Madru acordou, viu, não longe do lugar em que se deitara para dormir, uma árvore muito alta, cujo tronco era tão grosso que nem cinco homens com os braços estendidos poderiam abraçar. A altura da árvore ultrapassava a do grande muro, e seus galhos, bem esparramados, pareciam anteparos verdes. Madru aproximou-se da árvore. Sua folhagem recendia agradavelmente. A árvore estava bem perto do muro, mas Madru não sabia como utilizar-se dela para pulá-lo, pois os ramos inferiores estavam a tal altura que era impossível alcançá-los. Então ouviu um pica-pau batendo na árvore; o som, parecido ao de marteladas, dava a impressão de emitir uma frase: "Basta bater, basta bater!"

"Por que não tentar fazer isso?", pensou Madru. E, dobrando os dedos, bateu três vezes na casca da árvore. E eis que ele descobriu uma porta e conseguiu abri-la. Atrás da porta, uma escada em caracol se aprofundava para o interior da terra. Resolveu descer.

A escada acabava bem embaixo de uma passagem sombria. Naquele lugar, pedaços de rocha haviam caído do teto e era difícil caminhar por ali e avançar. Bem distante, Madru avistou uma luz. "Deve ser a saída", pensou, e tratou de chegar lá, transpondo todos os rochedos que se encontravam no caminho. Demorou todo um dia até alcançar o fim da passagem.

Saiu para o ar livre. Já estava escuro. O ar estava quente e era difícil respirar. Havia fuligem no ar. Madru viu-se ao lado de um rio que refletia duas luas em suas águas. O reflexo de uma delas era rosado, o da outra tinha uma tonalidade venenosa de verde. Sentiu-se arrepiar. O rio corria devagar e exalava um cheiro insuportável. A água era escura como breu. Imundícies e animais mortos revolviam-se nas ondas da superfície.

Madru seguiu o curso do rio e chegou até uma ponte de pedra com três arcos. As casas da outra margem pareciam fortalezas, mas as paredes estavam cheias de buracos e de frestas, de modo que ele pôde olhar para o seu interior. Aqui viu como dois homens se batiam, ali viu como um amigo assassinava o outro pelas costas com um punhal. Mais adiante, outro homem, ajoelhado diante de uma arca, contava dinheiro, e, perto dali, um outro forçava uma mulher a entregar-se a ele.

Na entrada da cidade, Madru passou por dois guardas de tropa. Não fizeram menção de detê-lo. Aproximou-se mais deles, quando viu que não tinham rosto. Ainda assim, perguntou-lhes o nome da cidade a que se chegaria ao atravessar a entrada. Eles apontaram para cima. Nesse local, sobre uma saliência de rocha, brilhava uma luz, e Madru reconheceu o cadáver de um gato sendo assado numa fogueira, pendurado pelas patas traseiras.

— O nome da cidade é Na Ponte do Espírito Mau — disse um homem que estava passando naquele momento. Nesse exato instante, Madru percebeu que todas as pessoas que encontrava usavam máscaras de couro que lhes cobriam todo o rosto e que estavam firmemente amarradas na nuca.

Entrou na cidade. Uma imensa multidão veio ao seu encontro. As pessoas flagelavam a parte superior do corpo com chicotes. Dos vincos que se formavam na pele nua, escorria sangue. Os homens entoavam uma melodia horrível enquanto faziam isso. As mulheres se aproximaram bastante dele, fazendo-lhe convites obscenos. Sobre seus braços e ombros nus, brilhavam escaravelhos e besouros, que, obviamente, usavam como adornos. Em toda parte havia mendigos, mas muitos apenas recebiam uma praga ou um pontapé dos que passavam, em vez de esmolas.

Madru entrou numa taberna. O fato de todos ali também usarem máscaras de couro infundiu-lhe medo. Quando olhava para alguém, este punha as mãos diante do rosto. Madru observava como se punham a chorar.

O hospedeiro colocou um pedaço de pão embolorado e um copo de água diante de Madru. A água era marrom, e insetos mortos nadavam e boiavam nela. Quando os outros hóspedes viram que Madru quis recusar, começaram a rir ironicamente. Ele forçou-se a empurrar o pão goela abaixo, pois estava com muita fome. Mas não foi capaz de beber a água imunda. A raiva acrescentou-se ao nojo quando viu os outros rirem, e então jogou o copo de água no chão com um movimento irado. Imediatamente, todos os outros freqüentadores se levantaram das mesas. Puxaram suas facas e jogaram-se, cheios de rancor, sobre Madru. Para onde quer que olhasse, via as lâminas das facas que se aproximavam. Um braço ergueu-lhe o queixo para trás, puxou-lhe a cabeça, e ele teve a certeza de que no próximo momento uma faca lhe atravessaria a garganta. Ficou pensando em como era inútil matar alguém quando já se está no reino dos mortos. De repente, ouviu passos que provinham de fora entrando no salão. O braço que o segurava soltou-o, as lâminas foram guardadas. Aparentemente indiferentes, todos os agressores voltaram às suas mesas. Uma mão tocou-lhe o ombro. Diante dele, estava Ase. Reconheceu-o pela estatura, pois seu rosto também estava coberto por uma máscara. Parecia vir de muito longe.

Ase vestia uma túnica coberta de sujeira, suas mãos estavam sujas das cinzas que flutuavam no ar, mas trazia nos ombros a sacola de couro em que levava o violino. Sentou-se e disse:

— Peça vinho. Você tem razão: a água aqui não pode ser tomada, mas os pobres-diabos estão acostumados com ela.

— Tem dinheiro? — perguntou Madru.

— Dinheiro! — riu-se Ase. — Quem falou em dinheiro?

Madru contou-lhe sobre o homem ajoelhado diante de uma arca cheia de peças de ouro. Ase retrucou que aquilo não significava nada.

— Se você quiser beber ou comer alguma coisa diferente de pão embolorado e água suja, precisará pagar com algo diferente.

— E com que, se posso perguntar? — interrogou Madru, tenso.

— Eles se servem de seus sonhos.

— De que forma acontece isso?

— Não posso explicar-lhe com duas palavras — respondeu Ase. — Agora quero vinho, e este será por minha conta.

Foram trazidos dois copos de vinho, e Madru ouviu quando Ase sussurrou alguma coisa no ouvido do taberneiro.

— O que disse a ele? — perguntou Madru. — Preciso saber exatamente quanto custa o meu vinho.

— A quantia do instante de sonho que possa pagar pelo vinho e por copos limpos. Raramente bebo, mas hoje que você veio, é preciso.

Fizeram um brinde, e Madru ainda estava intrigado com esse modo inusitado de pagamento.

— Não se preocupe, Madru — disse Ase, de forma reticente.

— Temos de falar sobre coisas mais importantes. Devemos tomar cuidado para não esgotar nossos sonhos.

— E se fizermos isso?

— Não existe ninguém que suporte tal coisa. A maioria se enforca. Você já deve ter visto muita coisa no caminho para cá.

Tomaram outro gole da bebida, e em seguida, Ase contou-lhe que viera a pedido de Mola, que suplicava que Madru fosse ver Alissa o quanto antes. Havia algo de urgente nesse relato.

— Onde estão elas? Como posso alcançá-las? — perguntou Madru.

— Vou levá-lo até lá — disse Ase —, mas o caminho é longo. Portanto é melhor que partamos logo, assim que tivermos bebido tudo. — Madru, você deve preparar-se para o fato de que vai encontrar Alissa muito mudada.

— Bem, é claro . . . Afinal, aqui estamos no . . .

— Psiu — disse Ase, antes que Madru pudesse terminar a frase, pondo os dedos sobre os lábios. — Saiba de uma coisa: aconteça o que acontecer, descubra o que descobrir, nunca pronuncie o nome deste país; caso contrário será transformado em pó no mesmo instante; será transformado nessa cinza que flutua por toda parte no ar.

Quando terminaram de beber o vinho, Ase e Madru levantaram-se e puseram-se a caminho. Fora, as duas luas ainda brilhavam sobre os telhados. Atravessaram uma praça em que se sobressaíam grandes estacas sobre as quais havia uma roda. Nessa roda, encontravam-se homens e mulheres amarrados em posições de tortura. Eles gemiam e se lamentavam.

— Devemos soltá-los, libertá-los? — perguntou Madru baixinho.

— Você está louco? Como pode ter pena? Isso logo denunciará que você vem de outro mundo. Olhe . . . — Ase tirou algo do bolso —, é melhor colocar esta máscara, antes que o obriguem a fazê-lo. Quando nos opomos às suas leis, eles logo percebem. Nesse caso, torturariam-no por tanto tempo como a esses infelizes que estão amarrados à roda, até abalarem a sua força de vontade.

— E qual é a vontade que manda aqui?

— Aqui se obedece à vontade dos senhores das altas torres — explicou Ase. — São os únicos que não usam máscaras. Eles mandam em todos os que vivem aqui.

— Como se pode chamar a isso de vida? — perguntou Madru. Outra vez Ase pediu que ele se calasse.

— Não é bom falar muito sobre os senhores das altas torres. Com isso, atraímos a atenção deles.

Nesse meio tempo, os dois haviam saído da cidade e chegaram ao campo. Estava bastante claro devido à luz das duas luas que tudo inundava. Madru teve a impressão de que naquele país só havia pedras e areia; nada de árvores, folhagens, flores ou relva. Mas não teve coragem de interrogar Ase a esse respeito. Em vez disso, falou algumas vezes com seu mestre sobre as experiências comuns tidas em Norrland. Ao que parecia, Ase não se recordava de mais nada. Mas alegrou-se em ouvir Madru contar suas experiências e estimulou-o a contá-las cada vez mais detalhadamente: isso parecia torná-lo feliz. De repente, porém, as duas luas escureceram. Ouviu-se um trovão e Ase disse:

— Eles ouviram o que conversamos e seremos castigados!

Esse trovão não foi precedido por nenhum raio. Mas, depois do estrondo, Madru teve a impressão de que uma série de pesos havia sido jogada sobre o seu peito, que parecia estar sendo comprimido. Madru não falou mais com Ase sobre os velhos tempos.

Na escuridão, avistaram um clarão. De longe, parecia que o fogo corria pela encosta do morro. Madru também imaginou ver mais flocos de cinzas no ar. Tossia cada vez mais. Agora o ar era escaldante. Aproximavam-se da onda de calor.

— Poderemos prosseguir? — perguntou Madru, amedrontado.

— Teremos de ir — respondeu Ase. — Devemos buscar um pouco desse fogo para nós.

Em breve haveria apenas um abismo de rochedo negro, sobre o qual o fogo escorria. Madru quis retroceder, mas Ase segurou-o pelo braço, ordenando:

— Fique aqui!

A lava ardente corria em volta deles e prosseguia. Logo estavam num mar de fogo; o lugar em que haviam posto os pés era a única ilha. Ase remexeu nos bolsos e tirou um pequeno frasco, entregou-o a Madru e ordenou-lhe que o enchesse de lava.

— É importante. Precisará dela. Coragem!

Madru remexeu na lava com os dedos, pondo um pouco da massa ardente no frasco; para seu espanto, não sentiu dor.

Enquanto isso, Ase havia tirado seu violino do estojo de couro e começara a tocar uma melodia; quanto mais tocava, tanto mais rapidamente a massa ardente de fogo se afastava, até que Madru viu o fogo subir pela encosta do morro outra vez.

No dia seguinte, apareceram dois sóis no céu e ficou intoleravelmente quente. A suposição de Madru, de que não havia árvores e flores nesse país, comprovou-se verdadeira. Agora caminhavam por um deserto de pedra. Madru teve a impressão de que ali havia o crânio de um gato, mais adiante um relógio abaulado, o corpo nu de uma mulher, torres, arcos e casas; mas, quando se olhava bem, tratava-se apenas de rochas de tamanhos diferentes sobre as quais incidia o brilho dos dois sóis.

Já há algum tempo, o vento tinha um leve som de vidro tinindo. O ar estava pesado de cinza e de fumaça. Os tinidos ficavam cada vez mais altos e constantes. Por fim, viram uma árvore de vidro da qual pendiam muitas garrafinhas. Quando o vento soprava nos ramos, fazia aquele ruído tilintante. Mas a árvore de vidro estava na margem de uma depressão em que havia um olho-d'água. Madru queria ir correndo matar a sede. No último momento, antes de se debruçar, deteve-se. Em volta da nascente, circulava um verme escamoso.

O verme abriu a boca e Madru viu uma fileira de dentes amarelados. No mesmo instante, Ase aproximou-se dele, tirou o bastão negro do cinto e esticou-o na direção do verme. Este imediatamente rastejou para bem longe, pelo deserto de pedras. Madru respirou aliviado e quis beber, mas Ase o impediu.

— Essa água não é para nós — disse ele. — Além disso, ela não mataria a sua sede. Com ela, podemos causar tempestades e grandes torrentes de chuva. Encha com essa água uma das garrafinhas que estão penduradas ali na árvore e leve-a com você.

Madru fez o que Ase lhe pediu. Agora a sede e o calor lhe pareciam quase intoleráveis.

— Avante — disse Ase, assim que guardou a garrafa com a água no saco de couro em que levava o violino. — Precisamos ir além. Lembre-se de que Alissa está à sua espera.

Continuaram a caminhada pela região das pedras brancas que tinham a aparência de ossos alvejados, até chegarem a uma passagem. Nas encostas de uma garganta havia pássaros, grandes e pequenos, juntos uns dos outros. Também os via pelo caminho. Mas estavam calados. Nenhum deles emitia qualquer som. Como os seres humanos, também traziam máscaras de couro sobre as cabeças.

Ase pegou um pequeno saquinho de couro, deu-o a Madru e deixou-o segurá-lo bem acima da cabeça. Em seguida, Ase encaminhou-se tranqüilamente até onde os pássaros estavam acocorados e esticou a mão direita na sua direção. No dedo anular dessa mão, usava um grande anel verde, em cuja pedra estava entalhado um falcão. Imediatamente ouviu-se o pipilar de todos os pássaros, que haviam alçado vôo de um vez só. O ar encheu-se com o som do adejar de suas asas.

— Depressa — ordenou Ase —, amarre o saquinho de couro!

Apesar de não saber por que tudo tinha de ser feito dessa forma, Madru atendeu ao desejo de Ase.

Assim que atravessaram o desfiladeiro, chegaram a um deserto de cinzas; era uma área em que, mais cedo ou mais tarde, toda a cinza que rodopiava no ar se sedimentava. Não havia sinal de vento nessa região. O silêncio era opressivo, e todos os arredores eram inteiramente planos, sem elevações ou depressões no terreno.

— Aqui tenho de abandoná-lo — disse Ase a Madru. — Contudo, você tem os três elementos que lhe arranjei. No frasco, o fogo; na garrafinha, a água; e, no saquinho cheio de vento causado pela revoada de pássaros, escondem-se forças poderosas. Os senhores das altas torres, contudo, lhe pedirão também um torrão de terra, se tiver de negociar com eles. Não tenho o poder de lhe conseguir isso. Mas lhe dou o meu violino como um presente de despedida. Talvez você possa provocar uma tempestade com ele e conseguir que eles não lhe exijam um pedaço de terra. Terá de atravessar esse deserto de cinzas; em seguida, chegará a uma cabana, que fica no Vale da Obscuridade. Lá existe essa única cabana. Não há meio de errar o caminho.

Depois de dizer isso, Ase abraçou Madru e voltou pelo caminho que já haviam percorrido.

Madru seguiu pelo deserto de cinzas. Maus pensamentos contra o Ase que conhecera tão bem passavam-lhe pela cabeça; não adiantava nada tentar evitá-los.

Finalmente, alcançou a cabana coberta de junco. Quando bateu à porta, Mola abriu-a. Ela o examinou da cabeça aos pés, meneou a cabeça e disse:

— Por que demorou tanto a vir? Ela está perdida. Não podemos salvá-la. E, além do mais, danem-se vocês todos, os homens.

— Vim tão rápido quanto pude — retrucou Madru. — Mas o caminho até aqui foi longo. — A velha riu com maldade, murmurou para si mesma alguma coisa que Madru não pôde compreender, e ofereceu-lhe um banquinho. Trouxe-lhe um copo de água limpa e fresca. Quando Madru perguntou por Alissa, a velha respondeu que ela havia saído.

Madru adormeceu sentado no banquinho, e, quando acordou com alguns ruídos, já era noite e Alissa regressava com uma matilha de lobos. Ela nem sequer se incomodou com ele. Era como se não o tivesse visto. Os focinhos dos animais ainda estavam lambuzados de sangue. Yarduk era o guia do grupo. Ele, Alissa e os outros lobos usavam máscaras de couro. Quando Madru quis cumprimentar Alissa, ela lhe disse asperamente:

— O que quer aqui? Estou exausta da caçada. Não percebe que está atrapalhando? Quem é você, afinal, e o que quer?

— Sou Madru.

— Quem é Madru? Trate de ir embora. Não conheço nenhum Madru.

E, ao dizer isso, acariciava a pele de lobo que usava como casaco. Yarduk, todavia, que era meio lobo e meio gente, passou o braço pelos ombros de Alissa e levou-a para seu covil. Madru ouviu as palavras de carinho que trocavam e o som estalado de seus beijos. Ficou estarrecido e paralisado. Queria chorar, mas não tinha lágrimas.

Dessa forma adormeceu, e quando acordou já era novamente tarde da noite. A matilha de lobos voltava outra vez da caçada. Desta vez, Alissa era uma doninha. Sua silhueta era bonita, mas podia-se imaginar que seria ainda mais bela se o rosto não estivesse coberto pela máscara.

Mais uma vez, Alissa tirou a pele que a cobria como se fosse um casaco assim que entrou na cabana; e novamente Yarduk, desta vez transformado em príncipe das doninhas, levou-a para seu leito e nele fizeram amor. Madru, contudo, enviou um desejo veemente para Bru, pois lembrou-se de que ela também era a senhora de todos os animais selvagens.

Nessa noite, Madru esforçou-se para não adormecer. Foi muitíssimo difícil, como se tivesse trabalhado arduamente durante todo o dia. Tudo foi em vão. Dormiu sem sonhar e profundamente.

Mola acordou-o perto do meio-dia. Ela lhe disse:

— Bem, agora você viu o que está acontecendo por aqui. Ela roubou o meu amado, tornando-o um estranho para mim. Além do mais, sua mágica há muito tempo supera a minha. Ela entregou-se totalmente ao mal, e no entanto, sofre com isso como todos os que caem na mesma tentação. Você ainda tem poder sobre ela, mesmo que aparentemente ela não o tenha reconhecido. Se quiser ajudá-la, faça como vou lhe dizer: nesta noite, Alissa, Yarduk e os outros retornarão sob a forma de abutres. Os dois tirarão a pele de penas e irão outra vez para seu ninho de amor. Então você pega o traje de penas de Alissa e joga-o no fogo. Dessa forma, ela não poderá mais se transformar. Obrigue-a a colocar o vestido de linho cru que está pendurado ali naquela cadeira; em seguida, amarre-a com estas correntes que estou lhe entregando. Do lado de fora da cabana, encontrará dois burros. Coloque-a sobre um deles, use o outro. Os animais conhecem o caminho.

— Que caminho? — perguntou Madru.

— O caminho até os senhores das altas torres. Somente eles

podem autorizá-lo a levar Alissa de volta para o seu mundo. . . E acho que é isso o que quer, não é?

— Por certo — respondeu Madru. — Jurei encontrá-la e levá-la para casa, quer ela morasse numa estrela, quer no ardente interior vermelho da Terra. Onde estamos?

Mola repetiu o mesmo gesto de Ase com o dedo sobre os lábios, balançando negativamente a cabeça.

— Então me diga ao menos por que todos aqui usam máscaras? — pediu-lhe Madru.

— Já lhe disse o bastante. Cada um só pode dizer aquilo que não o prejudique.

— Devo dar-lhe algo de presente? Devo recompensá-la? — perguntou Madru.

— Não, não — respondeu Mola. — Faça apenas aquilo que lhe pedi, que para mim já é lucro. Pois, quando Alissa for embora, reconquistarei Yarduk. E não se esqueça de levar o saco de couro com o violino e as três fórmulas mágicas, porque precisará delas.

Madru esperou até a noite seguinte. Foi uma espera difícil, mas ainda restava-lhe uma esperança, que o animava. Tudo passou-se exatamente do modo como Mola havia descrito: dessa vez Alissa voltou como abutre, e se pavoneava toda pela cabana com seu traje de penas. Assim que ela tirou a roupa, Madru arremessou-a ao fogo da lareira. Uma luz clara e brilhante percorreu o aposento, enquanto os outros abutres, excitados, ficaram esvoaçando por todo o local. Madru não lhes deu a mínima atenção, mas obrigou Alissa a usar o vestido de linho cru, amarrou-a com as correntes, ergueu-a sobre a montaria que estava à espera do lado de fora, montou no outro burro e puseram-se a galope, afastando-se dali.

Passaram por todos os obstáculos do caminho, às vezes com a velocidade do vento para, em seguida, cavalgarem tão devagar como se estivessem montados em lesmas. Todavia, finalmente chegaram a um castelo sombrio que ficava sob uma escarpa íngreme. Lá em cima, erguiam-se altas torres de marfim, finas e quebradiças que se perdiam no céu, o qual raramente se via, pois estava constantemente encoberto pelas nuvens. Os porteiros do castelo levaram Madru e Alissa, ainda amarrada com as correntes, até um enorme salão vazio.

— Quero falar com os senhores das altas torres — pediu Madru.

Nesse momento, os guardas latiram como se fossem cães. Essa era a maneira com que expressavam estar se divertindo. Logo em seguida, explicaram a Madru que nenhum mortal ou ser do além vira ainda, cara a cara, os senhores , mas que eles tudo viam, permeavam e preenchiam, e não era só o seu olhar, mas também os seus ouvidos que eram onipresentes. Bastava-lhe falar.

— Senhores das altas torres — começou Madru —, peço-vos que liberteis esta mulher. Ela foi minha amante no outro mundo; fomos separados de uma maneira horrível.

Ouviu-se uma voz. Ela provinha de todos os lugares e ao mesmo tempo de nenhum, e seu tom era sarcástico:

— Nós quisemos que fosse assim. E o mundo e os astros obedecem à nossa vontade.

— Eu vos suplico, senhores das altas torres, se sois tão poderosos, que vos pode interessar uma criatura tão insignificante e sardenta? — retrucou Madru.

— Você a ama — veio a resposta. — Amantes são os nossos piores inimigos. O que nos dará, se deixarmos a moça partir?

— Sois todo-poderosos — respondeu Madru —, o que eu poderia vos dar?

— Você tem toda a sorte de coisas em seu saco de couro — disse a voz metálica ameaçadora —, nossos olhos vêem um frasco com fogo, uma garrafinha com água e um saco cheio de vento. Mas onde está a caixinha com o torrão de terra?

— Não possuo nenhuma caixinha com um torrão de terra.

— Pior para você — respondeu a voz. — Nesse caso, terá de cumprir uma tarefa.

— Que tarefa?

— Você nos dará os três meios mágicos de que dispõe e soltaremos Alissa. Mas vamos avisá-lo: não olhe para ela enquanto não tiverem saído do nosso país.

— O que aconteceria se eu a olhasse?

— Você a perderia e as fórmulas mágicas seriam nossas.

— Concordo — decidiu-se Madru, que ouviu quando as correntes se rompiam e caíam ao chão, deixando Alissa livre.

— Tire a máscara. Mas não olhe mais para Alissa — disse a voz. — Vá pela porta que os porteiros abrirem.

A máscara de Madru caiu no chão.

— Como saberei se Alissa de fato me acompanha? — perguntou Madru, desconfiado.

— Sentirá as mãos dela em seus ombros — disse a voz ameaçadora.

E assim foi.

— É você, Alissa?

Em vez de receber uma resposta da moça, ouviu-se a voz outra vez.

— Ela não sabe que você a ama. Ela não se lembra de nada

que aconteceu no mundo em que moravam. Só tornará a recordar-se quando chegarem lá. Aqui, ela nada mais é do que um títere em nossas mãos, como todos os que encontrou.

Madru viu a porta. Pegou o violino. Andava com cuidado, sempre procurando sentir as mãos de Alissa em seus ombros. Os dois saíram para um corredor escuro assim que atravessaram a porta. Ele prosseguiu devagar e cuidadosamente, pois estava escuro como breu. Estendera uma das mãos para tatear o caminho e com a outra carregava o violino e o arco. Andaram interminavelmente, e o pouco de esperança que lhe restava desvanecia-se devagar com o esforço. Havia vazio e escuridão. Nenhum ruído, nenhuma luz!

Madru pegou o violino, e eis que descobriu que podia tocar tão maravilhosamente como Ase. A música aliviou-lhe o coração. Como que por encanto, tocou centenas de melodias, e seus passos tornaram-se mais rápidos quando percebeu que não havia obstáculos no caminho. Então avistou uma luz. Primeiro foi um pontinho só, não maior do que um pirilampo. Depois, esse ponto tornou-se um brilho, e, quanto maior lhe parecia o clarão no final do corredor, tanto mais depressa podia prosseguir.

Por fim, apenas a distância de um braço estendido o separava da claridade total.

Abaixou o violino. Queria libertar um braço, esticá-lo. Assim tinha a impressão de poder pegar a luz.

— Continue a tocar — ouviu Alissa dizer.

Quis obedecer, mas não recomeçou a tocar com rapidez suficiente. Um grande desejo de olhar para os olhos de Alissa, de tocá-la, de passar as mãos sobre sua pele, cabelos e rosto o acometeu.

Madru voltou-se, obedecendo a esse impulso. Ela deu um grito estridente, que parecia um pedido de socorro. A máscara caiu-lhe do rosto, assim que o olhar de Madru pousou sobre ela. Ele viu lábios esmigalhados, faces cheias de sulcos através dos quais viam-se os ossos, manchas de podridão negra na testa. Dos globos oculares escorria areia; teias de aranha pendiam de seu crânio calvo.

O grito de medo de Madru pareceu apenas um suspiro ao passar por seus lábios. O rapaz virou-se, saiu correndo como se fugisse de um fantasma, com grande pressa. Correu, abraçado ao violino e ao arco, cada vez mais para adiante, impelido pela pressa incontrolável, assim que pensava na caveira para a qual olhara. De repente, ficou sem fôlego e caiu exausto no capim alto.

Capítulo XIX

Madru torna-se aprendiz de feiticeiro e faz amizade com a cozinheira negra. Lobos voam pelos ares. Allwiss chama o cavaleiro da Grande Floresta a pedido de Bru.

Quando Madru voltou a si, estava deitado de costas, apertando o violino e o arco contra o peito, debaixo de uma macieira cujos galhos estavam carregados de frutas. Como se estivesse sonhando, viu o rosto da deusa das maçãs sorrindo para ele no meio das folhas, dos ramos escuros e das frutas. Olhou em volta. Avistou um velho que o observava.

— *Salute!* — disse o homem indiferentemente, tirando o chapéu, que consistia em uma semente de fava da faia. Usava um casaco em que havia apliques de campainhas-de-maio e de violetas do campo. O traje pareceu mais irreal a Madru do que o rosto da deusa no meio dos galhos da macieira.

— Meu nome é Montigorr — apresentou-se o homem. — Sou mágico, membro da Corporação da Aurora Dourada.

— Não usa máscara para esconder o rosto. . . — murmurou Madru, aliviado. — O que aconteceu e onde estou?

— Na esfera do além! — respondeu o velho. — Na região de Grenzmark . . . Ameaçadoramente perto do reino do mal, do qual o jogaram para fora, por motivos que desconheço, fazendo-o descrever uma grande curva no céu. Presumo que se trate de problemas com mulheres, como aconteceu com a maioria. Recebi o encargo de cuidar um pouco de você.

A cena com que tudo terminara voltou à memória de Madru. Só de pensar nisso sentiu-se tão mal que teve de fechar os olhos, como se dessa maneira pudesse eliminar o ataque de fraqueza que sentira.

— Olhe, meu amigo — disse Montigorr —, não tente fugir outra vez.

Montigorr andou em volta de Madru, colheu uma maçã e jogou-a para ele. Madru largou o violino e o arco e apanhou a maçã. Deu-lhe uma boa dentada. A polpa da fruta era macia e sumarenta. No mesmo instante, sentiu que melhorava. "Talvez se trate de magia", pensou. Montigorr ajudou-o a ficar de pé.

— Roubado e enganado! — disse ele, balançando a cabeça, enquanto caminhavam lado a lado através da campina florida, dirigindo-se para uma velha casa. — Isso é bem do seu feitio!

Madru contou tudo o que vivera no reino dos mortos. Atravessaram uma cerca viva de frutas silvestres que parecia ser o limite entre a campina e a floresta.

— Nada de reino dos mortos — disse Montigorr, acenando com a mão. — Você esteve no reino do mal.

Madru parou, meneando a cabeça. O vasto jardim ficara para trás. Montigorr apontou para um banco embaixo de uma velha nogueira. Eles se sentaram.

— Não estive no reino dos mortos? — repetiu Madru, ainda surpreso. O violino e o arco, que estavam sobre os joelhos de Madru, de repente sofreram uma extraordinária modificação. Quando uma lufada de vento passou, foram levados e nada restou além da mão cheia de poeira.

— Por favor — disse Montigorr —, estou lhe dizendo a verdade!

— Mas eu encontrei Ase, encontrei Alissa como uma loba, como uma doninha e. . . — Madru parou.

— Como uma fêmea de abutre — completou Montigorr. — Tudo não passou de uma fantasia. Tudo ilusão. Ilusão mágica, que apenas merece desdém.

— Se foi assim — disse Madru, aliviado —, então nem sequer encontrei Alissa. Fui enganado por um fantasma maldoso.

— Mais ou menos como seríamos enganados por um brinquedo mecânico do sr. Hoffmann, tão vivo ele parece. É claro que o urso meteu suas patas no negócio. Bem, enquanto isso, pude descobrir que foi ele que replantou a árvore da vida em outro lugar. Ele transladou-a do lugar que ficava perto do muro do reino dos mortos para o lugar em que ficava o muro do reino do mal. Você tem de saber que existe um lugar. . . e ele nem sequer fica muito distante daqui. . . em que os três reinos se tocam. De certo modo, trata-se de uma região em forma de triângulo. Por outro lado, você ainda dispõe de padrinhos e de protetores influentes. Allwiss esteve aqui... e me contou que o encontraria debaixo da macieira no prado. Ah, e ainda há algo que devo mencionar — disse ele —, eu tenho uma espécie de... bem, como diria... empregada, governante, cozinheira... na verdade, uma cozinheira preta, insuperável quanto aos manjares que serve à mesa... De certo modo, uma pérola negra. Contudo, de todas as experiências que faremos juntos, ela está estritamente excluída. Não conhece nenhuma fórmula mágica, nem sequer um encantamento, nem um exorcismo, e quero que continue assim. Os limites entre os proprietários e a criadagem devem ser bem delimitados. Uma cozinheira, por mais extraordinária que seja, uma cozinheira negra pertence ao pessoal de serviço. Devemos ter cuidado para não ficarmos sob seus tamancos, senão podemos terminar como Merlin: enfeitiçado por sua Niniane numa cerca viva de espinheiro-alvar. Será que nos entendemos?

Madru fez que sim com a cabeça. Ele entendia: o velho desejava adverti-lo para não se envolver com a criadagem.

Entraram na casa. Montigorr mostrou todos os aposentos a Madru, desde o porão até o sótão. Somente passou mais depressa por determinada porta. Tratava-se do aposento da cozinheira negra.

A sala maior da casa era a sala das mágicas. Tinha janelas em estilo gótico. Num dos cantos havia toda a sorte de aparelhamento alquímico. Esparramados pelo chão, jaziam vários livros abertos. A sala também continha uma escrivaninha daquelas em que só se escreve em pé, sobre a qual havia um livro grosso. Sua memória vinha falhando ultimamente, confessou Montigorr, queixando-se do fato; era necessário anotar tudo o que fosse importante.

As paredes estavam decoradas com mapas astrais e representações dos planetas. Mas Madru tinha certa aversão pela astrologia, embora talvez fosse a ela que devesse sua nomeação como Filho das Estrelas. Ficou de pé diante de uma representação colorida da árvore cabalística da vida, pintada numa parede branca com giz colorido. Assim que Montigorr percebeu que Madru se sentira atraído por esse desenho, dispôs-se logo a dar-lhe uma aula sobre o assunto. Falou sobre os deuses distantes. Admirado, Madru ouviu alguém falar sobre deuses bem diferentes daqueles que aprendera a venerar em sua infância. Montigorr falou dos deuses da Antiguidade.

Fez uma incursão pela gnose, falou sobre o demiurgo que imaginou ser deus, falou dos arcanos que criara a fim de que o ajudassem na sua criação. Mostrou de modo bastante inequívoco como esse demiurgo não tivera nem a mais leve percepção da divindade da qual certa vez fora destituído e que tornava reconhecível o destino dos homens como um destino trágico, pelo fato de se encontrar enganado num mundo como representante da criação. Montigorr tornou a falar da cabala, esclareceu o significado dos dez círculos e dos vinte e dois caminhos da árvore sagrada. A árvore significava esperança. Quem seguisse seus atalhos e caminhos subiria como que por uma ladeira até aquele Deus tão distante e procuraria o significado das palavras, com as quais se abriria novamente a visão para esse Deus.

Montigorr resumiu o teor de sua explicação dizendo que o ser humano era um prisioneiro, mas que com a ajuda da sabedoria e com o conhecimento, inclusive o conhecimento secreto e ocultista, teria a possibilidade de libertar-se de sua prisão. . . chegando ao verdadeiro objetivo de todo o conhecimento humano, chegando à luz do Deus oculto.

O tempo passou depressa durante essa aula tão esclarecedora e chegou a hora do jantar. Madru viu a cozinheira negra pela primeira vez. Sua pele era bem escura; ela era alta e usava um daqueles penteados em que os cabelos são arranjados no alto da cabeça, amarrados por um lenço artisticamente arrumado em forma de turbante. O lenço era de um pano lindamente estampado. Os lábios carnudos e os grandes olhos davam-lhe um ar algo indolente. E cada vez que Montigorr não estava olhando, ela lançava-lhe um olhar sorridente que o excitava da cabeça aos pés. Quanto aos seus dotes culinários, Montigorr não havia exagerado. Não apresentava nenhum prato que não tivesse um sabor extraordinário, uma verdadeira delícia para o paladar, não destinado a matar a fome, mas destinado ao prazer: uma culinária para a alma.

Contudo, a cozinheira negra não ficava somente diante do fogão a fim de realizar sua magia. Ela lavava e esfregava de tal forma que a velha casa de Montigorr brilhava de limpeza. Não se tratava daquele brilho duvidoso que uma criada ou um gênio da limpeza consegue dar, mas de um brilho que tinha uma espécie de vida.

Assim que o sol se pôs, Montigorr ordenou que a criada se retirasse para seus aposentos, que não só trancou com sua chave, como também selou com o desenho de um pentagrama; e, ainda por cima, como se tudo isso não bastasse, recitou um versinho. Madru interrogou Montigorr sobre todos esses cuidados, e Montigorr respondeu que queria ter a certeza de que a cozinheira negra não sairia do seu quarto durante a noite, e de que ninguém entraria nele. Apesar de todo o orgulho que sua postura deixava adivinhar, a criada manifestava uma humildade e uma solicitude no mínimo surpreendentes para com Montigorr.

Ela o mimava e fazia o possível para que o velho não fosse perturbado pelas inconveniências do dia-a-dia, evitando desse modo que o mágico fosse acometido pelo mau humor. Ela sempre obedecia às suas ordens e indicações sem qualquer réplica, e nem sequer parecia aborrecida pelo fato de ele trancá-la em seu quarto, noite após noite. Afinal só poderia sair outra vez do aposento na manhã seguinte, depois que Montigorr o abrisse com a chave e murmurasse as palavras mágicas destinadas a desfazer o encantamento no limiar da porta e no peitoril da janela.

Entrementes, Madru foi instruído por Montigorr quanto às bases da magia, e o que ouviu despertou-lhe a atenção. Ele via a cozinheira negra, via como ela lhe dirigia sorrisos que tinham o poder de excitá-lo até o dedo mindinho do pé, a cada vez que Montigorr não estava olhando. . . e, ao mesmo tempo, também não a via, pois fora enfeitiçado pela magia. Ficou sabendo que, além do mundo material e físico da vida — que os cabalistas chamam de Assiah —, existia o mundo astral, denominado Yetzirah. É com esse mundo que os mágicos procuram entrar em contato, com a esfera dos arcanjos e de outras entidades espirituais, de Briah e, por fim, com a esfera do divino Atziluth.

Madru aprendeu que não se deve imaginar que essas esferas do mundo estejam superpostas como as camadas geológicas da Terra; antes, deve-se imaginá-las como uma espécie de entrelaçado que se permeia mutuamente.

Montigorr elogiava a capacidade que Madru tinha de sair, como uma entidade espiritual, do seu corpo físico, e também o interrogou sobre as experiências, ruas, caminhos e atalhos que percorria na viagem astral. Nisso Madru chegava a superar Montigorr. Embora certas experiências, como a de entrar na bétula ou a da interrupção do tempo, já não lhe parecessem agora tão estranhas graças aos novos conhecimentos, seu mestre se sentia cada vez mais ansioso por ouvi-lo contar novas experiências e os fatos que vivia nas ruas e caminhos das regiões distantes do mundo astral.

Depois de certo tempo, o mago dispôs-se a alcançar com seu discípulo o objetivo de Bru, que lhe enviara seu cavaleiro para aprender magia. Para expressarmo-nos em línguaguem de leigos: tratava-se de obter certo poder sobre os quatro elementos, o Fogo, a Água, o Ar e a Terra, através da conjuração de espíritos elementares, apoderando-se de fórmulas mágicas que estes empregavam.

Montigorr aconselhara Madru a não mais confiar nos três utensílios mágicos que lhe haviam sido tirados pelos senhores das altas torres. Disse que não era prático manter forças tão poderosas em garrafas, caixas, sacos ou frascos. Aliás, era perigoso. Um procedimento muito mais inteligente seria pesquisar os caminhos da Árvore da Vida, procurando alcançar as montanhas, prados, florestas ou várzeas em que estavam ocultas as palavras que atuavam da mesma forma que aquelas fórmulas mágicas pouco práticas. Além disso, também se obtinha, dessa maneira, uma opinião de significado muito maior: que de fato a essência da magia consistia em se ter o poder sobre a única palavra acertada. Quem a encontrasse saberia, seria o senhor do seu ambiente ou da entidade assim nomeada.

Em longas e cansativas viagens, Madru conseguira encontrar as palavras que lhe possibilitaram fazer cair uma chuvarada de um céu sem nuvens, atear fogo ou fazer soprar uma ventania só ao mencioná-la. (Devem procurar entender que deixamos de mencionar aqui quais sejam essas palavras, pois, se chegassem ao conhecimento das pessoas erradas, isso aumentaria a confusão do mundo, que de qualquer modo já é bastante grande!) As palavras que regem os elementos Água, Ar e Fogo haviam sido encontradas por Madru à medida que deixara seu pensamento vagar pelos caminhos da vida. Mas aquela palavra que lhe daria o domínio sobre o elemento Terra ainda permanecia oculta. Madru contou a Montigorr, já que este considerava isso um fato importante, que também nos procedimentos ensinados por Ase ele não pudera ajudá-lo no que se referia ao torrão de terra. Madru também empreendera viagens mentais para as quais Montigorr lhe dera valiosas sugestões. Tudo em vão. Com versos, encantamentos a deuses e espíritos, com fórmulas e números, não conseguira avançar nesse setor. Montigorr resolveu então viajar, a fim de aconselhar-se com um velho mestre. Madru, entretanto, permaneceu em casa, pois queria fazer certa experiência com uma constelação propícia enquanto o velho mestre estivesse fora, e que serviria a determinada ocasião em que seria necessária sua presença no salão de mágicas.

Montigorr nada tinha do tolo. Apesar de todo o anseio pela palavra mágica para o elemento Terra, ele não tinha deixado de notar um outro desejo de Madru, de natureza bem mundana. Para o período em que devia ficar ausente, assim esclareceu ele a Madru, seria aconselhável trancar, como de costume, durante a noite, o quarto da cozinheira com a chave, e selar o limiar da porta e o peitoril da janela com o encantamento. Madru achou o conselho prudente. De certa forma, sentiu certo alívio ao receber essa ordem. Em seguida, Montigorr partiu.

Até que a tal experiência começasse, ainda haveria um bom intervalo de tempo. Madru andava inquieto pela casa. Estava preocupado com algo que observava. Dias antes, quando fora até o jardim a fim de se descontrair um pouco, vira uma matilha de lobos passar voando pelo céu. Nada revelara a Montigorr dessa visão extraordinária, mas procurara uma solução para o fato nos caminhos apontados pela Árvore da Vida, sem, entretanto, achar a resposta.

A inquietação de Madru aumentou ainda mais quando passou pela porta atrás da qual a cozinheira negra estava trancada com chave e o pentagrama. Pôs-se a ouvir. Tudo estava em silêncio. Então, em seguida imaginou ter ouvido um risinho abafado.

— Ei. . . você ainda está aí? — perguntou, e pensou como seria terrível se ela fugisse durante a ausência do mestre.

— É claro — respondeu a voz calorosa e dolente. — Conheço alguém que gostaria muito de entrar, se pudesse.

— Por que acha que ele gostaria de entrar? — perguntou provocantemente Madru.

— Porque ele é jovem, e não velho. . . porque faz tempo que não recebe os carinhos de uma mulher e porque aquela que ama está muito longe. Mas ele não pode entrar, pois tem apenas o poder de um aprendiz e não o do próprio mestre!

— Bem, isso ainda não se sabe! — exclamou Madru. — Contudo, sei ao menos tantas palavras mágicas como Montigorr, se é que não sei mais.

— Então deve ser muito fácil abrir a fechadura e romper os selos mágicos que trancam a porta e a janela.

— É claro que eu poderia fazê-lo, se quisesse!

— Acaso não quer? — A cozinheira parecia desapontada.

— Por que deveria querer?

Ele ouviu como ela batia os pés lá dentro e gritava:

— Você é sempre tão tolo ou quer se fazer passar por um? Desde o dia em que se sentou pela primeira vez à nossa mesa, dei-lhe constantemente a entender, por meio de olhares, que gosto de você. Talvez o velho tenha me guardado muito bem até hoje. Mas agora há uma chance para o nosso amor. Pelo que espera, afinal?

Madru afastou-se da porta.

Sentiu como o desejo pela cozinheira negra se apossava dele. Esforçou-se heroicamente para combatê-lo. O que significava, afinal, uma horinha de prazer, comparada aos segredos da magia que Montigorr partilhara com ele? Mas acaso a cozinheira negra também não seria uma feiticeira? Acaso não seria seu dever aprender com ela as artes mágicas que se dispunha a ensinar-lhe?

"Confiança requer confiança", murmurou Madru para si mesmo, e decidiu-se firmemente a resistir à tentação. Como sua reflexão seguinte foi ridiculamente moralista! Acaso não ouvira a própria Bru dizer: "Neste mundo, podemos passar muito bem sem a moral?"

Encaminhou-se para a sala das mágicas e sentou-se diante da Árvore da Vida para conseguir pensar em outras coisas. No décimo círculo, denominado Malkuth, começava o seu caminho. Viu o arco-íris e Kallah, a rainha, noiva e virgem. Subiu até Yesod, em que as energias mais profundas e fortes da natureza, a inteligência e a imaginação, estão unidas. Continuou até Tiphareth, que significa beleza. Sentiu um impulso ao qual não resistiu, mas não chegou até Chokmah, a inteligência viril, como esperara, mas alcançou Binah, a compreensão feminina, e quando atingiu esse círculo compreendeu que esse era o signo que Montigorr usara para trancar a cozinheira negra em seu quarto. Por certo, e só para certificar-se de que não se enganava nessa suposição, foi até a porta do quarto e perguntou:

— Você ainda está aí, cozinheira negra?

— Claro que estou! — respondeu ela. — Não veio ninguém para abrir a porta. Mas se você continuar hesitando...

Então Madru se ajoelhou, desenhou o signo de Binah no limiar e ouviu quando a fechadura se abriu com um estalido.

— A porta está aberta... Mas espere ainda um minuto — disse-lhe a cozinheira negra.

Madru sentiu-se estremecer e arrepiar, mas esperou.

— Agora, venha para mim — disse ela.

Madru abriu o trinco e entrou. A moça estava nua, sentada numa cadeira de vime, com as pernas dobradas e os braços abertos estendidos na sua direção. Parecia estar sentada num trono. Diante da grande cadeira, havia uma pele de cabra, malhada de branco e marrom.

Por um momento, Madru sentiu medo de que o velho pudesse surpreendê-los. Então tirou as roupas, e, quando se abraçaram, o medo desapareceu e se transformou numa chama ardente de amor.

Depois de terem se amado, ficaram deitados lado a lado durante certo tempo.

— O que fará agora? — ele lhe perguntou.

— Retomarei minha liberdade — respondeu ela. — Tive de esperar bastante por ela.

Em seguida, ela passou a murmurar algo numa língua desconhecida de Madru. Ele pensou: "Devo dizer as palavras mágicas que servem de antídoto para essas", mas era tão agradável entregar-se à sua magia amorosa! Madru ficou com sono. Sementes de papoula secas espalharam seus grãos negros sobre ele. A cozinheira negra desapareceu. Procurou por ela, cambaleante, por salas intermináveis, até que se viu diante dos portões de Malkuth, o reino de Deus como criação humana. Um ferro em brasa veio ao seu encontro e marcou sua testa com algo que queimava como fogo. Madru gritou e levantou-se, viu que estava só e nu, e sentiu vergonha. Devia ter se passado um bom espaço de tempo. Talvez um dia e uma noite e mais um dia. Ao percorrer a Árvore da Vida, havia desenvolvido uma aguda percepção para o tempo que se passava numa esfera enquanto estava em outra.

Acaso Montigorr ainda não voltara para casa? Teria usado a viagem como mero pretexto para pô-lo à prova, juntamente com a cozinheira negra? Por ventura ficara astutamente observando-os por meios mágicos à distância, enquanto se amavam? E onde estaria a cozinheira, afinal? Deu uma olhada na arca em que ela devia guardar seus vestidos. A arca estava vazia. Então teve certeza de que ela se fora... se fora pelo mundo. Lembrou-se de Alissa e de seu juramento. Que coisa extraordinária: podia conviver muito bem com esse juramento e com os abraços da cozinheira negra.

A casa pareceu-lhe estranhamente mudada. Não sabia do que se tratava. Não encontrou ninguém, muito menos Montigorr, e também não achou mais a cozinheira. Entrou na sala de encantamentos. Todos os livros, retortas e cadinhos haviam desaparecido. No lugar da parede em que havia o desenho da Árvore da Vida cabalística estava agora um alto espelho oval, que possuía uma moldura dourada toda torneada.

Ouviu alguém tossir atrás de si e virou-se assustado, pois temia que pudesse ser Montigorr.

Allwiss examinava-o inquisitivamente.

— Consciência pesada, consciência pesada! — disse o anão, inclinando a cabeça.

— O que aconteceu com Montigorr? Você precisa me dizer — disse Madru, muito agitado.

— Pensei que você fosse perguntar por ele... A velha fraternidade entre os homens!

— Não há necessidade de nos preocuparmos com *ela* — afirmou Madru.

— Como ela relatou, fez bom uso da liberdade que alcançou... essa cozinheira negra — disse Allwiss.

O anão conduziu Madru até uma mesinha oval que havia na sala de magia, uma mesinha que estava sempre limpa e que servia como enfeite; ao menos, fora isso que Madru imaginara. Estava acostumado a ver um frasco de formato irregular sobre ela. O frasco estava caído ao chão, quebrado. No lugar do frasco, havia uma caixinha preta.

— Bem, e agora? — perguntou Madru.

— Aí está o que restou do pobre Montigorr... um pouco de

matéria em uma *black box*[1], como vão chamá-la mais tarde. É claro que ela sabia a palavra que vocês procuravam com tanto afinco. Ela também era uma maga... uma grande maga, o que era do conhecimento de Montigorr. Seu instinto não o traiu, Madru. Ele se afastou para poder observá-los de longe. Estava completamente maluco para descobrir essa palavra e... infelizmente, temos de dizer a verdade... você não passou de seu instrumento. Talvez isso o deixe amargurado. Pense um pouco: sua intriga custou-lhe caro. Ele procurava a palavra que rege o elemento... e agora ele mesmo transformou-se nele... bem, ele agora é apenas terra. Mas não vim por causa dos seus conflitos. Bru quer falar com você. O prazo terminou. Há mais ou menos cem anos moram cada vez mais pessoas na Grande Floresta. Houve mudanças que exigem a sua presença. Mas ela mesma lhe dirá. Agora venha!

Madru ficou de pé diante do espelho. O vidro transformou-se num fluido vibrante. Allwiss mergulhou, lançando os braços para a frente. Madru imitou o gesto do anão.

---

[1] *Caixa usada para guardar as cinzas das pessoas cremadas. Em inglês no original. (N. do T.)*

Capítulo XX

Madru em outra época. Policiais diante da casa, e dentro dela, Jule, a Ruiva. O alegre baile em Lassekrog. A bela Gunilla. Um violinista acompanha uma carruagem com o olhar.

Relata-se que, em dado ano, por volta dos fins do século XIX, na estação do ano em que florescem a giesta e as macieiras, um homem chegou a Norrland com a finalidade de investir em bens de raiz em Ängratörn. Seu nome era Madru e ele ainda era jovem. À propriedade que ele adquiriu pertenciam, porém, o rio e toda a floresta às suas margens, estendendo-se quatro quilômetros para ocidente e seis para o norte. Mesmo assim, tratava-se de um enorme investimento em terras. Na verdade, a maior parte consistia em florestas. No entanto, a região era maior do que as terras dos camponeses e assalariados que viviam na região. Na maioria das vezes, esses habitantes nada mais possuíam do que umas três ou quatro vacas no estábulo. Num ano que não fosse bom e em que talvez houvesse pessoas demais para alimentar sob seu teto, os aldeões não raro eram obrigados a vender uma ou duas dessas vacas. Esses lenhadores dificilmente se recuperavam desses golpes do destino, e muitos deles emigravam para a América. Havia muitos homens que trabalhavam nas serrarias em Ljusdal, ou como jangadeiros ou lenhadores nos grandes projetos que se multiplicavam fora da zona rural. Quando havia uma derrubada de árvores em qualquer região, nunca faltava gente disposta a vender suas terras. Outras sofriam pressões que as obrigavam a vendê-las. Muitas vezes, grandes porções de floresta eram trocadas pelos donos por três garrafas de aguardente. Ninguém considerava esses bêbados incômodos, visto ser possível ganhar muito dinheiro vendendo madeira em lugares distantes. Foi nessa época que surgiu a palavra "no exterior". E, ao que parecia, a Grande Floresta era uma fonte inesgotável de madeira. As mulheres ficavam em casa. Cuidavam dos filhos, do gado e revolviam o feno, além de zelarem pela parca plantação de aveia que crescia rala. Elas freqüentavam os cultos de seitas cristãs. Mas muitas também se atinham às velhas crenças condenadas pelos pregadores cristãos. Quem acreditava em Bru e Bri e na Lua em sua tríplice representação perguntava-se em silêncio se estaria correto devastar dessa forma a Grande Floresta. Dizia-se que a Grande Floresta era algo sagrado, possuía uma força, uma energia estranha. No momento estava sendo destruída e saqueada, além de vendida. Primeiro, haviam matado a tiros todos os animais que forneciam peles. Agora, roubavam a lenha.

Madru, o novo senhor de Ängratörn, era um bom violinista. Tocava nos bailes em Färila e nas tabernas à beira das estradas que iam na direção norte. Viajou a pé, com seu violino, para o sul, a partir de Järvsö, chegando ao ocidente pela costa até Glada Hudik. Esta era uma cidade portuária, em que os fabricantes de navios e os comerciantes se reuniam no cais do porto, lugar em que as casas eram pintadas com cores fortes, o que demonstrava riqueza.

Não era costume um homem rico se misturar aos violinistas. Violinistas eram os que pouco mais possuíam além de seu instrumento, uma mochila e um cobertor de lã. Falou-se muito a respeito dele no início. A música de Madru dava às pessoas a impressão de ser mais suave, selvagem e carinhosa que a de qualquer violinista conhecido naqueles tempos. Ouviu-se um boato de que Madru era dono de um daqueles violinos que haviam sido encantados por algum feitiço. As melodias pareciam ter sido aprendidas num mundo extraterreno. Com toda a probabilidade, talvez ele mesmo fosse um alienígena ou um bruxo.

As pessoas também andavam imaginando como ele poderia ter obtido tanto dinheiro para comprar Ängratörn, que devia ter custado muito caro. Um violinista não ganhava o suficiente para tal compra, mesmo que fosse exemplar como ele era. O que se pagava a um músico ambulante mal dava para comer.

Além disso, as roupas de Madru eram incomuns. Os conhecedores de moda afirmavam que calças com o corte do tipo que Madru usava, sapatos pontudos, ornamentados com pequenos sinos na ponta e casaco de feltro vermelho haviam estado na moda há quinhentos anos em Norrland, ou talvez até há mais tempo ainda.

O que mais causava admiração nas pessoas, entretanto, eram as palavras que Madru costumava usar em seus discursos. Falava franca e abertamente sobre o poder das árvores, e afirmava que as coisas não podiam continuar no pé em que estavam. A Grande Floresta estava sendo destruída. Não se roubava impunemente a natureza. Daí a trinta ou quarenta anos pouco ou nada restaria da Grande Floresta de Norrland. Madru dizia que as pessoas deveriam imaginar, ao menos uma vez, o que isso significava. Uma floresta desaparecendo como o aroma das árvores milenares. Nada mais de verde. Nenhum mar de folhagens que se movesse como ondas. Uma catástrofe de proporções incomensuráveis estava prestes a ocorrer, previu Madru. Num mundo sem árvores, os homens sufocariam. Não teriam mais ar para respirar. Doenças desconhecidas se espalhariam como pestes. Todos morreriam, vítimas de uma morte horrenda, cheia de sofrimento. As pessoas deixavam-no falar. Muitas concordavam com suas idéias. Mas a maioria considerava-o uma espécie cômica de homem santo. Seus discursos também de nada adiantavam quanto à derrubada de árvores, que continuava da mesma maneira. E por que não? Havia uma grande quantidade disponível de madeira! A quantidade era incalculável, especialmente nessa região. E, em última análise, todos os moradores de Norrland subsistiam graças à floresta. Os comerciantes de madeira viviam dela como as varejeiras vivem da sujeira. Os lenhadores e os proprietários de terras florestais mais vegetavam do que viviam. A vida deles seria pior se não tirassem proveito da Grande Floresta, se não vendessem um lote, se não empregassem as forças de trabalho roubando madeira da floresta.

Quando os donos de serrarias e os comerciantes de madeira da região ouviram falar sobre as pregações de Madru, ficaram inquietos. Será que acaso não seriam acusados legalmente por danificação de propriedade? O pessoal que se dedicava a essas profissões convidou um juiz, um bispo e um comandante de polícia para uma reunião, a fim de aconselhar-se com eles. O conselho foi o seguinte: deixá-lo falar. Quem, afinal, lhe dava atenção? O problema se resolveria por si.

O mais rico comerciante e o mais influente homem de negócios de toda a Norrland era um tal de sr. Sunderman, que convidou Madru para ir a sua casa e o submeteu a um verdadeiro interrogatório: qual seria seu preço para parar com tais palestras? Madru falou-lhe sobre sua convicção e disse que não estava à venda.

— Pois bem — disse o sr. Sunderman, interessado. — O senhor tem suas idéias. Quer esclarecê-las para mim? Talvez possa me convencer.

Madru contou-lhe que o projeto de beleza se encontra na natureza e, principalmente, nas árvores. Contou-lhe sobre as entidades que moravam nas diversas árvores; sobre a sabedoria de que compartilhavam e disse que ninguém deveria ter medo dessas entidades.

O sr. Sunderman achou a dissertação de Madru muito poética e perguntou se ele não gostaria de se tornar um dos seus empregados, como violinista e guardião de árvores. Ouvira dizer que Madru conhecia detalhes sobre a multiplicação das diferentes espécies de árvores, que sabia como verificar, através da casca do tronco, se uma árvore estava sadia ou acometida por alguma doença.

O sr. Sunderman ofereceu a Madru uma quantia vultosa, que estaria disposto a pagar-lhe mensalmente se ele aceitasse sua oferta. Madru agradeceu com cortesia, recusou e foi embora.

Depois dessa conversa, o sr. Sunderman ficou de mau humor, pois pertencia à classe de pessoas que acredita que o dinheiro compra tudo.

Sunderman era um cinqüentão corpulento, que usava quase sempre ternos escuros, azuis ou pretos, de tecido inglês, e camisas de colarinho alto que lhe apertavam o pescoço. Seu cabelo era grisalho, cortado curto, embora a barba fosse longa e farta. Era viúvo e andava à procura de uma esposa. Gostava de beber Rotspon, e sua cabeça era maciça, sempre de faces vermelhas, como se ele estivesse prestes a sofrer um ataque apoplético. Contudo, havia tomado a resolução de viver, no mínimo, até os cem anos de idade. Na corrente dourada do relógio que pendia em volta da barriga proeminente havia três penduricalhos entalhados em engastes de ouro: três dentes de lobo. . . que provinham da arcada dentária do último desses animais que havia sido abatido a tiros havia mais ou menos três anos, nessa região.

Não tivera filhos de seus dois casamentos anteriores. Estava disposto a ter um filho e herdeiro. Afinal, o sr. Sunderman era uma espécie de rei de Norrland, embora não usasse coroa, ao menos assim diziam as pessoas. Possuía duas serrarias em Ljusdal e era sócio de outras, espalhadas por toda a região. Mandara comprar lotes de terras da floresta que ficavam entre Fineby e Enskogen, região em que havia vários pequenos proprietários. Muitos quiseram bancar os espertos. Esperaram para vender quando o preço chegasse aos limites mais altos. Naturalmente, deduziram que as terras seriam necessárias para um grande empreendimento e fingiram-se surdos.

Como que por acaso, um desses vendedores relutantes foi abordado por três ou quatro sujeitos embriagados. Os "patifes", como se costumava chamá-los depois, segundo relatórios, não pertenciam às redondezas. O homem que não queria vender sua fazenda foi atacado por eles. Depois do ataque, apressou-se a vender suas terras. Os inquéritos policiais, instaurados para esclarecer essa patifaria toda, não tiveram êxito.

Madru vivia de forma frugal, apenas do que lhe pagavam por sua música, o que não era muito. Mas sentia-se feliz em tocar. Além disso, tinha um saquinho com cinqüenta moedas imperiais do reino que valiam muito mais do que as novas, pois eram cunhadas em ouro quase puro. Encontrara uma trouxa com o baralho, a pata de lobo, o lenço de pescoço com as cores das folhas de outono, uma faca de bronze, o violino e o dinheiro sobre a mesa da cozinha, quando entrou na casa de Ängratörn.

Madru tocava polcas ao violino nos bailes e nem pensava em deixar de continuar com suas febris palestras contra os que desmatavam a Grande Floresta. A procura por madeira, na verdade, aumentava cada vez mais. Madeiras para a construção de galerias eram exportadas para a Alemanha e a Inglaterra. Madeira para revestimentos de paredes e móveis, madeira para fósforos e caixas de fósforos. Parecia surgir um novo mundo no estrangeiro que dependia da madeira que se roubava à Grande Floresta e que parecia inesgotável.

Aqui e ali se viam clareiras no meio da floresta, cujos campos mal alimentavam algumas pessoas da região. Esses terrenos eram cortados por ruas que percorriam a área que antes continha os cimos das copas das árvores da floresta encantada e que se agitavam ao vento como as ondas de um mar verde. Uma das estradas ia para o norte e era bem pavimentada até Hennam; outra ia para o noroeste e terminava na pequena cidade de Karböle; a terceira dirigia-se para sudoeste e fora planejada para chegar a Los. Havia um grande número de caminhos. Não se podia, entretanto, imaginar que alguma vez antigamente houvesse um caminho acima da folhagem espessa e intransponível do solo da floresta encantada daqueles tempos passados.

Entretanto, em alguns lugares restavam lembranças daquela época. "A floresta se vingará dos que a destruíram." Às vezes, encontravam-se frases como essa nas cabanas dos campônios que viviam na floresta, na época em que as flores das dedaleiras caíam, deixando as paredes nuas. Os que falavam desse modo quase sempre também falavam sobre as palestras de Madru. Constava, entre eles, que Madru possuía algum conhecimento. Achavam que ele teria possibilidade de fazer algo contra o atual estado de coisas.

Nas reuniões em Gildehaus, os comerciantes falavam sobre a construção de uma ferrovia. Os trilhos deveriam estender-se por Järvsö até Ljusdal e, de lá, seguir para Hennam. Talvez fosse possível um terminal até Glada Hudik. Mas talvez, por outro lado, isso não fosse possível. Talvez os armadores tivessem de descer dos seus cavalos ali, no caso de o ramal ferroviário não ser construído. As especulações sobre o assunto continuavam em andamento.

Madru continuou a falar sobre a Grande Floresta. Continuou a falar sobre o seu loteamento. Falava sobre o fato de ela estar sendo retalhada da mesma forma como se corta o pano para uma vestimenta real. Ele chamava o lucro de doença que exterminaria toda a humanidade. A ruiva Jule ouviu algo sobre essas palestras e começou a se interessar por elas e pelas pessoas que as pronunciavam. Mas outras procuravam esquecer-se do que estas diziam. Elas também teriam gostado de ter algum lucro como os comerciantes de madeira e os serralheiros, que tinham os bolsos cheios de dinheiro. Alguns diziam:

— Como Madru pode afirmar que obter tanto dinheiro torna as pessoas doentes? Eu mesmo tornar-me-ia muito mais saudável! E ainda mais, comeria carne uma vez por semana. — Os operários que trabalhavam nos negócios de madeira eram pobres como ratos.

Alguns cínicos esclareciam:

— Para que trabalhar, afinal? No fim, seja como for, morreremos de fome!

Houve pessoas que se trancaram em suas cabanas, derrubaram duas garrafas de cachaça de má qualidade em tudo e em seguida atearam fogo aos seus casebres.

Um dos homens tentou organizar um sindicato de operários das madeireiras na província de Norrland. Foi terrivelmente espancado e expulso da região. Todavia, conseguira reunir pequenos grupos secretos e iniciar uma rede de contatos entre eles. Este homem — no povoado não lhe conheciam o nome, apenas o apelido de Agitator — tinha sobrevivido e vivia há seis anos nos arredores de Ljusdal, região em que se escondera.

Tivera romances com muitas mulheres. Tinha um filho com uma e uma filha com outra. O filho recebeu o nome de Björn. Num acesso de romantismo, a mãe dera o nome de Júlia para a filha. A criança não foi oficialmente batizada e seu nome não constava de nenhum registro batismal. Mais tarde, todos a chamavam de Jule e, mais tarde ainda, de Jule, a Ruiva ou Vermelha, pelo fato de ela ter os cabelos ruivos e de pregar o comunismo. O pai morreu num acidente horrível. Foi soterrado por um desmoronamento de madeira; centenas de troncos lhe desabaram em cima. Esses troncos se desviaram do caminho habitual pelo rio. A primeira coisa a ser esmigalhada foi o seu crânio. Em seguida, o homem, já morto, foi pressionado para baixo da água. Encontraram seu cadáver somente na primavera seguinte, e não foram poucos os que sentiram a falta de Agitator. No entanto, os que compunham as redes secretas continuaram a cultuá-lo. Essas pessoas enfrentariam todos os tipos de tortura, tais como ameaças, derrame de chumbo líquido ardente nos ouvidos; sua única reação seria um sorriso sombrio e, rindo, diriam: "Continuem!"

Os dois filhos do homem morto mostraram ser pessoas hostis. Eram magros, contudo resistentes. Passaram cinco anos de sua vida — ambos já contavam catorze anos de idade — em casas de trabalho (um tipo de orfanato) em que, segundo se dizia, as surras eram freqüentes e a sopa, rala. Fugiram muitas vezes dessas instituições e chegaram até Ljusdal e Färila, onde foram encontrados por pessoas que haviam conhecido o pai deles e que ainda se mantinham fiéis à "causa". Ambas as crianças tinham sede de aprender e haviam lido muitos livros. Björn, genioso, sempre estava pronto a puxar da faca; ainda assim, foi capaz de trabalhar durante dois anos como aprendiz de tipógrafo. Ficou no emprego o tempo necessário para aprender tudo sobre tipografia; soube como eram feitos os jornais primitivos a partir de folhas isoladas de papel.

Depois disso, foi morar com sua meia irmã em um galpão na periferia de Färila, que também usavam como oficina. Encontraram uma velha máquina tipográfica, mas não havia letras suficientes para formar as frases dos textos. A fim de poder comprar as letras adequadas ao próprio estilo, Björn empregou-se numa pequena impressora, em que ficou quase três trimestres. Espalhou-se um boato de que ele não conseguiu juntar o dinheiro para comprar as suas letras durante esse tempo, mas sim que ele as surrupiou lentamente do seu empregador. Quando estava sóbrio, Björn negava esse fato com toda a veemência; só quando se embriagava, quando ficava naquele estado jactancioso provocado pelo excesso de bebida, é que costumava confirmá-lo. Seja qual for a verdade, a ruiva Jule e Björn começaram a publicar, a intervalos irregulares, uma curiosa revistinha que tinha o nome de *Aurora*. Divulgava baladas, conversa fiada, de vez em quando um ensinamento sobre os verdadeiros objetivos do socialismo (teoria professada por Jule) e comentários ferinos sobre os acontecimentos nas serrarias e as ocorrências nos acampamentos de lenhadores.

Assim que um novo número estava pronto, Jule percorria todos os arredores a fim de vender um exemplar tanto para os homens como para as mulheres da região. Numa dessas excursões, a ruiva bateu à porta do novo senhor de Ängratörn. Puseram-se a conversar, falando sobre as árvores. Por fim, Madru leu algumas de suas poesias para Jule e sonetos sobre as vinte e duas espécies de árvores e arbustos, dos quais logo apareciam alguns no novo exemplar da *Aurora*. Por seu lado, ela pregava o marxismo; explicou que era toda a filosofia que conhecia e através da qual todos podiam ser felizes, por meio da ditadura do proletariado. Ela resumia o seu ideal social numa frase retirada de um manifesto comunista: "Uma associação em que o desenvolvimento de cada um serve ao desenvolvimento livre de todos".

Quando Madru lhe perguntou o que se dizia sobre as árvores nessa sua tão comentada revista, ela balançou a cabeça um tanto contrariada e explicou-lhe, com uma paciência que Madru achou espantosa:

— Vamos falar sobre tudo isto desde o início.

Até essa ocasião, Madru não lera nenhuma linha da obra de Karl Marx. Não sabia por que houvera a grande Revolução Francesa e tampouco conhecia o preâmbulo à Declaração da Independência que a ruiva declamou, com os olhos brilhantes de animação.

— *Achamos essas verdades incontestáveis*... — Ela estava precisamente dizendo a Madru o que entendia por valorização do indivíduo quando três policiais a cavalo se aproximaram da casa, vindos da floresta.

Eles desmontaram. Um deles ficou segurando os cavalos pelas rédeas. Os outros pediram para entrar. Quando Madru apareceu na soleira da porta, eles lhe ordenaram que entregasse a mulher que era conhecida pelo apelido de Jule Vermelha e que se mantinha oculta em sua casa.

Tentaram forçar a entrada na casa. Madru continuou na soleira da porta, com os braços cruzados sobre o peito e as pernas separadas em atitude desafiadora. Pediu para ver o mandado de busca. Descobriu que os policiais não tinham esse documento. Mesmo assim, perguntaram se Madru queria contestar que dera abrigo a Jule, ocultando-a em sua casa.

— Como assim, ocultando-a em minha casa? — respondeu. — Ela é minha convidada. Por favor, qual a acusação que têm contra ela?

Os policiais lhe esfregaram no nariz uma acusação relativa a vagabundagem.

— Deve tratar-se de um engano ou de uma troca de identidade — esclareceu ele. — Como podem acusá-la de ser uma vagabunda, se mora comigo?

Os policiais trocaram olhares significativos. Madru foi buscar uma garrafa de *aquavit* que mandara comprar em Norge e ofereceu-lhes um trago. Apresentou-se como dono de Ängratörn, enquanto os guardas estavam bebendo. Acrescentou a essa explicação a exibição de seu título de propriedade e a quitação de impostos, além do título de eleitor. Um dos policiais lembrou-se de ter ouvido Madru tocar violino nos bailes. Ao terceiro cálice de *aquavit* estavam perto de se tornarem irmãos. Depois disso, os policiais foram embora, bastante alegres. Nesse mesmo dia, muito mais tarde, Madru e a ruiva Jule teceram planos sobre como transformar a *Aurora,* com a intervenção de Madru, num verdadeiro jornal, um meio de comunicação que atingisse mais pessoas. Madru pensava em divulgar em cada exemplar um comentário sobre as árvores. Para tanto, estava até mesmo disposto a aprender a teoria socialista com a moça.

Madru achou natural que a ruivinha passasse a noite sob seu teto. Enquanto isso, o que restara da garrafa de *aquavit* que havia ofertado aos policiais foi consumido pelos dois.

Estabelecera-se uma confiança tão natural entre ele e a moça que Madru achou que a ofenderia se não tentasse dormir com ela. Portanto, dirigiu-se para o quarto que preparara para a amiga. No entanto, ela o mandou embora de maneira abrupta. Teve de ouvi-la xingar todos os homens. Ficou ouvindo os impropérios, mais divertido do que zangado. Jule gritava para quem quisesse ouvir que não lhe interessavam os homens, que não lhes dava a mínima importância e que nunca se apaixonaria por nenhum deles. Contou-lhe como fora possuída à força por dois guardas do orfanato onde trabalhara, fato que ocorrera duas vezes. Terminou dizendo que as mulheres sabiam ser muito mais carinhosas com as outras mulheres do que os homens. Madru fez uma retirada estratégica.

Madru dormiu só nessa noite. Contudo, antes de adormecer, mil pensamentos lhe passaram pela cabeça. Achava que Jule era teimosa, talvez pela recusa que sofrera em suas pretensões amorosas. Mas também a achava interessante e digna de ser amada. Tentou lembrar-se do seu rosto e do penteado que usava. O casaco que vestia, comprido e frouxo, que se arrastava pelo chão, voltou-lhe à memória. De repente, ocorreu-lhe que o seu cabelo ruivo era de um vermelho bem diferente do vermelho cor de cobre dos cabelos de Alissa. Viu nitidamente a cor pálida de sua pele. . . talvez uma pele cor de leite desnatado. Constatou que Jule era muito magra, que não tinha um traseiro sensual e que, de frente, se parecia com uma tábua. "Mesmo assim, eu a aprecio", pensou ele.

Na manhã seguinte, passearam pela floresta até Färila. Conversando com Björn, os três esvaziaram uma garrafa de aguardente. Depois disso, eram favas contadas o fato de fazerem a *Aurora* aparecer como um jornal semanal. Madru sugeriu tirar uma licença para que o jornal pudesse funcionar. Björn seria empregado como impressor, com um bom salário mensal.

Para o adiantamento da licença e dos quatro salários adiantados que Björn lhe pedira, pois gostaria de pagar todas as suas dívidas antes de iniciar o novo negócio, Madru gastou quase um terço de sua fortuna em velhas moedas de ouro. Madru devia a Bru o fato de possuir esse dinheiro. De resto, ele investira bem, para cumprir a sua missão. O novo *Aurora* surgiu com uma tiragem inicial de mil exemplares.

No fim do mês de julho, a edição e as vendas do jornal haviam se multiplicado. Madru achava suas conversas filosóficas com Jule interessantes, pois começou a compreender tudo sobre os acontecimentos que se haviam passado e dos quais nada sabia. Mantinham um relacionamento de bons amigos.

Então ocorreu um incidente, que deixou o senhor redator, como as pessoas de Färila haviam se acostumado a chamar Madru, num estado da maior alienação mental.

O *Aurora* ficara pronto bem dentro do prazo, numa noite de sexta-feira. Enquanto Jule percorria os arredores de Färila da maneira habitual, Björn entregava os jornais em Ljusdal, lugar em que até a ocasião não tinham tentado vendê-lo. Nesse município, havia um jornal local diário, que como tantas outras coisas, pertencia ao sr. Sunderman. Tratava-se de uma empreitada arriscada: tratava-se de, por assim dizer, tentar entrar no covil das feras; era uma ousadia que somente arriscavam cometer porque, se conseguissem vender os quinhentos exemplares que sobravam em Ljusdal, poderiam empregar definitivamente os rapazes que os haviam ajudado como diaristas até então.

Nessa noite, Madru tocava violino num baile em Laasekrog. Havia três violinistas empregados para a ocasião. Eles formavam um trio, mas em alguns intervalos cada um tocava um pouco sozinho.

Mais ou menos perto das dez horas e trinta minutos, os dançarinos já estavam muito mais descontraídos. Um homem mais velho, vestido em trajes domingueiros, entrou no salão com uma moça surpreendentemente bela, dona de uma abundante cabeleira loira-clara. Sentaram-se a uma mesa relativamente distante da pista de danças. Depois de alguns momentos, Madru teve a impressão de que a moça o fitava com uma súplica no olhar. Tentou informar-se com os companheiros músicos sobre quem seriam o velho senhor e a moça loira, e eles lhe contaram, reservadamente, que se tratava do moleiro Torkel e de sua filha, a bela Gunilla. Madru foi tirar a moça para dançar, e dançaram durante aproximadamente meia hora. Qual teria sido a causa de Madru estar se apaixonando pela moça? A leveza com que dançava, um certo orgulho que se irradiava de seus brilhantes olhos castanhos, a cor dos seus cabelos ou algo indefinível?. . . A paixão de Madru aumentava cada vez mais. Essa paixão tinha a violência de um tufão. Ao dançarem pela terceira vez, Madru marcou um encontro com Gunilla para o domingo à tarde, em Färila.

Precisou parar de dançar, pois o público exigia que tocasse outra vez. Essa era a maldição de ser violinista: nunca se podia dançar como os outros rapazes. Mesmo durante o tempo em que tocou, namoraram-se por olhares. Algo nos olhos da moça dava uma impressão de tristeza, mas havia algo de estimulante também, que lhe dava vontade de pegá-la pela mão, de fugir com ela para beijá-la, beijá-la, beijá-la...

Decorrido certo tempo, Madru obteve outro intervalo e foi buscar a bela Gunilla para dançar. Ambos estavam inflamados e não procuravam esconder seus sentimentos. Algumas vezes, seus lábios se tocavam em beijos rápidos.

Às vezes, quando ele a apertava mais contra si, ao fazerem uma curva no salão, Madru podia sentir a firmeza de seus seios. De repente, uma mão surpreendentemente pesada caiu sobre os ombros de Madru. Diante dele estavam dois rapazes. Um deles disse, com modos rudes:

— Fim! Acabem já com essa dança!

— O que quer dizer com isso? — informou-se Madru. — Pergunte a ela com quem quer dançar... se é com você ou comigo.

Madru ainda disse que não queria comprar briga.

— Você não entende muito bem as coisas, não? A ordem é levá-la conosco. Sunderman mandou buscá-la.

O sujeito apontou com o polegar por sobre o ombro. Com efeito, lá no canto, do outro lado, perto do velho vestido em trajes domingueiros, Madru pôde reconhecer o "rei" de Norrland.

— Ele pode esperar até terminarmos esta dança, se tem algo a lhe dizer — respondeu Madru, fazendo menção de tornar a pegar na mão de Gunilla. O primeiro soco pegou-o desprevenido, tirando-lhe o equilíbrio. Madru caiu com um estrondo surdo sobre as tábuas da pista de dança. Sabia que estava fazendo uma triste figura, mas tentou erguer-se com dignidade. Muito irado, jogou-se sobre os dois rapazes, reconhecendo logo que deveriam ser os tais "patifes" de que ouvira falar. Conseguiu acertar o queixo do que lhe estava mais próximo, mas não o acertou em cheio. O rapaz apenas se moveu um pouco, puxou uma faca e quis pegá-lo pela garganta.

Os músicos haviam parado de tocar. Os dois outros violinistas acorreram, segurando-o por ambos os braços. Madru viu Sunderman levantar conciliadoramente a mão lá da mesa a que estava sentado. Teve a impressão de que outros não teriam obtido tanta consideração; foi o que o deixou mais irado ainda. Viu como os capangas de Sunderman levavam Gunilla até a mesa a que estavam sentados o moleiro, seu pai e Sunderman. Este se levantou, como um perfeito cavalheiro, disse algo ao velho, deu o braço à bela Gunilla e levou-a através da pista de dança diretamente para a porta. Mais tarde, Madru não saberia dizer como chegou até lá. Seja como for, conseguiu libertar-se dos seus colegas e apoderar-se de seu violino. Precipitou-se atrás do grupo encabeçado por Sunderman. Lá fora, na rua, começou a tocar uma melodia selvagem. Como se com a música pudesse fazer a moça entender tudo o que sentia. . .

Paixonite! Vergonha! Raiva! Enquanto isso, eles haviam subido em um carro aberto. Os dois patifes montaram em seus maltratados e dóceis cavalos e seguiram em outra direção. Os dois homens no carro aberto gesticulavam, entretidos na conversa. Madru viu quando Sunderman se inclinou para a frente e beijou a mão de Gunilla.

Deixou cair os braços. O barulho das rodas sobre o calçamento de basalto ficou soando ironicamente nos seus ouvidos. Ficou ali, de pé, sentindo-se como um boneco mecânico do qual tivesse acabado a corda.

Capítulo XXI

Madru adia um casamento. A bela Gunilla presenteia seu inimigo com um herdeiro. A grande nevada e a greve. Namoro com Jule.

Gunilla compareceu pontualmente ao encontro que haviam combinado durante o baile em Lassekrog. Parecia inibida e tinha os olhos vermelhos de chorar. Disse rapidamente que viera apenas para despedir-se de Madru. Em seguida, passou a falar sobre uma porção de coisas, sem conseguir, de fato, se explicar direito.

Gostaria de se lembrar para sempre daquela noite, disse ela. Nunca dançara tão despreocupadamente em toda a sua vida de solteira. Agora fora prometida a Sunderman em casamento e teria de se casar com ele.

— Isso nunca! — disse Madru —, mande-o ao diabo. Não permitirei que faça isso.

Ela olhou consternada para o rapaz.

— Se vai haver um casamento, é comigo que você vai casar — disse Madru. — Nada mais importa. Quer ser infeliz?

— Não olhe assim para mim — pediu-lhe ela, tentadoramente. — Se me olhar dessa maneira outra vez, ficarei paralisada e você poderá fazer o que quiser comigo.

Tinham marcado encontro no cemitério, pois era moda fazer isso quando os jovens se conheciam num baile. A porta da igreja não ficava fechada. Entraram e sentaram-se num dos bancos. Madru começou a contar a sua história. Contou-lhe sobre seu amor por Alissa, sobre sua tentativa malograda de chegar ao reino dos mortos e como fora enganado naquela ocasião. Falou também da cozinheira negra. Só não lhe contou nada sobre sua última conversa com Bru, depois que atravessara o espelho com Allwiss, como se estivesse mergulhando na água. Bru dera-lhe o encargo de voltar à Grande Floresta. Dera a entender que as duas inscrições gravadas nas árvores petrificadas tinham um significado. As palavras de Bru haviam sido vagas. Ele teria preferido que ela fosse mais explícita. Mas, na excitação, não encontrara a coragem necessária para interrogá-la melhor. Também lhe parecia que ela lhe ocultara intencionalmente algumas coisas.

— Você pode imaginar um mundo em que não existam florestas? — perguntou Madru à bela Gunilla, assim que entraram na igreja.

— O que o faz pensar desse modo? — disse ela. — Não, também acho que esse seria um mundo sem beleza e sem esperança.

— E, ainda assim, vai se casar com um homem que está mandando desmatar a floresta?

— Você não pode estar falando sério e nem deve encarar isso dessa maneira!

De vez em quando, Madru temia que o fim da floresta estivesse mais próximo do que todos pensavam; sentia medo de não estar fazendo o suficiente por ela. Tinha de lutar pela floresta e por quem habitava nela.

Os dois haviam se levantado e percorriam a igreja. Madru achava aquela igreja estranha — um templo de seres humanos que acreditavam num outro Deus, que contavam a história da criação de uma maneira diferente, que acusavam a mulher da queda que o homem sofrera no paraíso. Para ele, no amor é que estava o paraíso. Por isso considerava as mulheres mais próximas a esse paraíso, que estava na interrupção do tempo, durante o ato do amor. No esquecimento. Madru se deteve. Abraçou Gunilla. Ela deixou que o fizesse. A mão dele introduziu-se sob seu vestido, procurando seus seios. Eles eram redondos e firmes. Beijou-a. Primeiro, ela ficou rígida e mostrou-se reservada, lembrando-o de que estava noiva de Sunderman. Mas, aos poucos, seu desejo levou a melhor. Madru esqueceu-se do medo que sentia do fim do mundo, pois Gunilla passou a retribuir os seus beijos.

De repente, ele deixou os braços caírem e disse:

— Eu a amo, Gunilla. Você também me ama. Que importa o resto?

Ela anuiu; parecia concordar com ele.

— Não escondi nada de você. Conhece agora a história da minha vida tão bem como eu mesma a conheço.

Isso era uma mentira. Pensou de novo na conversa que tivera com Bru a respeito das duas inscrições. Por que se mentia tanto quando se amava? Por que se escondia toda a verdade? Por medo, pensou ele, por medo de ser o vencido e não o vencedor.

— Fomos muito precipitados — disse Gunilla. De vez em quando, ela falava de um modo afetado que o fazia estremecer.

— Conte-me sobre você — pediu Madru.

— Não vale a pena! — foi a resposta que obteve.

Mas o rapaz insistiu, e, por fim, ela cedeu. Então lhe contou sua vida.

O pai havia sido um homem bem-sucedido. O moinho ficava lá embaixo, no sul, em Bodasjön, no lugar em que havia fartura de cereais. Quando sua mãe morreu, o pai se transformara num outro homem. O diabo infundira-lhe o gosto pelo jogo, e ele acabara perdendo toda a fortuna.

Então pediu dinheiro emprestado a Sunderman. Em geral, Sunderman mandava aqueles dois "patifes", como eram chamados pela população, para cobrar os juros da dívida. Numa das últimas vezes, no entanto, Sunderman viera pessoalmente. Ele e o pai dela ficaram tomando café e aguardente na sala de visitas. Quando Gunilla entrou com a bandeja e colocou o bule de café e a garrafa de aguardente na mesa, Sunderman a ficou observando com um olhar que a desnudava. Mais tarde, o pai lhe disse que ela lhe trouxera sorte, pois Sunderman a desejava para esposa.

— E você consentiu em ser vendida para ele sem que lhe perguntassem se queria fazer isso? — quis saber Madru.

— O que posso fazer? Se não me casar com ele, penhorará o moinho, e tanto meu pai como eu mesma iremos parar no asilo. São estes os fatos. Amor... — disse ela — quem disse que se pode viver só de amor? O fato de termos de nos separar vai doer. Todo o resto... será suportável. Afinal, já passei por muitos sofrimentos antes.

Madru interrompeu o que a moça dizia com outro ditado: "Tudo pelo amor, caso contrário o mundo acaba".

Ela balançou a cabeça. Talvez ele pudesse provar isso, mas ela, não. Acostumara-se à idéia de se casar com Sunderman. As coisas tinham de ocorrer como estava predestinado. Ela apenas viera para rever Madru mais uma vez, a fim de se certificar de que o amava com toda a força de seu coração, do modo como se sentira no dia do baile. Agora tinha certeza. Por essa razão, gostaria de fazer-lhe um presente, aquilo que — sua voz assumiu uma tonalidade debochada — valia tanto aos olhos do povo... sua virgindade. Exatamente por seu valor, não queria entregá-la a Sunderman, que tudo podia obter por dinheiro. Queria entregar-se pela primeira vez a alguém que amava e em quem confiava. Madru apenas teria de prometer deixar de vê-la depois dessa noite de amor e também nada empreender que pudesse impedir o casamento dela com Sunderman; e não deveria procurá-la depois. Além disso, teria de conformar-se com o destino, da forma como ela fizera.

Madru ficou estupefato. Pensou estar sonhando, tendo um pesadelo maluco. Então disse para si mesmo que esse plano devia ter surgido do amor-próprio da moça. Começou a alegrar-se e a esperar por essa noite de amor, achando que ela os uniria de forma indissolúvel. Levou-a, portanto, ao barracão onde imprimiam os jornais. Lá havia um tabique com uma cama, na qual costumava dormir sempre que estava em Färila. Possuiu Gunilla, desvirginando-a, a fim de que Sunderman não o fizesse, como lhe ocorreu muitas vezes, enquanto se amavam. Ficaram juntos durante toda a noite. Quando já estava amanhecendo, e ele e Gunilla haviam adormecido, a ruiva Jule voltou e os encontrou abraçados, na cama.

— Não se perturbem com a minha presença — disse ela com raiva na voz, como se Madru a tivesse traído com Gunilla. Mais tarde, os três tomaram café juntos. Madru sentiu o ciúme de Jule. Percebeu que ela o amava, que queria fazer valer seus direitos sobre ele. Se não fosse por esse incidente, nunca teria percebido o fato. Isso o perturbou. Deu de ombros. Sentiu pena da ruiva, mas via apenas Gunilla. Antes do almoço tomou emprestados um cavalo e um carro e levou Gunilla para casa. Durante todo o percurso, tentou falar com a moça, convencê-la a desistir do casamento com Sunderman. Em resposta a uma de suas tentativas, ela apenas disse:

— Eu já estou decidida!

Como ele insistisse, ela teve de lembrá-lo de que havia prometido que não iria interferir no seu noivado. Ele respondeu que talvez tivesse feito essa promessa, mas mal conseguia lembrar-se do que dissera. Afinal, ela se tornara sua mulher, e ele não pensava em manter a palavra. Então começaram logo a brigar. Ele não era confiável e não estava sendo correto, acusava-o ela. Ah, se tivesse sabido disso! Será que teria de devolver-lhe a virgindade, ou lhe pediria uma indenização pela noite de prazer? ironizava ele. Por fim, ela ordenou que ele saísse do carro e fizesse o resto do trajeto a pé. Assim, separaram-se brigados depois da linda noite de amor.

Três dias depois, foi Björn quem deu a notícia a Madru sobre os proclamas do casamento de Gunilla com Sunderman. Contou também que se comentava em Ljusdal que a festa seria a mais perfeita que a província já vira.

Madru ficava sentado na beirada da cama em que fizera amor com Gunilla, bebendo aguardente. Não trabalhava mais. Não falava com ninguém. Ficava ali, curtindo sozinho a sua bebedeira. De vez em quando, a ruiva Jule brigava com ele e acusava-o de ficar acalentando a sua mágoa, comportando-se como se fosse o primeiro macho do mundo que perdia a fêmea para outro. No intuito de aborrecê-la, ele lhe respondia ponderadamente que isso não poderia acontecer com ela, visto não apreciar os homens; portanto, não tinha o direito de fazer esses comentários.

Madru escrevia longas cartas a Gunilla. Jule que cuidasse sozinha do número seguinte do *Aurora*. Björn também não servia para nada. Ambos ficavam bebendo aguardente juntos. Madru sentia-se sábio e embriagado ao mesmo tempo. Björn finalmente caiu no chão, desacordado. Jule trabalhava por três e praguejava contra os homens.

Praguejava contra seu irmão Björn, inconsciente ali no chão, de tão bêbado, enquanto lhe jogava um balde de água fria, o que de nada adiantou para pô-lo de pé. Ela o puxou para a alcova em que estava sua cama. Então foi arranjar alguns rapazes que a ajudassem a imprimir o jornal.

Madru continuava sentado na beirada da cama, observando-os com uma expressão de deboche.

Madru enviou as cartas de Gunilla ao moinho, por meio de um emissário. O emissário trouxe todas de volta: nem sequer haviam sido abertas. Finalmente, o rapaz disse:

— Senhor redator, não adianta escrever mais. O senhor terá de acostumar-se à idéia de que essa mulher não quer saber do senhor.

Madru foi até Ljusdal e apresentou-se diante de Sunderman. Este o recebeu cortesmente, um tanto divertido. Estava bebendo um *brandy* inglês e ofereceu-o a Madru. Beberam juntos. Subitamente, depois de terem tomado várias doses, Madru lhe disse que ia se casar com uma mulher que não o amava. Suderman riu-se.

— Ela aprecia o meu dinheiro e me respeita — disse ele. — Isso vale alguma coisa. Que ela não é inocente e que não se casa virgem por ter dormido com você é do meu conhecimento. Ela não escolheu mal. Posso esquecer-me disso. Preciso de uma mulher que me dê um herdeiro do sexo masculino. Ainda sou bastante viril, posso plantar-lhe um filho no ventre. Talvez até dois ou três. Ela se parece com aquelas vacas que engravidam facilmente. Será que tenho razão, senhor redator?

Madru levantou-se de um salto. Gritou no rosto de Sunderman que queria desafiá-lo para um duelo.

— Mas eu não quero duelar com você — disse Sunderman, rindo. — Não vou duelar com um violinista, um borra-tintas . . . Seria ridículo. Já que estamos conversando: não gosto dos artigos que divulga em seu jornalzinho. Principalmente os que provêm da pena de

Jule. Tudo loucura. Agitação socialista. Com isso não se tira nenhum coelho da cartola por aqui. Mas aquilo que você escreve... essa adoração pelas árvores... como se árvores fossem mais importantes do que seres humanos! Isso não é apropriado. E também não é cristão. Fortalece as superstições pagãs desses nativos da floresta, aumenta o medo ridículo que sentem de que o mundo termine quando não houver mais árvores ou florestas. Se continuar a pregar essas histórias... enviarei as autoridades clericais contra você. Até já falei com o bispo. Ele tem a mesma opinião que eu. E também não ouse mais entregar seu imundo jornalzinho na soleira da minha porta, aqui em Ljusdal, como aquele cretino tentou fazer outro dia. Mandei dar-lhe uma surra em regra. Há tempos que queria lhe dizer tudo isso. Tive a honra de falar-lhe, senhor redator. A porta da rua fica bem ali!

Madru voltou para Färila aborrecido e de mau humor. Jule começou a preocupar-se com ele. É verdade que quase não bebia mais, mas também deixara de comer. Certa vez, ela o acariciou no rosto, dizendo:

— Agora, coma um pouco!

Ele a repeliu e disse, sombrio:

— Deixe-me em paz.

Parecia que ele estava tramando algo. Talvez alguma diabrura. Uma bobagem, com certeza. Faltavam três dias ainda para o casamento. Madru sentava-se em sua alcova e ficava olhando fixamente para a frente. De vez em quando, à noite, quando não podia dormir, andava de um lado para outro, murmurando algo incompreensível. O que ninguém sabia é que estava recitando aquele versinho que lhe dava uma força especial sobre o elemento Água. Atraiu assim grossas nuvens de chuva. Ele mesmo estava curioso de saber se conseguiria fazer o que pretendia.

Chegou o dia do casamento. Às nove horas em ponto, Madru saiu ao ar livre, diante do galpão. A manhã estava ensolarada e não havia nem sinal de chuva.

Exatamente nessa hora, na frente da casa de Sunderman, o cortejo nupcial, com seus carros abertos, devia estar se movimentando na direção da igreja. O céu escureceu espantosamente, de uma forma que ninguém havia visto antes. Começou a trovejar, e os raios cortavam os céus. Em seguida uma nuvem cinzenta ameaçadora passou sobre o local e provocou uma verdadeira inundação em toda a região. O cortejo nupcial foi obrigado a retroceder imediatamente. As pessoas recolheram-se à mansão a fim de esperar a chuva passar, ao menos as pancadas mais fortes. Mais tarde falou-se muito do ocorrido, exagerando-se os fatos. Houve até um vate que compôs um poema e mandou imprimi-lo. Esse verso está atualmente exposto no museu da província de Norrland e pode ser visto em Glada Hudik. Devido à tempestade, e não em conseqüência da chuva como se quer fazer acreditar a fim de dar aos fatos uma conotação de veracidade, adaptando-os às leis da natureza, o rio transbordou. A ponte foi destruída e arrastada pelas águas. Num piscar de olhos, as ruas e becos da cidade se transformaram em torrentes. Antes do pôr-do-sol ninguém pôde sair de casa. Os porões inundaram-se. Também os andares térreos de muitas casas precisaram mais tarde ser drenados, pois haviam se transformado num mar de lama.

Aos convidados para o casamento na mansão de Sunderman nada mais restou a fazer senão subir para o primeiro andar da casa. Por volta do meio-dia, ficou claro que seria melhor adiar o casamento na igreja. Seria necessário ir para lá de barco, o que Sunderman considerou ridículo.

Na manhã do dia seguinte, quando a história do adiamento da cerimônia chegou a Färila, Jule viu Madru sorrir vaidosamente. Quando lhe perguntou o que lhe dava tanta satisfação, respondeu que estava contente por saber que o casamento de Sunderman fora literalmente por água abaixo.

— Não seja tão infantil — ralhou Jule. — Se não se realizou hoje, acontecerá amanhã. O que importa isso? Qualquer dia desses ele levará Gunilla à igreja a fim de que a união seja abençoada. E não será você que irá impedi-lo de fazer isso.

— Espere pelos acontecimentos — respondeu Madru, obstinadamente. — Ainda temos o Ar e o Fogo.

Jule fez um gesto de desprezo com as mãos, como se faz quando se trata com um maluco com quem não vale a pena discutir.

Mas exatamente na hora em que o cortejo nupcial se punha outra vez a caminho da igreja, com os noivos, as damas de honra e os outros convidados, soprou uma ventania tão forte que logo se transformou numa tempestade e, pouco depois, num tufão, obrigando-os a retornar a casa em busca de abrigo. Árvores eram arrancadas do solo com raiz e tudo. Telhados voavam pelos ares. Um cavalo morreu sob o peso de uma árvore. O vento chicoteava a cidade com grande violência, até que o sol se escondeu no horizonte. Aos poucos, a chuva e o vento repentinos, que impediam o casamento de Sunderman, começaram a intrigar as pessoas, que se puseram a pensar nesses fatos. Versos cômicos e piadas percorriam a região e espalharam-se por toda a província. O noivo pouco se importava com isso. A noiva ficava cada vez mais triste e contrariada. Sunderman ainda disse:

— Nunca acontecem duas coisas sem que ocorra uma terceira!

A fim de não ter mais de ir para a rua e se expor às mudanças do clima, ele chamou o padre e resolveu casar-se sob o próprio teto. Mandou transformar um dos aposentos em capela, pediu que ela fosse abençoada pelo sacerdote e ofereceu uma vultosa contribuição para os hospitais da cidade. Resolveu e acertou com o padre que a cerimônia seria realizada logo depois de um banquete, no início da tarde. Depois disso, o casal partiria em viagem de núpcias, com destino desconhecido. O sacerdote sentiu algum escrúpulo. . . pelo fato de o banquete acontecer antes do casamento. Segundo o tradição, a cerimônia religiosa deveria ser celebrada antes do banquete!

Contudo, a soma oferecida para os hospitais era irrecusável. Por isso, o padre achou que no caso se poderia fazer uma exceção, atendendo aos caprichos de Sunderman.

Dessa vez, tudo parecia estar correndo bem. As pessoas sentaram-se à mesa. Não havia nem sinal de vento. A mesa era comprida. Lá fora fazia um idílico dia de sol. Quarenta convidados haviam tomado seus lugares. Todos já haviam bebido vinho do Porto, a sopa já fora servida, quando, de repente, como se movidos por mão sobrenatural, os três lustres de prata em que se fixavam seis velas que ardiam tranqüilamente despencou, sem se saber como. A primeira coisa que pegou fogo foi a toalha de mesa, que se queimou totalmente, de tal forma que não se pôde mais dominar o incêndio, mesmo quando todos decidiram despejar baldes de água no fogaréu. Os convidados tossiam diante da verdadeira parede de fogo que alcançava o teto e invadia a sala, chegando ao limiar da porta. Em seguida, quando a notícia infausta de que o fogo havia se alastrado pelas cortinas e tapeçarias de seda chegou aos ouvidos dos convidados, estes fugiram apressadamente para o jardim e, depois, para a rua. Os sofás e cadeiras ardiam em altas chamas. Em menos de meia hora toda a mansão Sunderman pegou fogo e queimou-se; só lhe restaram os alicerces: nem sequer foi possível condenar os bombeiros de Ljusdal por incompetência ou por falta de dedicação ao serviço.

No entanto, decidido dessa vez a casar-se, acontecesse o que acontecesse, Sunderman já transportara a noiva e sua criada para uma carruagem que estava preparada e à espera. Ele mesmo subiu à boléia e guiou os quatro cavalos que a puxavam e que já estavam atrelados, utilizando-se de um chicote. A carruagem seguiu rumo a Glada Hudik, aonde chegou só ao cair da noite. De lá, o casal partiu imediatamente em um vapor para a outra margem. O vapor já estava ancorado no cais. Sunderman era amigo do capitão do navio, um inglês de Bristol, há vários anos. Aliás, tinha mesmo a intenção de viajar para a Inglaterra em lua-de-mel. Naturalmente, pediu ao capitão que usasse de suas atribuições legais, realizando um casamento a bordo. Por volta da meia-noite, Gunilla e Sunderman já estavam num camarote do vapor, debaixo dos lençóis, legalmente casados. Se, depois de tanta agitação e de tantos obstáculos, a mulherzinha de Sunderman concebeu o rebento do marido com o rosto contorcido de desprazer ou não, é um fato que a história não menciona. O que se sabe com certeza é que ela concebeu um filho.

O outono já se aproximava do fim quando o casal retornou a Ljusdal, depois de ter visitado Paris e Veneza. Mudaram-se para uma nova residência, que Sunderman mandara construir enquanto viajavam, segundo uma planta que enviara da Inglaterra.

A notícia de que Gunilla estava grávida logo foi transmitida a Madru, e isso lhe doeu no fundo da alma. Lembrou-se da sua noite de amor com ela, imaginou o inimigo que tomara o seu lugar e ficou rubro de raiva.

A criança nasceu na primavera, exatamente nove meses depois daquele casamento por três vezes adiado e por fim consumado. Quando Sunderman recebeu a notícia de que Gunilla lhe dera de presente um herdeiro do sexo masculino, mandou disparar doze tiros de um pequeno canhão que adquirira especialmente para essa ocasião e que atualmente pode ser visto no museu. Graças às condições climáticas favoráveis, o som dos tiros, foi ouvido por todos em Färila e também por Madru.

Ele pensou na sua loucura do verão anterior com um meneio de cabeça. Sentiu-se envergonhado por ter usado fórmulas tão preciosas de poder sobre a Água, o Ar e o Fogo, por causa de alucinações de amor e de um sentimento pessoal de vingança. Agira com leviandade. Receava que Bru o julgasse por isso algum dia.

De resto, estava satisfeito. Os pobres haviam obtido certas vantagens.

Tudo começara com uma grande tempestade de neve, na primeira semana de dezembro. Ela partiu do ocidente, e sua violência não arrefeceu durante trinta dias. No interior da Grande Floresta, todos os caminhos se tornaram intransponíveis. No rio, blocos de gelo impediam a passagem. No começo do mês de janeiro, o tempo pareceu melhorar. Houve alguns dias mais quentes, mas logo se seguiram outras nevascas, fortes, terríveis, estranhas pelo fato de a neve ter uma cor azulada. Nenhuma madeira pôde ser transportada pelas picadas nem enviada rio abaixo, devido às condições do tempo. Durante três semanas, não se derrubou nenhuma árvore. As serras ficaram paradas. Os homens voltaram dos seus locais de trabalho e se enfiaram, mal-humorados, nas cabanas junto com a mulher e os filhos. Não trouxeram dinheiro para casa. Essas três semanas foram a mais difíceis de todos os tempos. Muitas crianças pequenas e muitos velhos morreram de fome. O *Aurora* manteve sua tiragem durante a "nevasca da neve azul" — como esse período ficou sendo conhecido posteriormente — todas as sextas-feiras, sem interrupção. Apesar das condições miseráveis do tempo, os três homens e a mulher ainda conseguiram distribuir o jornal que eles mesmos escreviam e imprimiam. Durante essas três semanas, o *Aurora* foi entregue gratuitamente. Com isso, as economias de Madru praticamente se esgotaram. A vida das quatro pessoas que viviam no galpão onde se imprimia o *Aurora* não se diferenciava em quase nada da dos outros moradores da região e dos desempregados. Tinham pouco o que comer. Pensar em comprar aguardente, nem se cogitava. Lá fora, há muito tempo estava escuro. Os flocos de neve brilhavam com sua tonalidade azulada. O serviço era feito muito devagar. Trabalhar no *Aurora* era o único passatempo, o único conforto espiritual que os famintos condenados à inatividade possuíam. Como esperavam, os leitores encontraram nos textos o reflexo daquilo que pensavam, do que maldiziam, do que os deixava impotentes diante da situação.

Através do *Aurora,* os leitores ficaram sabendo que o salário por cem achas de lenha seria abaixado para trinta e dois *öre* assim que as serras voltassem a funcionar. Era um rebaixamento de exatamente dez por cento. Essa redução de salários era justificada pelos empregadores com a alegação de que os prejuízos desse inverno inusitadamente longo e gelado tinham de ser compensados de alguma maneira. O *Aurora* divulgou em manchetes escritas em letras de dez centímetros de altura uma única grande palavra: GREVE! No artigo principal da segunda folha, o jornal afirmava que, fosse como fosse, eles morreriam de fome se trabalhassem por esse salário desumano; então mais valia enfrentar a morte em greve, com a cabeça erguida, lutando por uma mudança nas condições de vida.

Logo as coisas se tornaram ainda piores. Os donos das serrarias arregimentaram reforço militar proveniente do sul, a fim de lutar contra os grevistas. Depois de dois dias, quando esses soldados visitaram membros das próprias famílias, eles também se recusaram a cumprir certas ordens. Até mesmo os comandantes ficaram impressionados com a miséria, com a quantidade de gente faminta e desabrigada e com os cadáveres sem sepultura. Já nem cumpriam mais determinadas ordens. Foi então que Sunderman os convidou para um coquetel em sua nova residência.

Na manhã seguinte, noticiou-se que os donos das serrarias se dispunham a pagar o salário integral, apesar do tempo em que os trabalhadores haviam ficado inativos por força maior, e se mostravam dispostos também a manter o valor dos antigos salários.

Madru, que falou com os grevistas, aconselhou-os a se contentarem com esse "acordo". Descobriu a palavra "sindicato", que começou a parecer encantada.

As negociações ocorreram em três etapas. Os trabalhadores e lenhadores pediram que Madru negociasse com Sunderman. Velhos inimigos diante da mesma mesa?

— Como posso entender-me com ele, se vocês mesmos não o conseguiram? — perguntou Madru.

Os trabalhadores apresentaram-lhe dois argumentos.

— Ele odeia você. E, além disso, você sabe falar melhor do que nós.

— Vocês me dão carta branca? — perguntou-lhes Madru.

— Sim, é claro.

Sunderman mandou servir *brandy* assim que os dois se sentaram um diante do outro. Madru não tocou no copo.

— O que houve, senhor redator? — perguntou Sunderman, depois de esvaziar seu copo de um gole só.

— O senhor engula o sapo de um "acordo salarial" que eu engulo a sua aguardente. Se não concordar, posso garantir que ainda hoje haverá uma pilhagem. As pessoas sabem em que lugares e armazéns ainda há comida e mantimentos. Quer os soldados atirem ou não, as mulheres irão roubar, para que seu último filho não morra de fome. Queria que soubesse disso.

Sunderman refletiu. O herdeiro ainda não lhe havia nascido nessa ocasião.

— Por mim, está certo, senhor redator — disse, por fim. — Não sou nenhum monstro — afirmou, olhando fixamente para Madru. — Afinal, sempre me tomam por um. Concordarei com o que os trabalhadores exigirem.

— As bases da negociação já estão estabelecidas — retrucou Madru. — O senhor terá de manter os salários e discutir com os homens sobre isso.

Sunderman não disse nada. Encheu novamente o copo. Ambos fizeram um brinde e esvaziaram seus copos. Madru ficou com as pernas bambas, tal a surpresa por ter obtido êxito em sua missão.

O sindicato dos trabalhadores recebeu o nome de Aurora, o mesmo do jornal de Madru, que pôde voltar a cobrar pelos exemplares graças à melhoria de condições de vida.

Quando certo dia, em pleno verão, Madru se recordou desse inverno, lembrou-se também de determinada noite de sexta-feira. Björn havia ido com um rapaz a Ljusdal, onde agora também se comprava o jornal. Sempre era mais seguro irem os dois. Sunderman, de certa forma, imobilizara seus capangas, mas era difícil dizer por quanto tempo duraria essa trégua.

Jule estava com a nova edição do *Aurora* na mão diante de Madru, na mesa em que se empacotavam os jornais. Ela lia outra vez os vários artigos. Seu rosto se tornara mais duro e magro nos últimos meses. Madru prestou atenção na pele amarelada da moça. Viu seus grandes olhos rasgados, e admirou-os com respeito, pois enxergavam o mundo.

O cabelo estava desarrumado. Ela não parecia muito limpa, pensou ele, estava desleixada e tensa por trabalhar em excesso. Ele pensou também em Alissa, na menina Melancolia, na cozinheira negra e na bela Gunilla. Essa saudade o fez sofrer, o fato de estar há tanto tempo longe dos carinhos de uma mulher.

Jule devia ter percebido que ele a examinava. . . que talvez a comparasse com outras mulheres. Talvez até mesmo tivesse certeza disso. Deixou a folha de jornal cair, sorriu-lhe e perguntou:

— O que está acontecendo? Você está abrindo um furo na minha barriga com o seu olhar. . . Afinal, já tenho dois nessa região do corpo.

— Você me parece cansada, exausta.

— O que não deixa de ser uma obra de arte numa maloca como esta!

Madru tornou-se pensativo.

— Que pena! — disse ele. — Que pena que não gosta de homens!

— Quem foi que disse isso?

— Você mesma. Logo no primeiro dia em que nos conhecemos, se é que me permite lembrá-la disso.

— Só disse aquilo para mantê-lo à distância — respondeu Jule. — E consegui o que queria.

Como sempre quando estava cansada, falava em dialeto.

— "As mulheres são muito mais carinhosas para com as outras mulheres" — arremedou ele, zangado.

— Bem, de fato, isso é verdade. . . segundo minhas experiências no orfanato. Os homens somente queriam nos usar, abusar de nós.

De repente, não falava mais em dialeto, o que de certa forma era estranho. Madru olhou fixamente para a moça, que resistiu ao seu olhar.

— Não acredito que você só sinta prazer em fazer amor com mulheres — disse ele.

— Depende da tentação — disse ela, rindo. — No momento, me faria bem fazer amor. . . nem que fosse com um lobo!

Capítulo XXII

O caso da carne de cavalo. Madru tem um filho e lhe dá o nome de Alder. Na fuga dos policiais, Madru é salvo pela mulher da neblina. Uma última conversa com Allwiss.

Já era outra vez verão na Grande Floresta. Era o quinto verão depois daquele inverno em que caíra a neve azulada. Era dessa forma que se contava o tempo por lá. As serras a vapor faziam um ruído surdo e constante nos lugares em que se lenhava, perto do rio.

Machados abriam picadas, incansáveis, cada vez mais para dentro da Grande Floresta. O ruído era irritante e insistente. Três mil homens constavam da lista de pagamento da sociedade por ações de Sunderman. Construíam-se novos barracões de armazenamento na floresta e novos galpões nas serrarias. No ano seguinte, talvez constassem quatro mil ou talvez até mesmo seis mil trabalhadores florestais nas folhas de pagamento da sociedade. A procura por madeira aumentara cada vez mais nos três últimos anos.

Os carvalhos eram os mais procurados; utilizavam-nos em galerias subterrâneas, dormentes de estradas de ferro e móveis, e eles obtinham um altíssimo preço. Em determinadas regiões da Grande Floresta, as serrarias apenas se interessavam pelos carvalhos e vendiam o restante da madeira a pequenos comerciantes e a carvoeiros. A procura por papel para imprimir jornais também aumentara consideravelmente nos dois últimos anos. Tratava-se de um povo que se mantinha informado. Isso ainda poderia continuar durante dez anos, talvez quinze: mas, e depois? Ninguém fazia idéia. Mais ao norte, fora encontrado minério de ferro. Já se cogitava de investir nisso. Se a Grande Floresta fosse destruída e desmatada nos próximos quinze anos, seria necessário mandar os homens para o norte. E eles ficariam satisfeitos com essa nova maneira de conseguirem, ao menos, obter seus salários. O único fato irritante era uma lei que tinha sido apresentada no Parlamento: estabelecia que quem fizesse um grande desmatamento — e só grandes desmatamentos valiam a pena em grandes investimentos — teria de reflorestar o trecho em questão. Seria necessário encontrar um meio de adiar esse projeto a fim de se obter mais lucros. Deveria ser possível alterar certas disposições legais, pois evitá-las de todo era impossível. Enquanto isso, Sunderman teve mais dois herdeiros: Erik e Gunar. As pessoas ainda se referiam a ele como "rei" de Norrland. Mas agora isso não correspondia tanto à verdade. Já não era mais uma época de reis. Quase tudo pertencia às sociedades por ações, que mantinham o nome de Sunderman. Haviam-lhe dado o título de conselheiro comercial e um cargo no conselho deliberativo. Mas Sunderman já não possuía a maioria das ações. Essa firma praticamente cuidava de quase tudo o que se relacionasse com o setor madeireiro: madeira que descia pelos rios, a madeira que rolava sobre as esteiras metálicas e a que era vendida nas serrarias. Os troncos de árvores eram transportados em barcaças cujas chaminés poluíam o ar com fumaça preta e que também percorriam o rio no inverno. Os armazéns que apereceram e se multiplicaram nas pequenas cidades pertenciam à firma, bem como os bancos. A sociedade também mantinha dois jornais municipais, tanto em Ljusdal como em Järvsö.

Em Färila, o *Aurora* continuava em circulação. Mas por quanto tempo ainda? Já se viam nessa localidade belas residências de madeira, pintadas de vermelho, com telhados de ardósia e batentes brancos nas janelas. Destinavam-se a brilhar no verão com a incidência da luz solar. No inverno, tinham a função de contrastar com o cinzento lúgubre das noites e tornar menos triste a paisagem durante o dia. O *Aurora* continuava a ser impresso no mesmo velho galpão, que, por sua aparência, não resistiria à próxima tempestade.

O número de assinantes do jornal diminuíra significativamente nos últimos dois anos. O *Aurora* há muito deixara de ter a mesma importância para os leitores e para a opinião pública, importância que fora tão grande durante a greve acontecida naquele inverno em que houvera neve azul! O *Aurora* tornou-se algo semelhante a um mosquito impertinente. Mesmo assim, existiam nos escritórios das sociedades por ações não poucas pessoas que teriam gostado de ver esse mosquito preso por fim a um papel pega-moscas!

Do Sindicato dos Trabalhadores surgira a Associação Sindical de Lenhadores e Serralheiros. Quase todos os empregados subalternos eram membros dessa associação. Havia funcionários especialmente contratados no sul, treinados para cuidar dos livros. Eram bons funcionários.

Essa associação sindical tinha seus escritórios em Ljusdal. Afinal, o que tem de ser será!

Os funcionários da associação cumpriam todas as funções executivas. Lidavam com as ações da sociedade e esclareciam os trabalhadores sobre o modo como deveriam encarar os acontecimentos.

Tudo pela solidariedade.

Por exemplo: podiam esclarecer qualquer pessoa sobre os motivos de a sociedade silenciar sobre certas providências do sindicato até a ocasião propícia.

— Esse é o estado das coisas, camaradas — diziam. — Agora é a hora do *boom.* Atualmente, e nos próximos cinco ou seis anos, ainda poderemos arranjar bons salários para vocês.

Sucesso nas transações trabalhistas — isso significava mais associados, mais poder, mais força de pressão... e isso era bom para todos.

Apenas no caso de a lei do reflorestamento ser aprovada — e é claro que seria —, a cotação das ações das firmas subiria, e isso significava que haveria aumento de salários; por enquanto, os empregados poderiam esquecer os aumentos, ao menos durante certo tempo.

— Portanto, companheiros — diziam aqueles funcionários —, deixem-nos dizer-lhes: há muito mais interesses em jogo do que vocês podem imaginar!

O que Madru não apreciava nessa política da União de Sociedades era esse tipo de tática usada pelos funcionários. Outra coisa que lhe desagradava era o fato de que todos tinham de se ater às regras escritas dessas sociedades. Quem se esquecesse de obedecer-lhes, logo ouviria alguém comentar:

— Solidariedade é a palavra-chave!

Madru sempre reservou para si a liberdade de continuar a ter suas próprias idéias. Gostava de questionar as regras, de aparar as arestas. Os funcionários das sociedades o consideravam um anarquista terrível, um ecologista defensor da natureza, e acreditavam que ninguém ficaria triste ou derramaria uma lágrima sequer se o *Aurora* fosse à falência.

Há pouco tempo, um desses funcionários lhe havia perguntado o que ele tinha, afinal, contra o fato de o bem-estar reduzido de outros tempos ter-se transformado num grande bem-estar comum. Pergunta tola. Não era isso que importava.

Madru não se considerava um apóstolo da pobreza. Mas também não se embriagava com a visão do progresso. E, em primeiro lugar, defendia a Grande Floresta. Isso há muito deixara de ser compreendido por eles.

Os tempos eram ótimos, a cada dia se chegava um passo mais próximo do estado em que não haveria mais conflitos, nem fome, nem doenças ou trabalho braçal; e, talvez, também não houvesse mais florestas.

Outras coisas também haviam se modificado. O porto de Glada Hudik estava quase inutilizado, era como se estivesse morto. Isso acontecia desde que a ferrovia fora prolongada até Hennan, lá em cima. Em Glada Hudik, Sunderman mandara construir a cópia fiel de uma igreja norueguesa do Estado-maior. Morava nessa cidade, então, e a construção dessa igreja se devia ao nascimento dos seus herdeiros. Havia pouco mandara fazer um quadro a óleo, que representava a mulher e seus dois filhos. Em Ljusdal existe um mirante em forma de torre, que recordava a Madru aquela Era da Madeira. Parecia-se com a construção em que Madru esperara pela sua entronização como Filho das Estrelas. Só que essa construção era três a quatro vezes mais alta do que aquela cabana de séculos atrás. Certa vez, Madru subiu até lá. Ljusdal pareceu-lhe, vista do alto, do tamanho de uma gota d'água, pequenina, com suas grandes campinas periféricas, em comparação com as florestas que se estendiam em três direções, a perderem-se de vista, até o horizonte.

A floresta ainda era uma grande floresta. Isso infundiu um novo ânimo em Madru, apesar de se poder ver muito melhor, do alto, a enorme quantidade de picadas e clareiras que a cortavam!

Madru tinha uma motocicleta: usava esse meio de transporte para locomover-se de Färila até Ängratörn duas vezes por semana.

Isso porque Jule agora passava a maior parte do tempo em Ängratörn. Ela estava grávida.

Não faltava muito para a hora do parto. Era mais uma mulher que trazia no ventre um filho seu. Desde que soubera da gravidez, Madru pusera-se a pensar.

Constantemente voltava-lhe à memória o massacre no grande salão, como uma cena representada diante dos seus olhos.

Ocorreu-lhe que a árvore petrificada com as duas inscrições talvez não houvesse sido destruída pelo fogo. Passou muito tempo à sua procura. Finalmente, obteve êxito. Mas ninguém quis reconhecer seu achado, nem as inscrições em forma de runas.

Os cientistas disseram que havia centenas desses fósseis, que não era possível decifrar as inscrições, que se tratava de dialetos de antigas linguagens. Madru leu as inscrições para os cientistas, mas eles não acreditaram em uma só de suas palavras.

O conselho da cidade de Färila recusou-se a expor a inscrição pagã diante da Igreja de Santo Olavo, como um símbolo da região.

Madru mandou levar a árvore petrificada para Ängratörn e a colocou entre sua casa e a cabana destinada às saunas. Contou a Jule a história das inscrições. Pediu-lhe que a contasse, por sua vez, a seu filho; isso era necessário para preservá-la. Decidiu que contariam a lenda ao filho que estava por nascer.

Jule deu de ombros. Para ela, tratava-se de um verdadeiro conto de fadas.

— Você é um sonhador — disse-lhe ela.

Brigaram bastante por isso. Ela lhe fez uma sugestão:

— Case comigo. Afinal, você quer que o seu filho tenha o seu nome. Não é necessário casar na igreja.

Naqueles tempos já era possível fazer-se um casamento sem a bênção clerical. Madru concordou.

Casaram-se diante do juiz de paz da cidade, que era o representante da justiça que cuidava desses casos.

Pouco tempo depois do casamento da irmã, completamente embriagado, Björn assassinou o noivo de uma moça por quem se apaixonara durante um baile. Depois teve de fugir e atravessou a fronteira.

Enquanto isso, Madru recebeu a notícia de que a carne de cavalo fervilhava de vermes intestinais. Conseguiu fotografar a carne estragada com o auxílio de um homem. Essa carne, ao que tudo indicava, era servida na cantina das grandes serrarias por uma soma considerável de dinheiro. A edição do *Aurora* vendeu mais do que nunca. As fotografias foram uma sensação. Podia-se ver os vermes praticamente andando dentro da carne. Madru foi avisado pelos amigos de que estavam tentando aventar a hipótese de uma montagem fotográfica.

Ele havia comprado as fotos e as imprimira no *Aurora*. Os advogados das sociedades e do sindicato, aos quais também pertencia a cantina, apresentaram queixa em juízo. O pagamento de uma indenização nesse momento seria um rude golpe para Madru. Portanto, ele foi procurar o melhor advogado disponível em Ljusdal, para provar e justificar a divulgação de sua notícia. O advogado recusou a causa. Em juízo, Madru apresentou as fotografias com a carne podre; aliás, o exemplar em que haviam sido divulgadas.

A polícia apreendeu os demais exemplares da edição. Três dos jornaleiros que entregavam os jornais foram presos temporariamente. Num dos dois jornais que pertenciam à sociedade por ações apareceu um artigo em que o fotógrafo esclarecia à população que havia retocado tais fotografias pela quantia de trinta velhas moedas do reino.

De fato, essas trinta moedas haviam sido o pagamento que o fotógrafo pedira a Madru para fotografar a carne podre. No entanto, essa história de retoques. . . No caso, falar em retoques dava a impressão de que os vermes haviam sido acrescentados à fotografia depois. No mesmo jornal, a sociedade por ações resolveu publicar uma declaração juramentada de que nunca a cantina se servira de carne de cavalo, de que nunca sequer havia comprado esse tipo de carne.

Madru conseguiu que um trabalhador da firma transportadora testemunhasse que havia ajudado a encher os vagões dos trens com carne de cavalo e que os transportara depois para a cantina.

Alguns dias antes do testemunho oficial diante do juiz, esse homem foi encontrado morto, esmagado entre dois vagões de um trem de carga. Um acidente lamentável! No julgamento, Madru foi condenado a uma pena de três meses de prisão por desatenção às normas que regiam a publicação de artigos jornalísticos, por corrupção, traição e por enganar a opinião pública. Também teve de pagar uma multa em dinheiro. Além disso, perdeu a licença para a publicação do jornal em Norrland e nada se fazia sem uma licença oficial.

Quando voltou do julgamento, encontrou o galpão lacrado pelas autoridades. Arrombou uma janela e ateou fogo à oficina. Mas, ao fazer isso, agia por instinto, sem saber por quê. Voltou a Ängratörn na sua motocicleta. Jule estava sentindo as dores do parto, ia dar à luz.

Assim que conseguissem apagar o incêndio do galpão que lhe servira de oficina, os guardas estariam nos seus calcanhares com o mandado de prisão. Esses policiais também haviam obtido permissão para atirar, caso Madru resistisse.

Madru sabia disso. Portanto, caminhava inquieto na praia de Ängratörn, de um lado para outro.

De dentro da casa ouviu-se o primeiro choro do recém-nascido. Ele correu para lá. A parteira mostrou-lhe o seu filho. Madru se inclinou sobre Jule, beijou-a. Ela lhe perguntou como fora o julgamento. Ele apenas respondeu:

— Não permitirei que me tranquem numa prisão.

— Ande. . . trate de fugir! — disse ela.

— Conte ao nosso filho sobre a árvore petrificada e sobre o significado das duas inscrições — pediu-lhe ele outra vez.

— Sim, sobre o seu conto de fadas — disse ela, sorrindo.

— Não se trata de um mero conto de fadas. Acredite em mim — advertiu-a.

— Talvez você consiga chegar até Norge — disse-lhe ela. —

Aposto que encontrará Björn entre os pescadores de foca, sob uma outra identidade.

— Fazendo uma matança em massa desses animais — pensou Madru em voz alta. — Seria eu capaz de fazer algo assim? Não; olhe, Jule, eu voltarei. A luta por aqui ainda não terminou. Cometi alguns erros. Nos últimos tempos não tenho me adaptado muito bem às situações.

— Algumas vezes nós atingimos a opinião pública em cheio — riu-se Jule.

A parteira apareceu e perguntou qual seria o nome do bebê. Madru não precisou pensar muito tempo.

— Alder — disse.

— Que nome estranho! — comentou a parteira.

— É também o nome de uma árvore, um nome muito antigo — respondeu ele. — Esse nome significa "álamo-negro".

Alguém gritou.

— Os policiais vêm vindo!

— Depressa! Trate de fugir! — disse Jule, que dava de mamar ao filhinho.

— Lembre-se do que está escrito na árvore. . . — recordou-lhe Madru. Pegou seu violino e saiu de casa.

Dessa vez, os policiais não estavam a cavalo, como antigamente, mas usavam bicicletas. Eles as vinham empurrando pela Grande Floresta. Vinham da direção onde se encontrava a árvore com a escada de galhos. Os policiais provocavam riso com suas bicicletas e seus casacos coloridos. Quando reconheceram Madru, eles o chamaram, largaram seus veículos e pegaram as carabinas que levavam penduradas nas costas. Carregaram as armas. Mas não foram suficientemente rápidos. Nesse momento, uma cortina de neblina se interpôs entre eles e Madru. Nem se podia mais reconhecer os contornos das casas da praia.

— Não vá com tanta pressa! — Madru ouviu uma voz querida adverti-lo. Tratava-se de Peg.

— Veja só! Ängratörn é conhecida por ter esses súbitos nevoeiros mesmo no verão — esclareceu ela. — Dessa vez, vim sozinha. Mas pode ficar seguro: a névoa está muito forte. Mereço um beijinho?

— Como posso recusar-lhe isso depois que você teve tanto trabalho por minha causa?

— E sem ordens de Bru — comentou Peg. — Trata-se de algo da minha inteira responsabilidade.

— E Jenny Grünzahn? — perguntou ele.

— Está dando uma festa em sua alcova. . . !

Ouviram-se tiros.

— Isso nós queremos ver — disse Peg, que havia ficado ainda mais gordinha. — Veremos se conseguem atingi-lo, queridinho. Antes disso, vão atirar em seus próprios traseiros. Temos bastante tempo para uma despedida carinhosa.

Madru, que trazia consigo o violino, já se preparava para abraçá-la. Como sempre, achava difícil dizer não, e, afinal, tinha uma dívida dupla para com Peg. Então viram Allwiss surgir no meio da neblina. Este pegou-o pelo braço com urgência e puxou-o de volta.

— Nada disso — disse Allwiss. — Voluptuosidade e promiscuidade são coisas deste mundo e do outro; assim como amém pertence à Igreja, e o muro que separa os mundos é de cristal. Mas tudo o que é excessivo é demais.

Fez um gesto de exorcismo, murmurou algumas palavras e a silhueta da mulher transformou-se em névoa.

— Para essas oportunidades ainda temos um versinho adequado — disse Allwiss. — Mas que mulherzinha desavergonhada!

Dirigiram-se para um barco a remo. Allwiss mandou Madru entrar no barco e empurrou-o para longe da praia. Com um ágil salto, com o qual ainda poderia bater um recorde dali a vinte anos, Allwiss também pulou para dentro do barco e pegou os remos. Da margem, ouviram os soldados gritar ordens de comando; em seus chamados eram reconhecíveis certa preocupação e consternação.

— Aposto que agora Peg está tentando seduzir os policiais. Afinal, trata-se de rapazes fortes — comentou Allwiss.

Madru colocara o violino perto de si, no banco. Pôs as mãos diante do rosto, pois sentia-se mal.

— Perdido, tudo está perdido! — disse, através dos dedos, como se estivesse atrás de grades.

Allwiss demorou a dar uma resposta. Afinal, era ele quem estava remando.

— Não vemos as coisas por esse ângulo — disse, por fim.

— E o que devo fazer? — perguntou Madru.

— Andar sem pressa quando estivermos do outro lado. — respondeu Allwiss. — Da outra margem, você deve ir para o desfiladeiro das montanhas ocidentais, para aquela região em que Lausbart perdeu a vida, em outros tempos.

— E depois?

— Para Norge. . . dar uma olhada no mundo. Bru concedeulhe um descanso.

— E a Grande Floresta? Quem velará por ela?

— Já que você esbanjou o poder sobre os três elementos. . . — disse Allwiss, dando uma boa remada — saiba que essa foi a sua maior tolice. Consideramos, a seu favor, que nestes tempos modernos tudo se tornou mais difícil. Mas a questão era: devíamos escolher um novo cavaleiro ou devíamos ficar com você? As opiniões divergem. Suas defensoras levaram a melhor. Nós resolvemos dar-lhe a oportunidade de observar a vida no exterior. Além disso, acaba de ter um filho. Também ajudamos um pouco nisso. A maneira de Jule olhar para você antes e a modo como passou a considerá-lo depois. . . Você entende, podemos interferir em casos assim. E pode estar certo de que Jule contará ao filho do coração algo daquilo que você lhe contou sobre as duas inscrições.

— A Grande Floresta — disse Madru, pensativo. Lembrou-se do que Gunilla lhe dissera quando estiveram sentados juntos no banco estreito e duro da igreja: "Um mundo sem florestas, um mundo sem árvores será um mundo sem beleza e sem esperança".

— Algo parecido com isso — disse Allwiss, que não tinha dificuldade em ler os pensamentos de Madru. — Esteja certo de que nos próximos tempos. . . quero dizer, antes de você voltar. . . haverá grandes dificuldades. Podemos produzir uma nevasca azul também sem a sua ajuda. Você e Alder. . . de certa maneira, são os trunfos que temos na manga. É vontade de Bru que vocês reúnam experiências diversas em terras distantes. . . para usá-las em tempos em que os perigos terão uma natureza mais sutil.

— Meu jogo de cartas! — lembrou-se Madru, parecendo querer saltar do barco, que se pôs a balançar.

— Com cuidado, devagar! — gritou Allwiss. — Alder, afinal, tem de herdar algo de seu. Além do mais, ele está muito bem. Ainda mama no seio da mãe, e isso o faz sentir-se no paraíso. O ruído horrível dos tiros que caíram ao redor da casa foram apagados de sua consciência, pois essa seria uma recordação muito feia para alguém que acabara de nascer. Tiros. . . Brr!

Allwiss retesou-se, fez uma careta e continuou a falar:

— Fiz um inventário. . . das coisas que devem ser dadas a ele. Uma faca de bronze, um lenço de pescoço de folhas de outono, uma pata de lobo. . . Afinal, ele tem um pouco de sangue lupino. . . por parte da mãe. As três moedas imperiais de ouro que Jule economizou para ele. . . bem ao jeito das mães. Ah, sim. . . e as cartas!

— Concordo com tudo, menos com legar-lhe o lenço de pescoço — disse Madru.

— Pois bem — disse Allwiss —, então eu o devolverei a você assim que se apresentar uma oportunidade para isso.

— Talvez eu também possa reaver o meu jogo.

— Não — respondeu Allwiss. — Agora pertence a Alder. Ele deve acostumar-se desde cedo a jogar e a lidar com as cartas, e Jule lhe contará histórias de fadas, dessas que se deseja ver quando se consultam essas cartas.

— Ela não aprecia contos de fadas — disse Madru, penalizado.

— Qual o quê! Não se trata de nada disso — afirmou Allwiss. — Quando ela lê o *Manifesto comunista*. . . ela o faz de vez em quando, e aposto que vai lê-lo também para Alder qualquer dia desses, com aquele tom sossegado e a voz rouca que adquire durante a leitura. . . Afinal, o que ela está lendo não é diferente de um conto de fadas! *"Os proletários nada têm a perder a não ser suas correntes. Eles têm a ganhar um mundo!"* Afinal, isso seria bonito! — continuou Allwiss. — Veja você, existem muito mais pessoas que gostam de contos de fada do que você imagina.

Madru ainda quis retrucar, dizer alguma coisa.

Nesse momento, o barco encalhou na areia com um forte rangido. Madru pegou seu violino e pulou para a praia.

— Trate de andar para longe — advertiu Allwiss. — Nós nos veremos na Grande Floresta! Adeus!

Sobre o Tarô da Árvore

A história do jogo

O jogo de figuras ou Tarô da Árvore consiste em 22 cartas, (como são 22 os capítulos deste livro), como são 22 certas situações, e 22 certos estados da vida humana.

As cartas representam as forças cósmicas que influem nos homens. Cada uma dessas cartas representa modelos arquetípicos que existem dentro de nós.

Conflitos, esperanças, desejos, ameaças, temores, relacionamentos, tudo isso está encerrado nelas de uma forma simbólica.

Se examinarmos as cartas concentrando-nos nelas, descobriremos tudo isso.

As cartas do Tarô da Árvore também servem para fazer associação de idéias, justamente pela clareza de seus significados, o que permite ao consulente usar a imaginação. Em última análise, as cartas do jogo também podem servir de oráculo, da mesma forma que o velho I Ching chinês.

À medida em que uma seqüência de cartas é disposta de uma maneira determinada pelo acaso (embora não se trate de uma seqüência indiscriminada), a interpretação deve levar em consideração duas coisas: as imagens isoladas e também os seus entrelaçamentos, que dão o resultado final. Esse jogo é muito mais excitante, muito mais conclusivo do que se pode imaginar!

Esse misterioso jogo de árvores surgiu em Norrland, numa época de misticismo. Sua origem remonta ao alfabeto de árvores da língua *brusinisch,* a língua "do inverno". (Os peritos podem reconhecer nitidamente as pequenas diferenças de significado existentes entre o alfabeto céltico da árvore e os de Beth-Luis-Nion e Biobel-Loth.)

Como se pode ler no antigo *Livro das crônicas,* o nome desse jogo era apenas Jogo de Figuras.

É provável que se destinasse unicamente ao culto das árvores e fizesse parte de um ritual muito difundido de adoração das mesmas.

Posteriormente, foi muito utilizado como presente predileto

para se dar aos jovens adolescentes, e, principalmente, para as pessoas que buscavam um sentido para a vida.

O nome dado aos três caminhos que este livro descreve — o Caminho da Sabedoria, o Caminho dos Cavaleiros e o Caminho da Floresta — mostra, mesmo naquela época, uma necessidade de se cumprir certas tarefas.

A denominação de Tarô da Árvore, em contrapartida, é moderna. Ela mostra todas as influências que o jogo recebeu durante o processo de desenvolvimento do tarô clássico.

Podemos pensar numa nova função, justamente a de servir de memória — e de jogo de esperança, no caso de a Europa, ou qualquer outro lugar do mundo, ficar sem árvores. Nesse caso, este jogo se tornará outra vez um ritual usado para exorcismos: enfim, para se alcançar um estado de consciência que nos leve a empreender mudanças. Como conseqüência, os seres humanos entenderão que são as únicas criaturas vivas capazes de destruir o equilíbrio natural do cosmo — e isso deve levá-los a ter muito mais cuidado e consideração para com as outras espécies vivas, especialmente as árvores, os animais e as terras férteis.

Explicação das 22 cartas

As seguintes chaves para o significado de cada uma das cartas apenas dão uma impressão geral significativa, que cada jogador deve continuar a desenvolver por si mesmo.

Partindo do conhecimento das espécies de árvores ou também da leitura de determinados capítulos do livro, ele pode mudar ou aprimorar-lhes o significado.

0 — O BOBO — A BÉTULA:
Procura, aventura, perigo. O aspecto juvenil do herói viril (companheiro da divindade feminina em sua tríplice representação).

I — O MAGO — A FAIA:
Compreensão, sabedoria, consciência.

II — A DEUSA — O ÁLAMO-NEGRO:
Anima, Bru, o mundo do além.

III — A PRINCESA — A TÍLIA:
Mãe, proteção, Terra.

IV — PRÍNCIPE — O ABETO:
Pai, autoridade, espada, domínio.

V — O DEUS — O CHOUPO:
Bri, *animus,* Ar, Caminho da Floresta, o aspecto do verão do herói masculino.

VI — OS AMANTES — A ROSEIRA-BRAVA:
União, sociedade, harmonia no amor, segurança.

VII — O CARRO — A FAIA DA FLORESTA:
Organização, disciplina, moral, convenção.

VIII — A JUSTIÇA — O CARVALHO:
Compromisso, avaliação, o Caminho do Cavaleiro.

IX — O EREMITA — A AVELEIRA:
A sabedoria do silêncio, a meditação, o Caminho da Onisciência.

X — A RODA DA FORTUNA — A NOGUEIRA:
Limite, limiar dos reinos da consciência, os tempos, o destino, a dupla face, machado de duas lâminas, a ambivalência.

XI — A FORÇA — O JUNÍPERO:
Resistência, capacidade de sobrevivência.

XII — O ENFORCADO — O LARIÇO:
O inconsciente, sua força, sua energia e o equilíbrio entre a consciência e a inconsciência. Experiência em terras selvagens, tempo de sonho. O aspecto do inverno do herói masculino.

XIII — A MORTE — A HERA:
Perturbações, abalos. Domínio do medo da morte. Capacidade para superar a primeira crise.

XIV — A TEMPERANÇA — O PINHEIRO:
Simplicidade, modéstia. Apego apenas às coisas essenciais à vida.

XV — O DIABO — A SORVEIRA:
O horrível, a sexualidade descontrolada, o Fogo, a agressão, a cobiça.

XVI — A TORRE — A PEREIRA:
Melancolia, outono, despedida, dissolução, medo da solidão.

XVII — A ESTRELA — A CEREJEIRA:
Virgindade, pureza, novidades, o desconhecido, Beltane, a primavera, a floração das árvores. O aspecto infantil da feminilidade tríplice.

XVIII — A LUA — O SABUGUEIRO:
A lua, a profundidade abissal, o enigma, o todo, a guardiã da fertilidade e a deusa do destino.

XIX — O SOL — A GIESTA:
Nascimento, reprodução, colheita; o aspecto maternal da tríplice feminilidade.

XX — O JULGAMENTO — O ESPINHEIRO-ALVAR:
Morte, a bruxa, Samain, o início do inverno. O aspecto agônico da tríplice feminilidade.

XXI — O MUNDO — A MACIEIRA:
Renascimento. Unidade entre o mundo do aquém e o mundo do além, unidade do interior e do exterior, do que está no alto e do que está embaixo.

Instruções para o jogo

A seqüência das 22 cartas pode dividir-se em três diferentes grandes seqüências:

Mundo exterior: cartas de I a X.

Mundo interior: cartas de XI a XIX.

Três cartas do mundo dos mortos: O, XX e XXI.

Cada carta, como se pode verificar facilmente, corresponde a uma árvore, a uma força criadora, a uma personagem mística. Também corresponde a estados e circunstâncias relacionados com a aura dessa árvore e dessa personagem.

Essa representação deslumbrante das árvores é uma criação posterior, mais recente. Ideal mesmo seria um jogo de cartas em que a apresentação da árvore e da personagem se desse simultaneamente.

Este jogo tem muito em comum com os 22 Arcanos Maiores do tarô ("segredos arquetípicos"). A primeira semelhança que nos chama atenção é o número e o nome das cartas, e também o sentido figurado.

Visto que nos 22 símbolos se esconde uma antiga "fórmula do mundo", em cada carta isolada há um significado de sorte ou de azar, o que torna este jogo propício à meditação.

Os conteúdos simbólicos, da forma literal como estão expostos nas explicações das páginas 287 e seguintes, são de fato simples pontos de apoio.

O que importa é a relação das cartas "que se tiram", é a constelação que formam; em algumas pessoas, mais do que em outras, surgem idéias intuitivas.

Isso também é outro ponto que o nosso Tarô da Árvore tem em comum com o tarô clássico e, conseqüentemente, também as muitas combinações que surgem quando se tiram as cartas. Por exemplo, as cartas tiradas aos pares: nesse caso, correspondem-se, segundo a antiga maneira de deitar o tarô, o Mago (I) e o Bobo (0), a Deusa

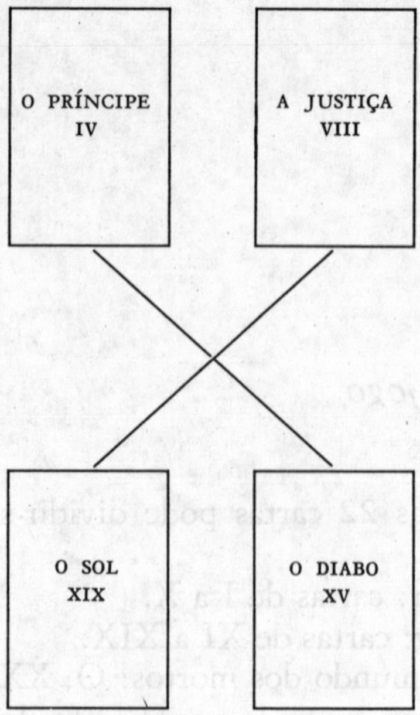

(II) e o Mundo (XXI), a Princesa (III) e o Julgamento (XX), o Príncipe (IV) e o Sol (XIX) — e assim por diante.

Uma dessas figuras duplas expressa sempre uma contradição, mas, ao mesmo tempo, possibilidade de desenvolvimento.

Se pegarmos os grupos de pares e os reunirmos em grupos de quatro cartas, também dá para verificar interessantes significações na diagonal, como, por exemplo, na ilustração desta página.

Essa figura é interpretada pelos conhecedores do tarô como uma "idéia" em seus diferentes aspectos; no nosso exemplo, é a idéia da "consciência criativa".

Se deixarmos o Bobo (0) de lado, podemos deitar séries de três e de sete cartas. Uma organização segundo a Árvore da Vida — o sephirot da cabala — também nos parece repleta de significado, pois suas três colunas verticais podem representar a tese, a antítese e a síntese.

Mas esta é apenas uma indicação, uma mera instrução dada, antes de nos aprofundarmos no sistema mais prático de deitar as cartas.

O jogo com nove cartas

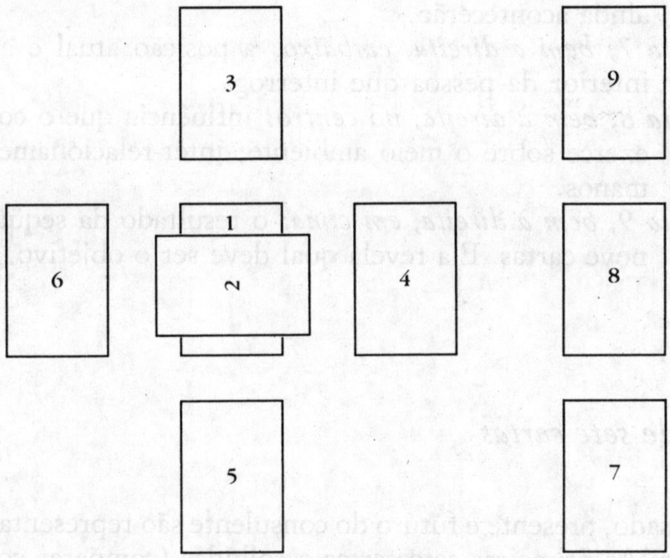

A primeira coisa a fazer é embaralhar muito bem as cartas e concentrar-nos, enquanto isso, em alguma pergunta. Onde estou? Qual o caminho que devo seguir? Qual será o meu futuro? Essas perguntas simbólicas são as mais indicadas ao lidar com o Tarô da Árvore.

Para encontrar as cartas "certas", podemos manuseá-las abertas em leque, pela ordem, mas sem vê-las, isto é, pelo verso — ou então deixá-las no monte e mencionar um número, de forma espontânea, de 1 a 22 (0), e em seguida tirar o número de cartas correspondente ao algarismo escolhido. A última das cartas tiradas é virada sobre a mesa e revelada. Os dois métodos — tanto o de escolhê-las do leque, como o da escolha numérica — destinam-se a obter um jogo com significado.

A primeira carta a ser escolhida num jogo de nove cartas é aquela com a qual nos sentimos especialmente ligados. Portanto, deve ser colocada no centro.

A seqüência das cartas restantes pode obedecer ao esquema revelado pela ilustração desta página.

As cartas e seu significado:

Carta 2, deitada em cruz sobre a carta 1: influência do meio ambiente.

Carta 3, colocada logo acima: é a carta do destino.

Carta 4, à direita: o passado, o inconsciente.

Carta 5, colocada embaixo: influências deixadas pelo passado.

Carta 6, à esquerda: condições de vida e de influências que ainda acontecerão.

Carta 7, bem à direita, embaixo: a posição atual e a postura interior da pessoa que interroga.

Carta 8, bem à direita, no centro: influência que o consulente exerce sobre o meio ambiente; inter-relacionamentos humanos.

Carta 9, bem à direita, em cima: o resultado da seqüência das nove cartas. Ela revela qual deve ser o objetivo.

O jogo de sete cartas

Passado, presente e futuro do consulente são representados plasticamente. As primeiras sete cartas escolhidas (comparar com o método de nove cartas) são colocadas inicialmente com as figuras viradas para baixo como na ilustração:

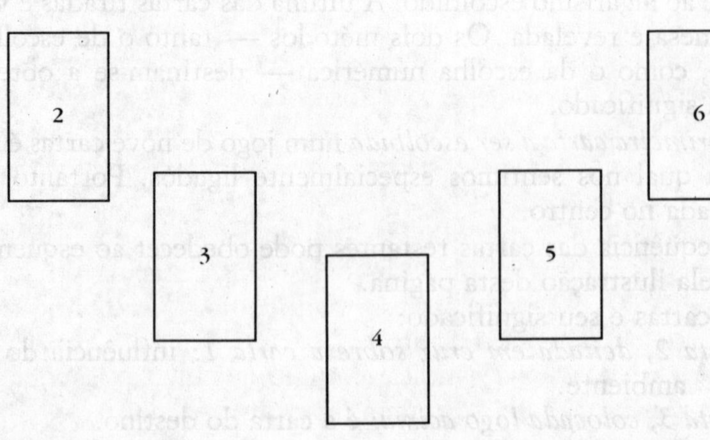

Em seguida, devem ser viradas com as figuras para cima, pela ordem de numeração. Seu sentido deve, então, ser apreciado.

Carta 1 — passado muito remoto, acontecimentos ligados ao passado, influências latentes ainda em ação.

Carta 2 — Passado recente, fatos que aconteceram há pouco tempo e cuja influência ainda se faz sentir com muita força.

Cartas do presente, 3-5: à esquerda (3), fica a carta da influência (muitas vezes relacionada com a anterior), no centro coloca-se a carta 4, ou os obstáculos e perigos, à direita (5), a carta das perspectivas, em continuidade às outras duas cartas.

Carta 6 — influências dominantes no futuro, que tendem a aparecer no presente como um pano de fundo do passado, e que já estão estabelecidas.

Carta 7 — A carta da realização, fator de equilíbrio entre todas as outras seis cartas restantes e a que vai direto rumo ao objetivo.

O jogo com as 21 cartas

Depois que tirarmos do monte uma carta com a qual sentimos certa afinidade e que será posicionada como Significador (S), embaralha-se bem o restante das 21 cartas. Depois tira-se dessas cartas sete vezes três cartas, que serão colocadas com a figura voltada para baixo em três semicírculos (da esquerda para a direita) ao redor da carta S. Basta ver ilustração no final desta exposição.

Colocar *as três primeiras cartas* do lado esquerdo do semicírculo. Elas se referem à personalidade do consulente, em especial à sua condição psíquica atual.

As três cartas seguintes indicam sua situação familiar no momento.

As cartas 7, 8 e 9, colocadas mais em cima na série, obedecendo à formação, referem-se aos seus desejos no presente.

As cartas 10, 11 e 12, por esse método de consulta, mostram o que o consulente espera do futuro.

As cartas 13, 14 e 15 indicam aquilo que ele *não* espera.

As cartas 16, 17 e 18 formam o futuro imediato.

Enquanto isso, as cartas 19, 20 e 21 tornam a apresentar as influências duradouras da vida.

Em seguida, quando o jogador avaliar cada uma das seqüências de três cartas isoladamente, ele não deve se esquecer também da visão geral. Muitas vezes uma carta modifica totalmente o sentido de outra.

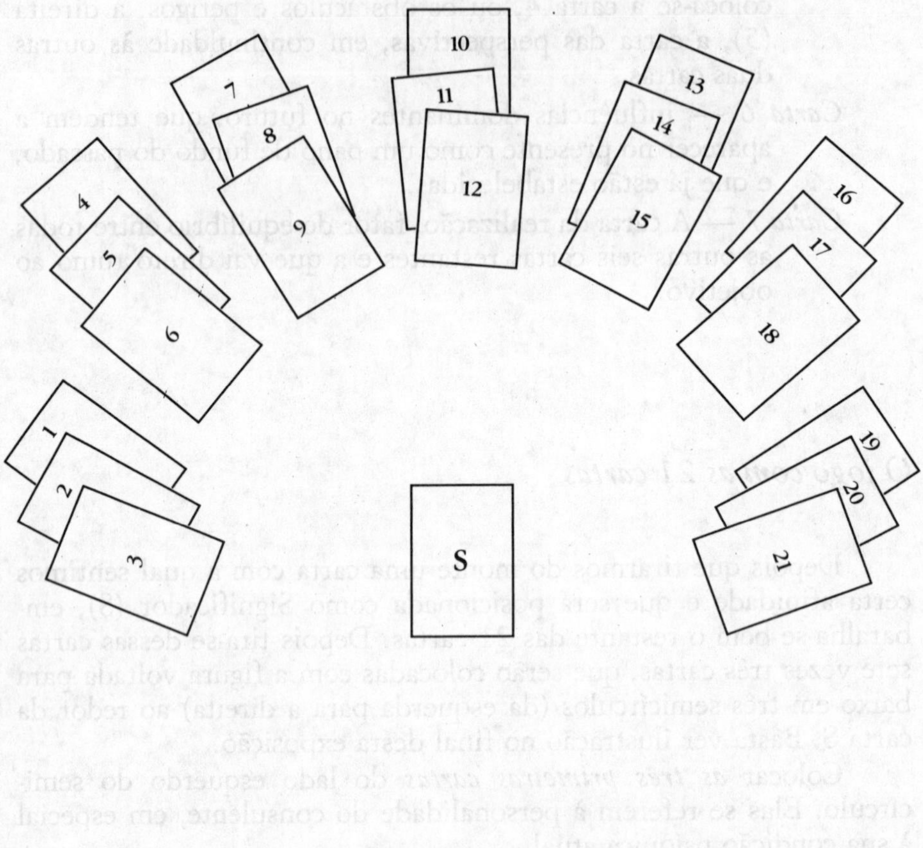

Leia também

O TARÔ DE MARSELHA

Carlos Godo

O que são as cartas do Tarô? O que as faz diferentes das cartas comuns? Elas podem, realmente, predizer o futuro? Qualquer pessoa pode interpretá-las? Estas são apenas algumas das muitas perguntas que o público leitor costuma formular em relação ao misterioso sistema divinatório conhecido por Tarô.

Desde a época em que surgiu e se popularizou, o Tarô é conhecido principalmente como um sistema de adivinhação, um passatempo ou distração. Mas os ocultistas vêem nessas cartas, principalmente nas vinte e duas que integram os chamados Arcanos Maiores, alguma coisa muito mais importante que uma simples série de emblemas ou alegorias destinada à distração ou adivinhação.

O Tarô, mesmo sob o aspecto de um sistema de adivinhação, é hoje considerado um dos mais bem elaborados métodos que integram o vasto campo da simbolomancia — a adivinhação através dos símbolos. O sistema é válido. Tem inegável eficiência prática e resiste perfeitamente à análise a partir dos parâmetros teóricos da moderna parapsicologia, que estuda os mecanismos dos processos paracognitivos.

Num momento histórico em que os processos que estabelecem a ponte consciente-inconsciente aparecem como a grande alternativa para subtrair o homem da grande crise filosófica e psicológica que submerge a humanidade, um sistema como o Tarô merece ser considerado pelo que de fato ele é: um grande trampolim para mergulhar no inconsciente.

MAHABHARATA

Recontado por
William Buck

Uma das narrativas mais fascinantes que o homem produziu sobre si mesmo, o *Mahabharata* é um épico indiano, escrito em sânscrito. Embora narre a história de uma disputa dinástica entre dois ramos de uma mesma família de dirigentes indianos, o *Mahabharata* deve ser compreendido como uma narrativa moral e filosófica, mais do que histórica, tanto assim que na Índia se inclui entre as obras religiosas. Nem poderia ser diferente, uma vez que nele a história é encarada como um confronto moral cósmico, onde interagem incessantemente deuses e homens.

O texto aqui apresentado não é uma simples tradução. William Buck, literalmente fascinado pelo *Bhagavad-Gitâ* (um dos episódios do poema), lançou-se à leitura dos onze volumes e mais de cinco mil páginas da tradução integral do *Mahabharata*. Em meio à leitura, já se decidira dedicar-se à árdua tarefa de condensá-lo, tornando-o acessível ao leitor contemporâneo. Foi um trabalho de alguns anos de leituras e releituras de traduções, de estudo do sânscrito, de planejamento e de composição, em que se acentuou ainda mais o amor pelas personagens e o encanto pelo épico. No geral, sua versão reflete a seqüência do original, bem como os recursos nele presentes: histórias dentro de histórias, visões do passado, lições morais postas na boca dos protagonistas principais. E, principalmente, a abundância de *epítetos,* sem os quais é impossível a apreciação do *Mahabharata.*

"Meu método — diz Buck — foi partir de uma tradução literal e recontar a história de modo interessante, que preservasse o espírito e o sabor do original. Minha motivação foi a de um contador de lendas." E que belo contador de lendas ele se saiu! "Existem outras versões do *Mahabharata,* algumas mais curtas, outras mais longas. Mas, afora a de William Buck, nenhuma conseguiu captar a combinação de espírito religioso e espírito marcial que permeia todo o épico no original."

RAMAYANA

Poema épico de Valmiki — recontado por William Buck

O *Ramayana* forma com o *Mahabharata* a dupla de épicos mais famosa da Índia. Valmiki, poeta e salteador convertido a uma vida virtuosa por um santo, seria o autor desta epopéia (mais de 25.000 versos), onde se conta a história de intrigas, batalhas sangrentas e do triunfo do bem sobre o mal, tendo como herói o príncipe Rama.

O *Ramayana,* literalmente, "O Caminho de Rama", em sânscrito, narra a saga de Rama, a partir dos treze anos passados na floresta com a esposa Sita e o devotado Lakshmana — mundo estranho, parte mítico, parte espiritual, povoado de sábios gentis que buscam a Deus, mas também de ogres ferozes e de demônios que tentam perturbar a vida tranqüila do casal. Os esforços do príncipe não evitam que o belo e monstruoso rei-demônio Ravana seqüestre Sita, levando-a para a cidade de Lamka. Enquanto isso, o príncipe Rama e Lakshmana saem desesperados à sua procura, aliando-se finalmente a um exército de macacos e de ursos falantes, comandados pelo poderoso macaco Hanuman. Descoberto o reduto de Ravana, trava-se medonha batalha, na qual são chacinados milhares de macacos e demônios. No fim, prevalece o bem, e Rama, vitorioso, descobre sua ascendência divina: ele é a encarnação do grande deus Vishnu, descido à terra para salvar o gênero humano da opressão exercida pelas forças do demônio.

Passados dois mil anos, as proezas de Rama continuam sendo celebradas. Nas aldeias, os pais contam aos filhos sua história como nós contamos aos nossos histórias de fadas. Nas cidades. as pessoas assistem a adaptações cinematográficas de episódios da sua vida e lêem formas abreviadas de sua narrativa em edições de bolso. Rama transformou-se em objeto de devoção e seu culto constitui ainda poderosa força religiosa.

A adaptação de William Buck — autor da versão do *Mahabaratha* também publicada pela Editora Cultrix — é um feito extraordinário. Conquanto reconte a história de Rama com muitas variações de pormenores, encontramos nesta interpretação da obra o mesmo temor respeitoso da criação divina, o mesmo assombro e a mesma fé na inter-relação de eventos naturais e sobrenaturais que fascinou milhões de pessoas nos últimos dois mil anos.

EDITORA CULTRIX

Editora Pensamento
Rua Dr. Mário Vicente, 374
04270 São Paulo, SP
Fone 63-3141

Livraria Pensamento
Rua Dr. Rodrigo Silva, 87
01501 São Paulo, SP
Fone 36-3722

Gráfica Pensamento
Rua Domingos Paiva, 60
03043 São Paulo, SP